불확실한 중국의 미래

책미래

불확실한 중국의 미래

불확실한 중국의 미래

불확실한 중국의 미래

초판 1쇄 인쇄 2011년 11월 28일
초판 1쇄 발행 2011년 12월 5일

지은이 | 민신 페이
옮긴이 | 황성돈
발행인 | 배규호

북디자인 | 배경태

발행처 | 책미래
출판신고 | 2009년 8월 18일 제2009-000222호

주   소 | 경기도 고양시 일산동구 장항동 607-1
전화 | 031-901-1660 팩스 | 031-901-1124

ⓒ 책미래 2010
ISBN 978-89-967226-1-8 13320

* 잘못된 책은 바꾸어 드립니다.
* 책값은 뒤표지에 있습니다.

CONTENTS

프롤로그
황새걸음 경제, 뱁새걸음 정치

중국이 1970년대 말에 시작한 경제현대화는 역사상 가장 흥미롭고 거대한 사회적·경제적 변화였다. 중국의 경제현대화 과정은 그 유례가 없는 독특한 정치적·경제적 배경에서 진행되었다. 즉 국가-사회주의 경제체제와 준(準)전체주의 정치체제에서 새롭게 변화하는 과정이었던 것이다. 정치적 긴장 고조, 경제적 불안정, 보수주의자들의 반격 등으로 잠시 그 변화가 주춤거린 시기도 있었지만, 20년 넘게 지속된 변화는 중국의 경제, 사회, 정치의 모습을 크게 바꿔놓았다.

경제발전과 사회변화를 측정할 수 있는 수치로 환산해보면, 중국이 그동안 이룬 것은 그 속도나 규모, 범위 면에서 사상 유례가 없는 것이었다. 중국의 급속한 경제성장은 13억 인구의 경제적 풍요로움만 향상시키는 데 그치지 않고, 사회구조 자체를 근본적으로 바꾸었다. 또한 시장경제를 지향한 개혁을 통해 중국 경제가 덜 중앙집권적이고 보다 분권화된 것에서 알 수 있듯이, 중국 사회는 경제발전을 통해 국가의 간섭을 받는 사회에서 벗어나 점점 자율적이고 다원적이며, 복잡한 사회로 변화되고 있다.

이 기간 동안 중국은 몇몇 분야에서 국제사회와 적극적으로 교류했다. 그중에서도 무역과 투자 분야가 중국이 국제사회와 교류하는 최선봉이 되었다. 이는 세계경제에서 별다른 주목을 받지 못하던 중국이 경제개혁 이후 국제무역과 외국인 직접투자(FDI; Foreign Direct Invertment)에서 가장 매력적인 대상이 되었기 때문이다. 중국은 무역과 투자 이외에도 중요한 분야에서 외부세계와 교류를 했다. 다양한 국제기구에 참여 및 회원국 가입, 서방국가들과 중요한 쌍무적 관계 증진, 교육 및 문화 교류 증진 등이 그것이다.

이러한 중대한 변화들 대부분은 중국의 사회 및 경제와 관련된 여러 통계 수치에 잘 반영되어 있다. 2002년 중국의 경제규모는 1978년에 비해 8배 이상 증가했다. 1978년에 151달러였던 1인당 자본소득(capital income)은 2003년에 1,097달러로 껑충 뛰어, 25년 만에 6배 이상 상승했다. 이런 급격한 경제성장은 사회적 변화 또한 가속화시켰다. 1978년에 18%였던 도시화 비율은 2002년에 39%로 상승했는데, 국제연합(UN)이 1998년에 다른 측정방법을 통해 조사한 중국 도시화 비율은 50%였다.

급격한 경제성장은 중국인들이 정보에 접근할 수 있는 통로를 크게 확장시켰고, 이동성(physical mobility)을 크게 증가시켰다. 1978년에 중국인은 2,000명당 1대의 전화를 보유하고 있었지만, 2002년에는 유선전화는 대략 6명당 1대, 휴대폰도 6명당 1대꼴로 보유하는 것으로 나타났다. 1978년에는 1,000가구당 3대의 흑백TV를 갖고 있었지만, 2002년이 되면 도시지역에서는 100가구당 126대의 컬러TV, 시골지역에서는 100가구당 60대의 컬러TV를 보유하고 있었다. 1978년에 발생한 시외통화는 평균 1억 8,000만 통이었지만(5명당 1통), 2002년에 발생한 시외통화는 220억 통이었다(1명당 17통). 2002년의 신문 발행부수는 1978년과 비교하여 3배 증가했고, 서적은 11배가 넘게 출간되었다. 1997년에 16만 명을 조금 밑돌았던 인터넷 사용자는 2003년에 7,900만 명이 되었다. 이러한 데이터를 보면 평범한 중국인들의 정보 접근성이 1인당 기준으로 25년 만에 수십 배 증가했음을 알 수 있다.

경제성과와 더불어 늘어난 이동성 또한 인상적이다. 1978년에 각종 교통수단을 이용한 사람들은 25억 4,000만 명이었지만, 2002년에는 160억 명으로 533%가 증가했다. 이를 인구 1명당 교통수단을 이용한 수치로 환산하면 이 기간에 500% 가까이 증가한 것이다. 여기에서 중요한 것은 과거보다 많은 중국인들이 해외여행을 할 수 있게 되었다는 점이다. 1978년에는 평범한 중국인은 해외로 나갈 특권이 거의 없었지만, 2002년에는 1,660만 명이 해외여행을 했다.

경제개혁이 낳은 부산물 중 하나는 경제에 있어서 국가의 역할이 눈에 띄게 감소했다는 것이다. 이런 현상이 반드시 경제개혁 때문이라고 할 수는 없지만, 중요한 현상인 것은 분명하다. 산업생산과 관련된 통계를 보면, 국유기업의 비중은 1978년 78%에서 2002년에는 41%로 감소한 반면, 사영기업(외국인 투자기업 포함)의 비중은 같은 기간에 0.2%에서 41%로 급증했다. 이런 현상은 기업 종사자 관련 데이터에서도 나타난다. 1978년에는 중국의 도시 근로자 80% 가까이가 국유기업에 근무했지만, 2002년에 그 비율은 29%에 그쳤다. 이것은 경제에서 국유기업의 존재감이 떨어진 만큼, 중국인들의 경제활동과 사회활동에 대한 국가의 통제가 과거보다 크게 약화되었음을 나타낸다.

중국의 경제개혁을 규정할 수 있는 모습 중 하나는 세계경제와의 교류다. 중국 지도자 덩샤오핑(鄧小平)이 채택한 개혁 중 핵심이 되는 것은 대외무역과 외국인 투자에 중국경제를 개방하는 것이었고, 이는 중국에게 매우 큰 이득이 되었다. 지난 25년간 중국은 외국인 직접투자에 있어서 가장 매력적인 대상이 되었고, 세계무역에서 주도적인 나라들 중 하나가 되었다.

1978년에 중국은 폐쇄적인 경제구조였고, 그 규모에 비해서 대외무역과 외국인 직접투자가 매우 미미한 수준이었다. 그러나 경제개혁 후 25년간 중국의 대외무역은 급증하게 되는데, 1978년에 20억 6,000만 달러에서 2003년에는 8,400억 달러로 무려 41배나 급증하며 세계 4위의 무역대국이 되었다. 이와 관련한 통계수치를 보면 중국의 대외무역은 중국의 경제생산(GDP는 같은 기간에 700% 증가했다)보다 6배나 더 빠른 속도로 증가했다. 1982년에 10억 달러가 약간 넘던 외국인 직접투자자산(stock FDI)은 20년 만에 4,460억 달러에 이르렀다. 1980년에 중국을 방문한 외국인(홍콩과 타이완에서의 방문은 제외)은 50만 명이었으나, 2002년에는 그 수가 1,350만 명이었다.

중국이 국제사회와 교류한 분야는 무역과 투자에만 그치지 않았다. 교육, 사회, 문화 분야에서의 교류 또한 뚜렷하게 증가했는데, 수십만의 중국 학생들이 개혁 기간 동안 서구에서 교육을 받았다. 또한 서구에서도 수만 명의 전문직 종사자들이 중국 내 대학에서 교육을 받거나 관광 등의 형태로 중국을 방문했다. 이러한 과정이 중국의 사회와 정치에 얼마나 영향을 끼쳤는지를 수치로 환산할 수는 없지만, 이러한 변화가 1970년대 후반 이후부터 중국인들의 가치관, 성향, 생활방식을 바꾸는 데 일조했음에는 틀림없을 것 같다.

경제와 정치의 엇박자

그런데 이러한 광범위하고 긍정적인 경제 및 사회발전에 비해, 중국의 정치체제는 그다지 변하지 않았다. 20년 넘게 사회와 경제가 변화하는데도, 공산당이 지배하는 국가체제의 근본적인 양상은 전혀 변화되지 않은 것이다. 정치적 변화를 가늠하는 데 이용되는 기준으로 보면, 대부분의 기준에서 중국의 정치적 변화는 경제적 변화에 비해 너무나 뒤처져 있다. 이러한 변화의 차이는 중국의 정치지도자들이 실질적인 정치개혁은 도외시하고 점진적인 경제개혁만 추구하던 1990년대 말까지 계속 벌어졌다.

중국 내에서의 여론조사와 국제사회에서 광범위하게 이용되는 민주주의 및 거버넌스[governance, 통치/지배 등의 뜻이긴 하지만 정부를 나타내는 government와는 그 통치 방식에서 크게 다르다. government가 공권력을 갖고 일방적으로 국가를 다스리는 것이라면, governance는 시민, 사회, 여러 세력 및 정부가 서로 협동하고 합의해서 다스리는 정치행태를 말한다. 이 경우 협치(協治)로 옮기는 경우가 많다. - 옮긴이] 지표를 보면, 경제적 발전과 정치적 변화의 차이를 대강이나마 알 수 있다. 예를 들어 2002년 중국 전역에서 실시된 한 설문조사에서 2,723명의 중국인들은 정부의 결정에 영향을 미칠 수 있는 중국인민의 정치적 영향력, 정부로부터 신분에 관계없이 동등한 대접을 받을 수 있는 가능성, 사법부의 독립권 등이 개혁 이전에 비해 매우 미미하게 향상되었다고 생각하고 있었다.

마오쩌둥(毛澤東)의 전직 비서이면서 자신의 생각을 거리낌 없이 말하기로 유명한 리뤼(李銳)는 2002년 11월에 열린 제16차 중국공산당 대표대회 소조 연설에서 다음과 같이 중국의 정치 발전을 제대로 평가했다.

"시장경제로의 변화를 시작한 이후로 중국의 역량은 꾸준히 증가하고 있으며, 분명 큰 성과를 이루었다. 그러나 다음과 비해 정치체제의 개혁은 너무나 느리고, 민주주주의의 발전도 뒤처져 있다. 또한 법치주의도 약화되어 있고, 그 결과 부패가 만연해 있다."

리뤼는 또한 이처럼 뒤처진 정치적 발전 때문에 중국공산당의 존속 자체가 위험할 수도 있다고 경고했다.

"중국과 외국의 역사를 보면, 독재가 정치적 혼란을 초래하는 근원임을 알수 있다. 소련이 붕괴한 근본 원인도 독재 때문이었다. 현대화는 민주화를 통해서만 가능하다. 이것이 20세기, 특히 제2차 세계대전 이후의 흐름이다. 이흐름을 따르면 번영할 테지만, 역행하려 한다면 멸망할 것이다. 이 원칙은 모든 국가, 모든 정당에 똑같이 적용된다."

중국의 정치적 폐쇄성은 세계 각국의 정치 및 민주화 정도를 나타내는 데 널리 이용되는 몇몇 지표에서 중국이 낮은 점수를 기록하는 것만 보아도 알 수 있다. 제4기 폴리티 프로젝트(Polity IV Project, 폴리티 프로젝트는 각국의 민주주의 지수를 나타내는 데 이용되며 제4기 폴리티 프로젝트는 2007년까지의 상황이다. - 옮긴이)에서 중국은 가장 독재적인 정치체제를 가진 국가들 중 하나로 꾸준히 기록되었다. 프리덤하우스(Freedom House, 루스벨트 전 미국 대통령의 부인 엘레노어 루스벨트 등이 설립한 민간단체로 여러 나라의 민주화 및 독재반대 운동 등을 전개하고 있다. - 옮긴이)가 발표하는 자료에서도 중국은 거의 '자유가없는' 국가로 분류된다. 사실 이러한 지표에서 1990년대 중국의 순위는 1980년대보다 다소 낮아졌다.

전 세계 국가들의 부패 인식도를 조사하는 비정부기구(NGO)인 국제투명성기구(Transparency International)의 자료에 따르면, 중국은 가장 부패가 심한 국가들 중 하나인 것으로 나타났다. 부패, 법치주의약화, 관료제, 채무 지불거절, 자산 몰수 등으로 인한 국가의 위험도를 평가하는 국가위험도지표(International Country Risk Guide)에서도마찬가지였다. 1984년에서 1997년 사이의 중국 부패지수는 점점 악화되었고, 관료주의는 개선되지 않은 채 별 변화가 없었다. 다만 법체계가 다소나마 미약한 개선이 있었으며, 채무 지불거절과 자산 몰수의 위험성은 미미한 것으로 나타났다는 것이 긍정적이었다.

거버넌스를 측정하는 여러 지표를 보면 중국에서는 거버넌스 형성에 중요한 시민단체들이 발달되어 있지 않음을 알 수 있다. 세계은행(World Bank)의 제프 후더(Jeff Huther)와 안와르 샤(Anwar Shah)가 1998년에 작성한 '거버넌스 수준 순위'에서 중국은 조사 대상 80개국 중 끝에서 3위를 차지했다. 여기에서 중국은 39점을 얻었는데, 이는 이집트, 케냐, 카메룬, 온두라스, 인도네시아, 파키스탄, 나이지리아 등의 나라들과 비슷한 점수였다. 세계은행의 대니얼 코프맨(Daniel Kaufmann), 아르트 크레이(Aart Kraay), 마시모 마스트러치(Massimo Mastruzzi) 등이 1996년에서 2002년까지 199개국의 거버넌스 정도를 측정한 또 다른 지표에서도 중국은 대부분의 항목에서 하위 그룹에 속했다.

그중 '민의 반영도' 항목에서 중국은 186위였다. 이는 앙골라, 벨로루시, 베트남, 사우디아라비아, 아프가니스탄 등 지구상에서 가장 압제가 심한 국가들보다 앞섰을 뿐이고, 러시아, 우크라이나, 인도, 멕시코 등 대부분의 구소련 국가와 주요 개발도상국들보다도 뒤처진 순위였다. 또한 규제가 민간부문 발전에 얼마나 도움이 되는지를 나타내는 '규제의 질' 항목에서는 116위를 기록했다. 이는 니카라과, 캄보디아, 파푸아뉴기니, 이집트, 말리 등과 같은 수준이었으며, 인도, 멕시코, 러시아보다 뒤처진 것이었다.

'부패 통제' 항목에서는 콜롬비아, 에티오피아, 루마니아와 함께

111위를 기록했다. 이 항목에서 중국은 러시아보다는 앞섰지만, 인도, 브라질, 멕시코보다 뒤진 것으로 나타났다. 그나마 나머지 3개 항목에서는 앞서 항목들보다는 나은 점수를 받았다. '정부 효율성'에서는 나미비아, 크로아티아, 쿠웨이트, 멕시코와 함께 71위를 기록하면서 러시아와 인도를 근소하게 앞섰다. 또 '정치적 안정'은 87위로 벨로루시, 멕시코, 튀니지, 쿠바 등과 비슷했고, 인도, 러시아, 필리핀, 인도네시아를 앞섰다. '법치주의'에서는 94위를 기록했는데, 이는 멕시코, 마다가스카르, 레바논과 비슷한 수준이며, 러시아보다는 앞섰지만 인도보다는 뒤진 것이었다.

그러나 이러한 지표와 순위 때문에 1970년대 말 이후 일어난 (많은 측면에서 긍정적인) 상당한 변화들, 그중에서도 엘리트 정치와 제도상의 발전, 국가-사회 간의 관계에서 발생한 변화들을 부정해서는 안 된다. 이런 변화들 중에는 경제를 개혁하기 위해 국가가 어쩔 수 없이 실행한 정책으로 인해 발생한 변화도 있는 반면, 국가가 주도한 정책의 부산물로 인한 변화와 사회적 압력에 의해 발생한 변화도 있다. 20년 동안의 경제개혁 결과로 중국의 정치는 제도적 다원주의, 공공장소에 대한 접근제한의 철폐, 민주적인 풀뿌리운동 참여 등의 징후가 나타나고 있다.

긍정적인 것은 마오쩌둥 이후의 중국 정권에서는 대규모 숙청이 종식되었고, 무엇보다도 사회에 대한 국가의 간섭이 감소했다는 점이다. 개인적인 자유와 사회이동(social mobility, 개인 또는 집단이 한 사회적 위치에서 다른 사회적 위치로 이동 또는 변화하는 현상 - 옮긴이)이 모두 크게 향상되었으며, 정치에 참여할 수 있는 대안적인 통로도 개

방되었다. 또한 자율적인 시민기구가 정치권의 영향을 벗어나 존속
하면서 기능할 수 있게 되었다. 정치 엘리트들의 관점에서 보면, 마
오쩌둥 이후의 중국 정권에서는 정부가 안정되는 데 필요한 가장 기
본적인 제도적 기준과 절차가 복구되었으며, 이는 개혁 기간 동안 정
치 엘리트들 간의 응집력과 정치적 안정에 기여했다. 경제개혁과 사
회안정의 필요성 때문에 중국 정부는 제한적인 사법개혁 프로그램을
실시했고, 이는 중국의 정치, 경제, 사회의 모습에 영향을 끼치기 시
작했다.

초기의 제도적 다원주의 발전에서 나타난 또 다른 흐름은 정책 결
정에 있어서 전국인민대표대회(이하 전인대, 입법부에 해당)와 지방인
민대표대회(이하 지방인대)의 역할이 증가한 것이다. 원래 문화대혁
명 기간 중 붕괴된 헌정질서를 복원하기 위한 절차로만 여겨졌던 인
민대표대회는 그 기능이 강화됨으로써 정치력 역량을 발휘하게 되었
다. 또한 이로 인해 헌법상 특권을 갖게 되었고 정치적으로 상당한
지위를 차지하게 되었다.

민주적 참여 분야에서도 다소 진전이 있었다. 마오쩌둥 이후의 중
국 정부가 비록 체계적인 민주화 개혁 요구는 억압했지만, 농촌 지역
에서의 질서를 유지하기 위해서는 촌민위원회 선거를 실시하지 않을
수 없었다. 촌(村)은 농촌 지역에서 가장 기본이 되는 행정단위이며,
촌민위원회 선거는 새로운 정치제도로 1980년대 말에 제한적인 지
역에서만 시험적으로 시작되었다. 이후 1990년대에 말에 와서 완전
히 정착되었고 공식적으로 완전한 승인을 받았다. 촌민위원회 선거
가 비록 해당 지역에서 효과적이고 민주적인 거버넌스를 창출하지는

못하지만, 자치정부를 향한 첫 걸음인 것만은 분명하다.

그러나 이런 정치적 변화들이 있긴 하지만, 안타깝게도 아직까지는 중국이 공산당의 1당 독재체제라는 것에는 변함이 없다. 앞서 언급한 정치적 변화들이 중국에서 용인되는 것은 그런 변화들이 많은 측면에서 중국공산당의 독재체제에 직접적인 위협이 되지 않기 때문이다. 사실 이런 변화들은 중국공산당의 단기적 목표와 어긋나지 않는다. 따라서 중국공산당 지배하에서의 정치적 개혁은 오로지 중국공산당이 엄격하게 정하는 한계까지만 가능한 것이다. 실질적으로 이러한 한계는 효율적인 사법체계의 발달을 저해하고, 헌법에서 규정한 입법부(전인대)의 역할을 억제한다. 또한 농촌지역의 자치정부 성장을 억압하고, 시민사회의 출현도 가로막는다.

그러므로 중국 외부의 제3자가 볼 때 마오쩌둥 이후의 중국 정부는 자기모순에 빠진 정권, 또는 실패할 가능성이 높은 일련의 부분적이고 피상적인 정책들을 시행하는 정권에 지나지 않는다. 권력자들이 공산당 독재체제를 손질하거나 개혁하려는 의지가 전혀 없기 때문이다. 따라서 중국공산당 지배하에서 민주화로 가는 길은 아주 멀어 보이며, 어쩌면 비현실적인 전망일 수도 있다.

제자리걸음인 경제개혁

시장개혁과 1당 체제 유지가 병행됨으로써 모순이 발생했고, 중국의 권력층은 이런 모순을 무시하거나 또는 직시해야 할 처지에 놓이게 되었다. 예를 들어 배제적 정치와 약탈적 행위의 배경에서 추구된 시장지향적인 경제정책으로 인해 중국공산당은 노동자의 이익을 위한 프롤레타리아 정당이 아닌, 지배층의 이익을 위한 정당으로 점점 변질되었다.

중국공산당 전 총서기였던 자오쯔양(趙紫陽)은 공산당의 이러한 변질을 예리하게 관찰하고, 다음과 같은 언급을 했다.

> "문제는 중국공산당이 레닌의 사상을 바탕으로 설립된 당이라는 점이다. 공산당은 이 나라 모든 자원을 통제한다. 시장경제 체제하에서 개인소유를 합법적으로 인정하게 되면서, 중국공산당은 부패한 정당이 되었다. 권력을 가진 이들은 자원에 대한 통제권을 이용하여 사회의 부를 자신의 호주머니로 넣으려 한다. 이들은 거대한 이익집단에 지나지 않는다. 중국의 현재는 자본주의가 가진 최악의 단점들만 모아놓은 모습이다. 서구 자본주의 또한 초기에는 단점이 있었지만, 점차 그것을 개선하며 발전할 수 있었다. 그러나 오늘날 중국에서 보이는 자본주의의 최악의 단점들은 전혀 개선될 수 없다."

물론 중국공산당의 이기심과 이들이 선언한 개혁의 목표 사이에는 전혀 타협할 수 없는 또 다른 모순들도 있다. 사회주의 시장경제를 건설한다는 것과 국가를 법에 따라 규제한다는 것이 그러한 모순의 대표적인 예다. 시장경제는 최소한의 법적 규제만 받아야 하고, 그러기 위해서는 정부의 권한이 일정 정도 축소되어야 한다는 점을 고려할 때, 이 두 가지 목표는 공산당이 계속 정치적 우월성을 유지해야 한다는 그들의 의도와 대립되는 것이다. 중국 사회를 현대화하겠다는 중국공산당의 야망 또한 국가와 정부가 새로운 사회의 자율성을 어떻게 인정하고 지속적으로 보장할 것인가에 대해서는 해답을 제시하지 못하고 있다.

이러한 해결되지 않은 모순점들은 중국의 정치, 경제, 사회에서 갈등을 일으키는 근원이 되고 있다. 이론적인 차원에서 보면, 이러한 모순이 점점 깊어지면 중국이 많은 동아시아국가들처럼 신권위주의로 발전하여 나중에는 보다 개방된 사회로 나아갈 수 있을지 의구심을 갖게 한다. 정책적 측면에서 보면, 이러한 갈등으로 인해 마오쩌둥 이후의 정치 지도자들이 채택한 정치적·경제적 전략은 수정이 불가피해 보인다. 시장경제로의 변화, 그리고 어쩌면 일부나마 잠재적으로 민주적 정치체제 형태로도 변화할 수 있는 현재 중국의 과도기적 상태는 '부분적인 개혁 균형점(partial reform equilibrium)'에 머무를 위험이 있다. 이 상태에서는 개혁된 경제적·정치적 제도가 소수 지도층의 욕구만 충족시키는 혼합된 신권위주의 질서가 강화된다. 이러한 질서하에서는 공권력이 광범위한 발전에 이용되는 대신, 지도층들의 특권을 지키고 그러한 특권에 도전하는 사회세력을 억압하는 데 이용된다.

1990년대 말 이후에 실시된 설문조사를 보면 이런 상황은 분명해진다. 지식인 계급과 일반인 모두가 참여한 이 설문조사를 보면, 경제개혁을 통해 지도층이 가장 많은 혜택을 입은 반면, 노동자와 농부 등 일반인들은 가장 적은 혜택을 입었다고 믿는 사람들이 점점 증가하는 것으로 나타났다. 이처럼 지도층이 자신들의 이익만 추구한다는 일반 대중들의 인식은 중국의 체제전환이 '부분적인 개혁 균형점'에서 정체되어 있다는 가설이 근거가 있음을 의미한다.

사실 중국의 체제전환이 정체되어 있는 것은 분명하며, 그 징후가 곳곳에서 드러나고 있다. 몇몇 통찰력 있는 중국 정치 전문가들은 초기에 개혁을 주도했던 정치세력들이 소멸하면서 중국의 개혁이 종말을 맞을 수도 있음을 경고하고 있다. 경제 분야의 중요한 개혁들은 강한 저항에 직면하고 있다. 중국의 많은 기업 중역들(이들 중 많은 사람이 공산당원이다) 사이에서 경제개혁이 정체되어 있다는 인식이 널리 퍼져 있다.

중국 국무원발전연구중심(國務院發展研究中心)이 2002년 말 중국 전역의 고위 중역 3,539명을 대상으로 한 설문조사에 따르면, 소수만이 핵심적인 개혁의 진행 정도에 만족하는 것으로 나타났다. 예를 들어 현대적인 기업 시스템의 정착, 대외무역 시스템의 개혁, 의료보장 개혁의 진행에 응답자의 3분의 1만이 만족한다고 답했으며, 25~28%만이 금융 시스템과 국유기업 개혁에 만족하는 것으로 나타났다. 투자 시스템의 개혁에 대해서는 19%가 만족한다고 응답했다.

금융 부문을 보면, 중국의 지배적인 국유은행을 상업은행으로 전환하는 개혁은 거의 성과가 없었다. 이들 은행들이 막대한 부실채권(nonperforming loan)을 보유하고 있음에도, 중국 정부는 수익을 내지 못하거나 심지어 파산한 국유기업을 지원하는 데 이들 은행들을 이용한다. 또한 막대한 고정자산 투자금을 이들 은행에 공급하기도 하는데, 이는 모두 성장을 부풀리기 위한 것이다. 그 결과 이들 국유은행들에는 국내총생산(GDP)의 40%와 맞먹는 부실채권이 누적되어 국가 전체 금융 부문을 위협하고 있다.

중국 정부의 국유기업 개혁 또한 어려움을 겪고 있다. 국유기업의 개혁 결과로 실업률이 올라가자, 정부는 실업으로 인해 사회적 동요를 일으킬 수 있다는 두려움 때문에 어쩔 수 없이 국유기업의 구조조정을 늦추지 않을 수 없었다. 1990년대 후반에 많은 중소 규모의 국유기업들을 민영화시켰지만, 거의 모든 거대 국유기업들에 대해서는 중국 정부가 여전히 소유권을 갖고 있다. 따라서 중국 정부는 이들 국유기업들을 계속 존속시킬 수밖에 없으며, 이로 인해 중국의 재정 건전도가 악화되고 있다. 이들 거대 국유기업의 진정한 민영화 사례는 아직 1건도 없다.

게다가 지난 25년의 개혁 기간 동안 은행, 통신, 민간항공, 에너지, 철도운송, 담배, 농사에 투입되는 제반 요소 및 농산물의 도매 등 대부분의 주요 산업 분야에서는 국유기업의 독과점 체제가 전혀 바뀌지 않고 있다. 현재 이들 시장들은 왜곡되고 비효율적인 상태다. 지방정부의 간섭 때문에 이들 시장에 진입하는 데는 앞으로도 어려움이 많을 것이다. 지방정부들이 재정세입과 정치적 정실주의 때문에 지역 산업의 기득권을 보호하기 때문이다.

중국이 개혁 이전에 공개적으로 천명한 목표가 있었지만, 1990년대 말경에 이르자 미적지근한 제도적·구조적 개혁으로 인한 대가가 중국의 경제 성과에서 나타나기 시작했다. 2002년에 실시된 중국 경제에 대한 광범위한 연구에서, 경제협력개발기구(OECD)는 "과거 중국의 성장을 이끌었던 중요한 동력이 힘을 잃고 있다"고 경고했다. OECD는 그 이유에 대해 "중국 경제가 심하게 단편화되고 세분화되면서 자원의 비효율적인 활용이 점점 증가하게 되었기 때문"이라고 지적했다.

　OECD가 이 연구에서 언급한 중국의 중대한 약점들에는 농촌지역의 낮은 성장률, 국유기업의 비효율성, 금융 시스템의 취약성 등이 있다. 이러한 구조적 약점들 때문에 1990년대 후반의 중국 경제성장 속도는 상당히 둔화되었다. 국제통화기금(IMF)이 2003년에 발표한 경제 연구에서도 이와 유사한 구조적 취약점을 언급하면서, 초기 개혁을 통해 얻을 수 있는 단발적인 성과를 중국이 이미 경험했기 때문에 지속적인 성장을 하려면 새롭고 보다 힘든 구조적 개혁을 단행해야 한다고 경고했다.

　중국 정부의 공식적인 통계는 성과를 부풀리는 경향이 있다. 그러나 그런 중국 정부의 통계에서조차 1990년대 초에 두 자리 수를 기록했던 성장률이 1990년대 후반에는 7~8%로 떨어진 것을 볼 수 있다. 그러나 실제 성장률은 이보다 더 낮을 가능성이 있다. 중국의 경제성장률이 2002~2004년에 급등하기는 했지만, 그것은 주로 정부가 주도한 고정자산 투자 때문이었다. 구조적 개혁이 부실한 상황에서 이러한 성장은 경제를 왜곡시킬 가능성이 있다. 중국에서 가장 권위 있는 경제학자인 우징롄(吳敬璉)은 2004년에, 중국의 경제성장은 지나친 투자율(GDP의 40% 이상)로 인한 것이라고 경고하면서, 이러한 질 낮은 성장은 지속 불가능하고 새로운 문제를 야기할 수 있다고 여러 차례 지적한 바 있다.

발전을 가로막는 정치체제

　중국의 체제전환이 정체되어 있다는 징후는 정치에서도 잘 나타난다. 정치 시스템에 대한 중요한 제도적 개혁들(정부 공직자들의 명예퇴직, 전인대의 역할 강화, 사법개혁, 농촌지역 자치정부 실험, 시민사회 단체에 대한 통제 축소 등)은 모두 중국이 경제적으로 획기적인 성장을 하기 이전인 1980년대에 계획되고 실행되었다는 점은 주목할 만하다. 1990년대에 이들 분야에 대한 점증적인 개혁이 지속되었지만(이전보다 개혁 속도는 느려졌다), 장쩌민(江澤民)이 이끌던 공산당 지도부는 새롭거나 중요한 그 어떤 제도적 개혁도 시도조차 하지 않았다. 게다가 덩샤오핑 정권 때는 정치개혁에 대한 내부적, 또는 공개적 토론이 용납되었지만, 장쩌민이 권력을 잡았던 시기에는 이와 비슷한 토론이 실질적으로 금지되었다.

중국의 일류 학자들은 중국의 정치가 경제에 비해 뒤떨어져 있으며, 정치개혁의 실패가 중국의 발전에 가장 큰 제약요인이라는 점에 의견을 같이한다. 그러나 이들은 점차 개방되는 경제 시스템과 중국의 현재 정치 시스템 사이의 불균형이 개선되지는 않을 것이라고 보고 있다. 중국사회과학원이 2003년에 실시한 설문조사에서, 조사 대상 학자들 중 절반이 정치와 경제의 불균형이 지속될 것이라고 응답했고, 1/3은 그 불균형이 점점 심화될 것이라고 응답했다. 심지어 많은 공직자들조차 그러한 불균형이 지속되거나 심화될 것이라 생각하고 있다.

2000년부터 2003년까지 중앙공산당학교에서 교육을 받는 공직자들을 대상으로 한 네 차례의 설문조사에 따르면, 이들이 가장 관심을 갖는 것은 정치개혁이며, 현 정치 시스템이 비교적 정체되어 있다는 인식을 갖고 있는 것으로 나타났다. 2002년에 실시된 설문조사에서는 응답자 133명 중 80%가 앞서 학자들과 마찬가지로 정치개혁의 부재가 중국의 발전을 가로막는 가장 중요한 요인이며, 정치개혁이 경제개혁보다 훨씬 더 중요하다고 답했다. 1990년대의 정치개혁 부재는 급격한 변화가 일어난 경제 및 사회와 달리 정체된 독재정치 체제를 더욱 비교되게 했고, 중국 정부의 효율적인 거버넌스 유지와 중요한 세 가지 도전과제를 처리할 수 있는 능력을 약화시켰다. 3대 주요 도전과제는 바로 공직자들의 부정부패, 국가역량의 약화, 사회-정치 체제 사이의 불균형 심화다.

만연한 공직자들의 부정부패

경제와 정치의 제도적 개혁이 불균형하게 됨에 따라 공직자들이 부패에 빠질 가능성이 늘어나게 되었다. 이러한 환경에서는 제도적 규제가 분명하지 않거나 정치적으로 실행될 수 없기 때문이다. 지도층들은 자신이 저지른 잘못에 대해 책임을 지지 않거나 처벌을 받지 않게 된다. 그 결과 공직자들의 약탈적 정책(predatory policy)과 행위가 아무런 제약도 받지 않게 된다.

1990년대 후반에 중국 지도층의 부정부패는 하나의 유행과 같았다. 이 기간에 행해진 설문조사를 보면, 관료들의 부정부패는 중국이 당면한 정치적 과제들 중 최우선 과제로 지속적으로 거론되었다. 정치국 간부, 지방의 성장(省長), 국유기업 최고책임자 등 고위 공직자들이 연루되어 대중들의 큰 관심을 끄는 부정부패 스캔들은 중국 언론을 통해 늘 볼 수 있는 주제가 되었다. 이들 공직자들이 저지르는 부정부패는 항상 불법 부동산 거래, 거액의 뇌물수수, 대규모 밀수 허가, 금융사기 가담, 조직범죄 비호, 매관매직 등이다.

부정부패를 통제하지 못해 발생하는 비용은 경제적으로나 정치적으로 어마어마하다. 대략 GDP의 4~17%에 해당하는 금액이 부정부패와 연관된 것으로 추정되는데, 실로 엄청난 공공자원이 개인의 주머니로 흘러드는 것이다. 지도층들이 저지르는 부정부패가 정치적으로 어떤 결과를 낳는지는 측정하기에 어려움이 있지만, 순수한 경제적 손실보다 훨씬 더 해로울 수 있다.

정부 관료들이 저지르는 부정부패는 법 집행, 시장에서의 법과 질서 유지, 필수적인 공공서비스의 제공 등을 담당하는 주요 기관들에 대한 신뢰를 떨어뜨린다. 정부 관료들의 부정부패 관행(뇌물수수, 입찰담합, 내부자 거래, 매관매직, 분식회계, 대규모 횡령 등)은 필연적으로 이로 인해 영향을 받은 해당 기관의 효율성을 떨어뜨리며, 시장거래 비용을 증가시킨다. 또한 체계적 위험(systemic risk), 그중에서도 금융부문에서의 체계적 위험을 증가시킨다.

따라서 부패한 정권이 다스리는 국가의 역량은 항상 약할 수밖에 없다. 그리고 그보다 더 중요한 것은 중국의 어느 사회평론가가 말했듯이, 새로운 체제로의 전환기에 있는 경제에서 관료들이 부패하면 지도층들은 자신들의 정치적 권한을 횡령과 시장 조작을 통해 개인적인 부를 축적하는 데 이용하게 된다는 점이다. 이는 사회경제적 불평등을 증가시키고, 사회 불만을 초래한다.

국가역량의 약화

중국의 국가역량 약화는 세금 징수, 핵심적인 공공재 공급, 정보 수집, 법규의 집행 등 국가의 효율성을 나타내는 몇몇 중요한 기능들이 제 역할을 못하는 것에서 잘 드러난다. 또한 권력의 역설(paradox of power)과 비효율성에서도 국가역량 약화를 어느 정도 엿볼 수 있다. 겉으로 보기에는 중앙정부가 제도적 걸림돌 없이 중앙집권적이고 모든 곳에 영향력을 미치는 것으로 보이지만, 정책과 법규를 집행하는 중앙정부의 능력에는 한계가 있다. 이른바 '정령부창(政令不暢)', 즉 정부의 명령이 효력을 발휘하지 못하는 현상이 중국의 언론 보도에 자주 등장한다. 여기에는 지방정부가 중앙정부의 법규와 정책을 무시하는 것, 정부 관료가 법규를 의도적으로 어기는 것, 그리고 계약의 집행, 법원의 판결, 국내법 등에 간섭하는 지역 보호주의의 관행이 포함된다. 이러한 중국 정치만이 갖고 있는 독특한 특성을 '단편화된 권위주의'라고 이름 붙이면 적절할 것이다.

시장과 정권이 새로운 체제로 전환하는 과정에서는 국가의 역량을 약화시키는 세력들이 확실히 힘을 얻는다. 이는 새로운 체제로의 이행기를 거쳤던 다른 나라들에서도 나타났던 현상이다. 이러한 전환기에는 언제든지 개혁 이전의 상태로 되돌아갈 수 있기 때문에, 전환기의 국가가 새로 거듭나는 것은 새로운 경제적·정치적 도전과제를 처리할 수 있는 제도적 개혁을 통해서만 가능하다. 따라서 국가역량은 정치 시스템을 개혁하는 데 실패하면 약화될 가능성이 있다. 중국 관료들의 만연한 부정부패가 그런 사례에 속한다. 지도층이 국가 기관의 결함을 개혁하려는 의지가 없으면 제도적인 부정부패가 만연할 조건을 만들게 되며, 부정부패는 다시 국가의 효율성을 약화시키는 악순환을 낳는다.

그러나 국가역량을 약화시키는 것은 부정부패만이 아니다. 국가역량을 약화시키는 가장 중요한 요인은 국가 지배력의 본질과 경계를 규정하는 세 가지 관계, 즉 공산당-국가, 중앙정부-지방정부, 국가-시장의 관계에 내재된 왜곡, 불확실, 불안전이다. 매우 중요한 이 세 가지 관계가 제자리를 잡지 못하면 국가의 효율성이 위태롭게 된다. 예를 들어 공산당이 국가 위에 군림하는 것은 모든 정부 차원에서 국가의 지배력을 약화시키고, 정해진 행정적 기능을 수행하는 능력을 제한하게 된다.

중앙정부와 지방정부 간의 권한이 유동적인 것은 두 정부 모두 끊임없이 기회주의적인 행동을 함에 따라 책임, 정보, 두 정부의 협조에 있어 문제를 유발한다. 이는 서로 협조하면 보상을 하고 그렇지 않으면 처벌을 할 수 있는 믿을 만한 제도적 장치가 없기 때문이다. 그로 인해 저마다 선호하는 관할지역이나 분야에 공공재를 과잉 공급하고, 공공의료, 교육, 연구개발 등의 분야에는 공공재가 제대로 공급되지 못하는 결과가 발생한다.

이와 비슷하게, 시장과 국가의 경계가 분명히 규정되지 않음으로써 국가는 비즈니스에 대한 투자 및 운영, 다양한 명목하의 행정서비스 판매 등 하지 말아야 할 행동들을 하는 반면, 계약 집행, 재산권 보호, 시장 단속 등 국가가 수행해야 할 기본적 기능들을 효과적으로 수행하지 못하는 상황이 발생한다.

사회와 정치체제 사이의 불균형 심화

중국의 사회와 정치 사이에 심각한 구조적 불균형이 누적되고 있다는 인식은 중국 내에서 널리 퍼지고 있다. 이러한 불균형은 불평등(사회경제적, 지역적, 도시와 농촌 간) 및 지도층과 대중들 간의 갈등이 증가하고 가치관의 붕괴가 가속화되고 있음을 의미한다. 중국의 사회과학자들은 이러한 불균형 때문에 중국 사회 내에 큰 위험이 쌓여가고 있다고 경고한다.

왕샤오광(王小廣), 후안강(胡鞍鋼), 딩위안주(丁元竹) 등의 학자들은 대중들의 불만, 실업률, 불평등 증가를 언급하면서, 중국은 새로운 사회적 불안정의 시기에 접어들었다고 주장한다. 사회학자인 쑨리핑(孫立平)은 앞에서 이야기한 불균형을 중국의 사회적 분화(social division)의 원인들 중 하나로 규정하고 있다. 이러한 불균형은 필연적으로 국가와 사회 간의 갈등을 증폭시킨다. 여러 자료와 언론보도를 종합해보면 집단시위, 폭력적 대치, 국가 권위에 대한 다양한 형태의 부정과 저항이 크게 늘어나고 있음을 알 수 있다.

사회적 불만을 표출하는 것이 분명한 이러한 행동들은 농부와 도시의 국유기업 근로자들처럼 새로운 경제 체제로 전환하는 과정에서 곤란을 겪는 계층들이 주도하는 것 같다(사실 대규모 주요 시위는 주로 이 두 계층에 의한 것이다). 집단시위와 개인적 저항이 그 빈도, 규모, 정도 면에서 모두 증가한다는 것은 새로운 경제 체제로의 전환기 동안 중국의 정치 제도가 대중들에게 스트레스를 주었으며, 제도적으로 결함이 있음을 나타내는 것이다.

국가의 통치 대리인(관료나 공직자 - 옮긴이)들이 정치적으로 책임을 지는 시스템이 붕괴된 것이 국가-사회 간의 갈등을 증폭시킨 원인 중 하나인 것으로 보인다. 일상적으로 권력을 남용하고 폭정을 자행하는 국가 대리인들은 매일 희생자들을 만들어내면서 국가 약탈(state predation)의 전형적인 모습을 보여주고 있으며, 평범한 시민들을 국가가 직접적으로 억압하도록 만든다. 이러한 시스템에서 누적된 불만들은 이를 해결하기 위한 법원, 언론, 정부기관 등의 제도적 메커니즘이 제 기능을 발휘하지 못하면 폭력으로 표출된다.

게다가 민주화 개혁에 대한 공산당의 저항은 정치참여와 정치적 이익을 대변할 효율적인 통로가 부족해지는 결과를 초래한다. 이로 인해 자신들의 이익을 지키지 못하는 사람들은 어쩔 수 없이 자신들의 요구를 주장하고 피해를 보상받기 위한 정책을 추진하도록 집단시위라는 위험성이 높은 선택을 하게 된다. 이러한 제도적 결함들이 합쳐지면 잘 조직된 사회적 이해관계 세력이 없더라도 폭력이 수반되는 집단시위가 발생하게 된다.

국가-사회 간에 갈등이 누적되고 증가하는 것은 중국의 정치적 안정에 해로운 징조다. 정치 기능이 마비되면 개인적, 또는 집단적 불만이 계속 누적되면서 국가-사회 간 갈등을 더 심화시키는 악순환을 낳고, 향후의 개혁도 위험하게 만든다.

이러한 힘든 도전과제들과 폐쇄적인 정치 시스템 및 부분적인 개혁만 이루어진 경제에 깊이 자리 잡은 구조적 문제점들은 과연 중국이 앞으로도 역동적인 경제 현대화를 지속할 수 있을지 의구심을 갖게 한다. 이 책에서는 이 의구심을 풀기 위해 우선 이론적 측면에서 새로운 체제로의 전환이 정체된 이유에 대해 살펴본다. 제1장에서 이론적 틀을 갖춘 이후에는 4개의 장에 걸쳐 중국의 부분적인 정치 및 경제 개혁으로 인한 병폐를 검토해본다.

제1장에서는 이론적 틀을 갖추는 데 있어서 경제발전, 민주화, 국가사회주의에서의 경제 시스템 변화, 약탈적 국가(predatory state) 간의 관계를 이론적으로 살펴볼 것이다.

제2장에서는 정치적 개혁에 대한 지도층들의 인식과 접근방법을 분석하고, 1970년대 후반 이후 진행된 다양한 제도적 개혁들의 결과를 평가한다.

제3장에서는 점진적 경제개혁의 결과를 비판적으로 평가하고, 단편적인 개혁으로 인한 눈에 보이지 않는 비용 및 그 뒤에 숨겨진 정치적 논리는 무엇인지 파헤쳐본다.

제4장에서는 마오쩌둥 이후 중국에서의 국가 약탈이 분권화(decentralization)된 과정을 추적하고, 분권화된 약탈적 국가가 갖는 부정부패 현상의 원인이 근본적인 제도에 있음을 증명한다.

제5장에서는 체제전환이 정체된 결과에 초점을 맞춰 중국의 1당지배체제 정권이 직면한 세 가지 어려운 과제들을 집중적으로 분석한다. 그 세 가지 과제란 국가역량 약화, 지배 정당의 지지세력 동원 능력 약화, 국가-사회 간 갈등 고조이며, 이는 체제전환이 정체된 국가에서 나타나는 전형적인 현상이다. 결론에서는 중국의 체제전환이 남긴 영향을 이론과 실제 정책 측면에서 살펴본다.

제1장

중국의 국가체제가 변하지 않는 이유

     부분적인 개혁은 체제전환이 정체되었음을 분명히 보여주는 증거다. 이러한 부분적인 개혁이 나타난 근본적인 원인을 탐구하는 데 있어서, 먼저 민주화, 경제개혁, 국가에 관한 이론들을 살펴보자. 이들 이론을 적용함으로써 권위주의 하에서 탄력과 방향을 잃는 시장과 정치적 변화에 대해 알 수 있고, 이를 통해 체제전환이 정체된 이유와 정치적·제도적 메커니즘이 갖는 논리를 보다 잘 이해할 수 있다.

경제발전과 정치의 민주화

경제발전이 정치적 변화에 미치는 영향에 관한 대부분의 연구를 보면, 경제적 풍요로움의 정도는 정치 시스템의 개방과 밀접한 연관이 있고, 사회구조가 변하면 정치적 경쟁(다당제)이 출현하게 된다는 것을 알 수 있다. 민주화에 관한 역사상의 사례나 보다 최근에 빠르게 성장한 몇몇 동아시아 국가(한국, 대만, 태국)에서의 민주화 사례를 보면, 중국도 이들과 비슷한 단계를 통해 정치적 폐쇄성에서 벗어날 가능성이 있다. 중국이 기적 같은 경제 성장을 이룬 지난 25년간의 경제개혁 이후에도 정치적 폐쇄성을 벗어나려는 실제적 움직임이 없는 것은 사실이지만, 그렇다고 해서 경제발전과 민주화가 관련이 있다는 중요한 이론적 가설이 부정되는 것은 아니다.

그중 한 가지 이유는 중국의 경제가 비교적 낮은 수준에서 급속한 경제성장이 시작되었다는 것이다. 환율을 기준으로 했을 때 1978년에 중국의 1인당 GDP는 151달러, 1999년에는 769달러였다. 20년간 고속성장을 유지하긴 했지만, 중국의 경제가 아직 정치 민주화로 이어질 정도로 발전되지는 않았다고 보는 것이 좋을 듯하다. 이런 이유로 '민주화 이행 지역(democratic transition zone)' 가설에서 중국은 제외된 것이다. 이것은 새뮤얼 헌팅턴(Samuel Huntington)이 세운 가설로, 비민주적인 국가는 1인당 GDP가 1,000~3,000달러가 되어야 자유화 또는 민주화가 이루어진다는 가설이다. 그러나 구매력평가(PPP) 기준으로 1인당 GDP를 평가한다면, 중국의 경우 1980년대 후반에 이미 민주화로의 이행이 시작되었어야 한다.

중국이 민주화로 이행하는 데 실패한 이유는 중국만이 갖는 독특한 요소들 때문일 수도 있다. 경제가 발전하는 과정에서 생긴 커다란 지역적 불평등은 민주주의로의 이행에 장애가 된다. 민주주의가 출현하는 데 필수적인 요소인 사회세력이 각 지역에서 고르게 성장하지 못하기 때문이다. 중국 전역의 집단적 행동을 조직하고 조정하는 데는 막대한 비용이 들며, 특히나 권위주의적 압제와 커뮤니케이션 인프라가 발달되지 않은 상황에서는 더욱 그렇다. 중국의 제도적 관행과 준(準)전체주의 정권이 갖는 집단의식은 민주화로 발전하는 데 있어 지역적 격차보다 더 큰 장애가 된다.

이전 공산권 국가들을 보면, 민주화로의 이행은 공산정권의 갑작스러운 몰락 이후 가능했다. 공산정권이 유지된 채 민주화가 이루어진 국가는 역사상 단 한 곳도 없다. 이는 소수 지도층들이 자신의 권력을 포기하지 않으려 하기 때문에, 공산정권에서 민주화로의 점진적 이행은 공산주의자들의 손으로는 사실상 불가능함을 암시한다. 이런 체제에서는 자율적이고 조직적인 사회세력의 성장이 어려우며, 설사 경제적으로 엄청난 발전을 하여 사회경제적으로 중산층이 크게 늘어난다 해도 그렇다. 공산정권이 붕괴되어야 민주화로 이행할 확률이 가장 높다. 지도층이 결국 어쩔 수 없이 제한적으로라도 정치적 개혁을 시작하게 된다면, 거듭된 실정과 정치적 정당성 결여로 인해 약해진 이들 정권은 더 이상 점진적으로 정치를 개혁할 능력을 유지할 수 없을 것이기 때문이다.

따라서 중국의 민주화로의 이행은 지도층의 정치적 선택을 통해서 가능하다는 이론이 더 타당한 듯 보인다. 경제발전과 사회구조 변화를 중요시하는 이론들은 민주적 제도가 출현하여 기능할 수 있는 사회적·경제적 배경을 가장 잘 설명할 수 있는 이론들이지만, 민주화로의 이행이 과연 어느 시점에 일어날지를 규명하는 데는 별 도움이 되지 않는다. 또한 경제가 발전하고 사회구조가 변한다고 해도 반드시 민주화로 이행되는 것도 아니다. 독재정권에서 지도층의 정치적 선택을 중요하게 여기는 사람들은 민주주의로의 이행이 사회구조나 경제발전과는 별다른 관계가 없다고 주장한다. 정권에 따라 정치적 배경이 다양하긴 해도, 민주화로의 이행은 지도층들이 권력을 내놓겠다고 결정할 때만 가능하다는 것이다. 지도층의 선택을 중요시하는 이론에서 보면 경제발전과 민주화 이행은 서로 비정상적이고 일시적이며 부정적인 관계라는 가정이 가능해진다. 경제가 발전할수록 정권을 잡고 있는 것이 더욱 가치가 있기 때문에, 지도층들이 권력을 포기할 이유가 없기 때문이다.

보다 중요한 것은 경제성장이 독재정권 지도층의 정치적 지배와 정책을 정당화하기 때문에, 이들이 경제성장을 통해 정치적 이득을 얻는다는 점이다. 경제가 고도로 성장하면 정치가 개방되는 분위기가 만들어진다는 가설과는 반대로, 오히려 경제적 번영으로 인해 민주화에 대한 압박이 사라질 수 있으며, 경제개혁이 늦어지는 것에 대한 불만 때문에 지도층이 어쩔 수 없이 정치개혁을 추구할 수 있다.

정치개혁에 대해 다룬 다음 장에서 보게 되겠지만, 중국이 이런 사례에 해당된다. 개혁 기간 동안 중국공산당 고위 지도부는 경제개혁이 답보상태에 머물고 경제성장의 성과가 악화되고서야 정치개혁에 관심을 가졌다. 이는 덩샤오핑 때도 마찬가지였다. 덩샤오핑은 자신의 경제개혁 복안이 관료들에 의해 방해를 받고 경제성장이 둔화되자, 1986년에 정치 개혁안을 제시했다.

경제적 번영으로 지도층은 보다 많은 물질적 자원을 확보하게 되어, 대중들을 억압할 능력을 강화하고 잠재적인 반대파들을 포섭할 수 있게 된다. 예를 들어 중국공산당이 지식인과 사영기업가들(이들은 1980년대에는 공산당 지도부에 맞서는 주도적인 인물들이었으며, 미래에는 공산당 권력에 도전할 수 있는 인물들이었다)을 포섭하기 위한 노력은 1990년대에 큰 성공을 거두었는데, 이는 오로지 급속한 경제성장으로 인해 중국공산당이 정치적으로 포섭할 경제적 수단을 가졌기 때문이었다.

그러나 물질적 풍요가 독재정권에 제아무리 유익하다 해도, 경제성장은 기껏해야 단기적으로 독재정권을 살릴 수 있을 뿐이다. 급격한 사회경제적 변화 속에 갇힌 독재정권은 태생적으로 자멸할 수밖에 없는 정치적 요소를 갖고 있기 때문이다. 대부분의 지도층은 경제적 발전으로 인해 공산당 권력에 도전할 강력한 세력이 등장하고, 어쩌면 정치적 독점권을 상실할 수도 있음을 어느 정도 인식하고 있다. 이러한 인식 때문에 정권의 지도층들은 도전자들을 최대한 억압하면서, 미래를 위해 현재의 독재체제에서 취할 수 있는 이득을 최대한 챙기려 한다. 게다가 중국과 비슷한 성격의 외국 정권들이 붕괴되는 것을 목격하면서, 권력을 잃을 수도 있다는 두려움이 더욱 실감이 난다. 장기적 혼란에 대한 우려와 동맹국 정권의 붕괴가 결합된 결과는 뱅크런(bank run; 대량 예금인출 사태로 인해 은행이 파산하는 것 - 옮긴이)과 비슷하다. 지도층들이 정권에 투자한 정치적 자산을 인출하려 몰려들고, 그로 인해 정권의 붕괴가 가속화된다.

흥미롭게도 중국의 지도층들이 미래를 위해 사적인 이익을 챙기는 행동이 점점 늘고 있음을 쉽게 볼 수 있다. 부정부패로 처벌을 받은 공직자들에 대한 중국의 언론보도를 보면, 많은 공직자들이 공산주의와 공산당에 대한 신념이 없음을 솔직히 인정하면서, 미래에 대한 두려움 때문에 부정부패를 저질렀다고 말하고 있다. 몇몇 고위 공직자들은 미래를 예측하기 위해 미신에 의지하기도 한다.

언론보도에 따르면, 부정부패로 사형을 당한 장시성(江西省) 부성장인 후창칭(胡長淸)은 자신의 아들(아버지가 사형 당하기 전에 이미 북미로 이민을 갔다)에게 "언젠가 중국은 없어질 거야. 그러나 2중국적을 갖고 있으면 우리는 보험에 든 셈이지"라고 말했다고 한다(그의 가족 모두는 가짜 신분증과 여권을 갖고 있었다). 산둥성(山東省) 타이안시(泰安市) 당 서기인 후젠쉐(胡建學)는 자신의 부하에게 "사회주의는 더 이상 희망이 없어"라는 말을 했다고 한다.

2003년에 수천만 위안(元)의 뇌물을 받은 혐의로 사형을 당한 허베이성(河北省) 세무국장인 리전(李眞)은 심문을 받는 과정에서 다음과 같이 말했다.

"소련이 붕괴된 후 많은 고위 공직자들이 경비원이나 노점상으로 전락했다. 공산당의 권력이 약해져 모든 것을 잃는 것보다는, 내게 권한이 있을 때 최악의 사태를 대비해 경제적인 준비(부 축적)를 시작해야겠다고 생각했다."

한 성(省)의 당 부서기인 익명의 공직자도 리전이 가졌던 미래에 대한 걱정에 공감하며 다음과 같이 말한다.

"1991년 말에 있었던 소련의 해체를 보며 나는 신념을 잃었다. 중국공산당이 살아남아 소련과 같은 운명을 피할 수 있을지 확신할 수 없었다. 소련이 해체된 2개월 후 덩샤오핑의 남순강화(南巡講話; 1992년 초 덩샤오핑이 경제가 발달한 남쪽의 선전 등을 돌며 개혁개방을 촉구한 것으로, 신문에 '남순강화'란 제목으로 그의 언급이 발표되면서 세간의 관심을 끌었다 - 옮긴이)가 발표되었다. 나는 중국이 건설 중이던 시장경제가 소련이 해체된 후의 자유경제와 같은 것으로 생각했다. 자유경제란 자유롭게 돈을 긁어모은다는 의미다. 그래서 나는 내가 가진 권력을 동원해 적극적으로 돈을 모았다."

미래를 위해 사적인 이익을 챙기는 현상이 늘고 있는 것은 젊은 공직자들의 부정부패에서도 그대로 반영된다. 1990년대 이전에는 비리를 저지르는 공직자들이 이른바 '59세 현상'에 속하는 경우가 대부분이었다(60세 은퇴를 앞둔 공직자들이 비리에 대한 유혹을 더 많이 받았다). 그러나 정부 통계를 보면 최근에는 젊은 공직자들의 부정부패가 점차 증가하는 추세다. 2002년에 뇌물을 받은 혐의로 기소된 공직자 중 19.3%가 35세 이하였고, 권력남용으로 기소된 공직자의 29%가 35세 이하였다. 이는 중국공산당 전체 공직자에서 35세 이하가 차지하는 비율보다 높은 수치다. 2003년 허난성(河南省)에서 부정부패를 저지른 지역 고위 공직자와 관공서 책임자, 즉 이바서우(一把手, 최고 책임자)들 중 1,773명(43%)이 40~50세였는데 비해, 50세 이상은 1,320명(32%)이었다.

경제적 번영이 정치개혁에 대한 압박을 둔화시키고 공직자들의 비리를 부추긴다는 두 가지 가설은 1990년대 중국의 발전과 일치하는 현상이다. 이 기간에 유례없는 경제적 번영을 누리던 중국공산당 지도부는 민주화 개혁에 대해 보다 확고히 부정적 입장을 취했고, 공직자들의 비리는 크게 증가했다.

점진적인 개혁의 장단점

구소련연방 국가들과 중국/베트남에서의 경제개혁은 서로 명백히 다른 두 가지 과정으로 진행되었다. 구소련연방 국가에서의 경제개혁은 매우 빠른 속도로 진행되었고, 그 범위도 매우 컸다. 그래서 이를 종종 '빅뱅(big bang)'으로 묘사하기도 한다. 이와는 대조적으로 중국과 베트남에서의 경제개혁은 보다 점진적이었고, 신중한 속도로 진행되었다. 또한 그 범위도 처음에는 제한적이었다. 공산주의 국가에서의 경제 및 정치체제 변화에 관한 연구에서 이 둘 중 어느 것이 더 우월한가 하는 주제는 아직도 뜨거운 논쟁거리다.

점진주의(gradualism)를 지지하는 사람들은 점진적인 개혁에는 다음과 같은 세 가지 주요 장점이 있다고 주장한다.

낮은 초기비용과 높은 지속가능성: '빅뱅'과 같은 급진적 접근법은 많은 소외계층을 낳는다. 따라서 이들에 대한 보상비용이 매우 크며, 정부가 이를 감당하지 못할 수도 있다. 그 결과 소외된 자들은 격렬하게 개혁에 반대하게 되고, 정치적으로 개혁이 지속될 가능성을 떨어뜨린다. 이와 달리 점진적인 개혁은 먼저 특정 분야의 효율성을 높임으로써 사회 전반에 혜택이 돌아가도록 한다. 이러한 부분적인 개혁에서는 소외되는 사람들의 수가 제한적이기 때문에 이들에 대한 보상비용도 정부가 감당할 수 있다. 따라서 정치적으로 개혁이 지속될 가능성이 높아질 수 있다.

높은 유연성: 덩샤오핑의 "돌다리도 두드려 보고 건넌다(摸着石頭過河)"는 말에 나타난 것처럼, 점진주의의 본질은 실험주의적 개혁이다. 개혁주의자들은 폴리시믹스(policy mix, 다양한 경제정책 수단을 종합적으로 운영하는 것 - 옮긴이)를 최선책이 아니라고 생각할 수도 있지만, 즉각적인 효율성 증가를 가져오는 '차선책'으로 여러 해결책을 추구할 수도 있다. 점진주의는 의사결정권자들이 개혁의 돌파구를 찾는 데 있어서 특정 분야에 목표를 맞추도록 해주고, 이후 다른 분야를 개혁하는 데 있어 소중한 지식을 제공해준다. 가장 중요한 것은 점진주의가 개혁주의자들에게 정책상 실수를 저지르고 이를 수정할 수 있는 여지를 준다는 점과 막대한 비용이 낭비되어 개혁에 대한 지원이 치명적으로 약화되는 것을 피할 수 있다는 점이다. 시간이 흐르면 시장의 힘(market forces)이 강력해지면서 의사결정과 자원 분배에 큰 영향을 끼치게 된다.

개혁 지지층: 점진주의 개혁론자들은 고전적인 분할통치(divide and rule) 전략을 이용할 수 있다. 즉 먼저 개혁으로 인해 혜택을 입는 사람들을 만들어낸 다음, 이들을 계속되는 개혁의 지지층으로 이용하는 것이다.

그러나 점진주의에는 많은 위험도 있다. 첫째, 국가사회주의(state-

socialist) 경제를 개혁하는 데 점진주의가 적용된 사례를 보면 그 결과
가 매우 암울하다. 1970년대와 1980년대 동유럽의 점진적 개혁은 대
개 실패한 것으로 간주된다. 소비에트식 계획경제학자들 대부분은
부분적인 점진적 개혁이 아닌 총체적인 접근방법이었다면 동유럽의
경제를 탈바꿈할 수 있었을 것이라 주장한다.

둘째, 점진적 접근방법은 다양한 개혁 수단들 사이의 상호보완성
이 부족하다. 일부 개혁 수단들 중에는 다른 개혁 수단들이 함께 병
행되지 못하면 실행을 해도 완전한 효과를 내지 못하는 것들이 있다.
야노스 코르나이(Janos Kornai)는 어떤 수단이 다른 수단들보다 우위
인 형식으로 실행되는 개혁은 역효과를 낳고, 전체적인 경제자유화
진행과정에 대한 불신을 낳을 수 있다고 주장한다. 초기 개혁이 느리
고 일관성이 없게 시작되면 향후 개혁도 실패할 가능성이 크다는 것
이다.

상호보완성의 부족은 시장을 왜곡할 수 있다. 점진적, 또는 부분적
인 개혁은 새로운 지대추구(rent-seeking, 공직자가 직책을 남용하여 부
당하게 경제적 이윤을 취하는 것 - 옮긴이) 기회를 낳음으로써, 정치적으
로 연관된 무리들이 시장이 제공하는 기회와 개혁되지 않은 구체제
가 제공하는 지대(rent, 부당한 이윤 - 옮긴이)를 악용함으로써 이중으
로 타락하도록 만든다. 이런 무리들은 전형적으로 자신들의 행정적
권한을 이용하여 새로운 독재체제와 무역장벽을 만들고, 그로 인해
낮은 생산량, 효율성 상실, 분화된 시장이라는 결과를 낳는다.

마지막으로, 점진주의가 지도층으로 하여금 지대가 높은 분야의
개혁은 지속하면서 지대가 낮은 분야의 개혁은 중단하도록 한다면,

새로운 체제로의 전환에 드는 경제적 비용은 궁극적으로 매우 높아질 수 있으며, 자원분배도 비효율적이 된다. 지도층들은 대중들로부터 정보를 숨기고, 특히 국가가 통제하는 금융기관들의 공적채무(public obligation)와 부실대출(bad debt)을 숨김으로써 점진적인 개혁에 드는 비용을 은폐할 수 있다(중국이 1979년에 그랬던 것처럼, 국가가 실질적으로 부채로 인한 이자 부담이 없을 때 은폐하기가 더 쉽다). 중국의 국유기업 개혁 사례가 이에 해당한다.

중국공산당은 국유기업을 자신들의 마지막 보루로 여기고, 개혁 기간 동안 보조금과 은행 대출을 통해 국유기업의 생명을 유지했다. 그 결과 자본의 분배가 크게 왜곡되었다. 국유기업은 중국 GDP에 공헌하는 비율이 1/3이지만, 중국 내 투자 자본의 2/3를 소모한다. 게다가 지난 20년간 국유기업의 손실을 메우기 위해 들어간 보조금은 중국의 공공재정에 드러나지 않은 큰 부채를 안겨주었다.

경제의 점진적 개혁은 시장이 기능하는 데 필수적인 원칙들(재산권 보장, 정부의 투명성, 지도층의 책임감 등)을 실현하기 위한 정치적 제도의 변화가 수반되지 않으면 실패할 확률이 높다. 이러한 정치적 제도들은 권한 관계를 명확히 규정해야 한다. 경제개혁의 결실을 보호하고 개혁을 지속시키기 위한 이러한 제도적 변화를 추진하려면 개혁주의자들이 정치적 연합체를 구성해야 한다. 이는 점진주의에 있어 매우 중요한 가설이다.

그러나 실제적으로 이런 연합체가 출현할 가능성은 매우 희박하다. 시민단체와 같은 사회세력에 비해 선발이익(initial advantage)을 압도적으로 많이 차지한 정권에 의해 점진적 개혁이 실행될 경우 이

가설은 특히 문제점을 갖게 된다. 이러한 체제에서는 개혁에 찬성하는 연합체가 정권과 사회 간의 연합에 의해 만들어지기보다는, 정권 내에서 출현할 가능성이 크다. 개혁 이전에 오랫동안 준(準)전체주의, 혹은 신권위주의 정권이 잠재적인 위협이 되는 시민단체의 출현을 허용하지 않아서, 개혁을 하는 시점에서는 사실상 시민단체가 존재하기 않기 때문이다.

정권과 사회단체 양자가 가진 진보적인 요소들을 모두 아우르는 친개혁 연합체의 실현 가능성이 낮다는 것은 점진적 개혁의 불확실성을 증가시키고, 구체제의 정권이 갖고 있는 장점에만 관심을 갖도록 유도한다. 그러한 관심 때문에 지도층들은 시장의 규칙과 규범 제도화, 경제의 자유화, 국가의 약탈적 권한 축소 등을 위한 계획들이 실행되지 못하도록 한다. 정권 내의 개혁주의자들은 (제도적 개혁으로 혜택을 보게 될) 사회세력들과 연합할 수 없기 때문에, 이들은 경제적 또는 정책적 합리성보다는 정권의 존속을 핑계로 개혁에 반대하는 세력들과 부딪치게 되고, 이들을 극복하는 데 종종 어려움을 겪게 된다. 정권 내의 반개혁적 인사들은 사영기업가 등 새로이 영향력을 가진 사회세력 구성원들을 포섭하기 위해 사적인 거래를 하기도 한다. 그럼으로써 정경유착이 발생하고, 친개혁세력과 불확실한 연합을 맺기보다는 반개혁 연합에 참여하는 것이 훨씬 더 매력적으로 보이도록 한다.

이처럼 지도층에 유리한 정치권력 구조로 인해 권위주의적 정권 하에서의 점진적인 정치개혁은 매우 불확실하고, 오히려 그 반대의 상황이 일어날 수도 있다. 요약하면, 점진적 정치개혁은 점진적 경제개혁과 마찬가지로 세 가지의 단점이 있다. 첫째, 개혁 초기 조건들로 인해 지도층이 정치적 조직, 지지, 권한에 있어서 압도적으로 유리하다. 둘째, 지도층이 임의로 일부 개혁을 중단하여 자신들의 경제적·정치적 특권을 지킬 수 있다. 셋째, 점진적 개혁은 반개혁세력과 협조하면 보상을 하고 반대의 경우는 불이익을 줌으로써, 지도층으로 하여금 새로운 사회세력을 포섭하여 배타적 네트워크를 형성하도록 한다. 이는 친개혁세력을 분산시킨다.

만만디, 중국식 점진주의

점진주의가 이처럼 위험성을 내포하고 있지만, 중국이 경험한 경제 변화는 그 반대인 것처럼 보일 수 있다. 중국에서의 점진적 경제개혁은 지금까지는 매우 성공적이다. 사실 중국의 점진적 개혁이 성공적이라는 견해들이 너무나 많아서 토머스 로스키(Thomas Rawski)는 1999년에 "우리는 모두 점진주의자들이다"라고 주장하기도 했다. 이러한 평가는 1970년대 말에 시작한 경제개혁 이후 중국이 이룬 일관된 높은 생산량 증가에 주로 바탕을 둔 것이다.

동유럽과 구소련 국가들이 경제개혁 과정에서 급격한 생산량 저하를 겪었던 것과 달리, 중국의 급격한 생산량 증가는 중국이 선택한 점진적 접근방법이 옳았음을 증명하는 것처럼 보일 수 있다. 경제개혁에 관한 권위 있는 한 서적에서는 중국의 경험을 점진주의 모델의 생생한 사례로 간주하면서, 중국식 모델이 흔히 '워싱턴 컨센서스(Washington consensus, 남미 국가들의 경제를 원조하기 위한 정책으로, 이에 대응되는 것은 베이징 컨센서스다 - 옮긴이)'로 알려진 급진적 접근방법보다 '더 완전하고 적절하다'고 주장한다.

구체적으로 말해서, 중국의 점진적 접근방법을 높이 평가하는 경제학자들은 중국이 자유시장과 인센티브 도입에 성공한 이유로 몇 가지 핵심적인 제도적 개혁들을 꼽는다. 그중 하나가 동일한 상품에 대한 이중가격의 도입이다. 이는 정부가 정한 가격과 시장의 힘에 의해 정해진 가격이 공존하는 것이다. 이러한 제한적인 시장자유화 방식은 경제적으로는 '파레토 개선(Pareto-improving)'으로 간주되었고, 정치적으로는 경제개혁 반대자들의 구미에 맞는 것이었다. '소외된 자가 없는 개혁'이었던 것이다.

점진적 제도 혁신의 중요한 사례로 인용되는 또 다른 하나는 향진기업(鄕鎭企業, 향과 진은 중국의 행정단위로 우리나라의 읍면 정도에 해당된다 - 옮긴이)이다. 향진기업의 소유권은 향진의 정부에 있기 때문에, 서구의 기준으로는 이상하게 보일 수 있다. 개인 재산에 대한 이념적 편견, 법률 부재 등의 정치적 제약 때문에 개혁 초기에는 완전한 사영기업이 출현할 수 없었다. 중앙정부의 통제를 받는 곳보다는 농촌의 향진에서 이러한 정치적 제약을 극복하고 기업을 세울 수 있었다. 향진기업은 국유기업보다 효율적인 성과를 냈다. 향진기업이 향진기업 관리자들과 지역 정치인들의 이익에 더 잘 부합될 수 있었고, 향진정부가 재정에 기여하는 바가 매우 컸기 때문이었다.

이 외에도 중국의 점진적 접근방법에는 다음과 같은 독특한 특징이 있다.

첫째, 중국의 점진적 개혁은 유리한 초기 조건들로 인해 중국 지도자들이 구조적 장점을 최대한 이용할 수 있도록 해주었다. 여기에는 비교적 분권화된 경제 의사결정 시스템, 지역 경쟁이 발생하기 좋은 정치적 구조, 소수의 국유부문 종사자, 구소련 국가들에 비해 덜 왜곡된 산업구조, 향진기업을 포함한 비국유부문의 역할 중시 등이 포함된다.

둘째, 중국의 개혁주의자들은 집단농장을 해체하자는 농민들의 요구에 즉각 대응했고, 농업에 대한 개혁을 단행했다. 그리고 초기 농촌 개혁이 성공함으로써 매우 중요한 개혁지지 세력을 형성하게 되었다. 농촌지역의 개혁을 통해 흑자가 발생하자 농촌지역 정부는 새로운 제조업에 투자할 여력이 생겼고, 이는 궁극적으로 대단히 중요한 지방 공공재정 자원이 되었다. 따라서 중국이 실행한 개혁의 전반적인 모습은 점진적이었지만, 농촌지역에서의 개혁은 분명 급진적이었다.

셋째, 중국이 취한 접근방법의 특징들 중 가장 중요한 것은 아마도 '계획 외 성장(growing out of the plan)' 일 것이다. 이것이 개혁의 핵심 골자이며, 국유부문은 그대로 둔 채 비국유부문의 급속한 성장을 꾀하는 것이었다. 구소련 국가들이 급진적 개혁을 채택한 후 생산량이 크게 떨어졌던 것과는 달리, 중국의 이러한 전략은 생산량을 크게 증가시켰다. 이에 따라 사회 전반이 혜택을 입었고 개혁에서 소외된 사람들을 보상해줄 재정적 수단을 갖게 되었다. 그러나 보다 비판적으로 말하자면, 이 전략은 국유부문의 기득권 세력들(국가 공무원과 국유기업 종사자)에게는 피해를 주지 않으려는 것이었다. 이 때문에 잠재적으로 국가를 약화시키는 정치적 투쟁이 발생하고, 개혁의 입지가 약화될 수도 있었다.

물론 중국의 점진적인 접근방법에는 비판할 부분도 있다. 일부에서는 특히 악화된 재정, 느린 제도적 개혁, 자본의 비효율적 배분 등을 고려해볼 때, 중국의 개혁 성과가 너무 과장되어 있다고 생각한다. 또한 개혁 기간 동안 중국이 이룩한 높은 경제적 성과는 대부분 구조적 요소 혹은 초기 조건들(덜 왜곡된 산업구조, 적은 국가보조금, 보다 제한적인 국가사회주의 복지 시스템 등) 덕분이며, 정책이나 제도적 혁신이 훌륭해서가 아니라고 주장하는 사람들도 있다. 회의론자들은 지역 보호주의와 내수시장의 세분화와 같은 중국의 잘 알려진 문제점들을 거대한 경제적 왜곡의 사례라고 인용하면서, 부분적으로 개혁된 경제에서는 경제적 왜곡현상이 더 깊어지는 경향이 있다고 생각한다.

중국의 점진적 접근방법에 회의적인 사람들의 주장에는 점진주의가 결국 실패할 것이라는 의미가 깔려 있다. 회의론자들은 중국이 결국에는 유리한 초기 조건들을 다 소모할 것이고, 그렇게 되면 점진적인 접근법이 태생적으로 안고 있는 시장 왜곡현상들이 경제성장을 둔화시킬 것이라 예상한다. 회의론자들은 헌법상의 체제변화(민주화로의 이행)가 없는 속에서, 경제체제 전환 과정이 국가 기회주의(state opportunism)에 의해 파괴되고, 지도층들이 장기적인 사회이익을 희생하면서 자신들의 권력을 강화하는 데 이용될 것을 우려한다.

중국의 경제 성과에 대한 자국 내 경제학자들의 평가는 저마다 다양하며, 점진주의가 가진 장점과 한계에 대해 잘 이해하고 있다. 중국 내 경제학자들이 중국의 개혁정책과 관련하여 가장 많이 논의하는 주제는 두 가지다. 첫째, 서구 경제학자들과 마찬가지로 중국 내의 경제학자들도 개혁 기간 동안 중국의 생산량이 크게 증가했음을 잘 알고 있으며, 학자들 대다수는 이러한 점진적 전략이 중국에 더 어울리는 접근법이라고 생각한다. 이들은 생활수준의 급격한 향상, 산업화 속도, 세계경제와의 연관성 증가, 시장의 힘이 갖는 영향력 증가 등을 점진적 전략이 성공한 증거로 제시한다. 둘째, 중국 내의 학자들은 계획경제 제도들을 바꾸는 데 있어 점진주의가 가진 한계점도 잘 알고 있다. 이들은 특히 명백한 체제적 모순, 즉 시장제도와 구체제의 강한 영향력 사이에서 발생하는 알력과 모순을 매우 잘 인식하고 있다.

한 공직자가 직설적으로 평가한 말을 인용하자면, 중국의 '자본, 토지, 기술, 노동 시장'은 미발달 상태다. 정부는 단지 '불완전한 거시적 운영만' 할 수 있을 뿐이고, '재정 시스템 구축 및 국유기업 운영 메커니즘의 근본적 개혁에는' 실패했다. 개혁은 '정부 부처 내의 특정 이익집단의 출현과 국가역량의 약화'로 위협받고 있다.

우징롄은 경제자원 배분의 변화로 판단하건데, 중국의 개혁은 아직 합격점을 받지 못했다고 주장한다. 그는 국유기업의 개혁이나 구조조정이 근본적으로 이루어지지 않았다고 생각하며, 자본배분이 어느 정도는 정부의 지배수단으로 이루어지고 있다고 본다. 점진주의를 지지하는 인물로 잘 알려진 판강(樊綱)도 점진적 개혁이 가격 왜곡(정부의 통제 때문에 생긴다), 연성예산제약(soft budget constraint), 독재를 계속 존속시킴에 따라 특히 효율성 상실 측면에서 큰 비용이 수반된다고 인정한다.

심지어 2003년 후반에 중국공산당 중앙위원회가 중국의 경제개혁 진행과정을 평가하면서도 앞으로 어려운 도전들이 가득 있음을 인정하고 있다. 제16기 중국공산당 중앙위원회 3차 전체회의에서 발표된 성명에 따르면, "중국의 경제구조는 비합리적이며, 자본의 재분배 또한 제대로 이루어지지 않고 있다. 농민들의 소득은 답보 상태에 있으며, 자원과 환경에 대한 압박은 커지고 있다. 또한 중국 경제의 종합 경쟁력은 강하지 않다."

그러나 중국의 점진적 개혁이 실현되는 데 가장 위협이 되는 것은 시장경제가 기능하는 데 매우 중요한 제도들이 약화된다는 것이다. 이런 제도들에는 책임을 부여하고 국가 기회주의를 제한하는 정치적 시스템, 개인의 소유권을 보호하고 계약을 이행하기 위한 근대적인 법체계와 헌법적 질서가 포함된다. 중국이 시장경제로의 이행을 시작한 지 25년 이상이 흘렀지만, 이러한 제도들은 그다지 발달되지 않은 채 남아 있다.

2001년부터 우징롄이 중국의 미래 성공 조건으로 시장의 힘보다는 법치주의를 강조하기 시작한 것은 주목할 만하다. 그는 시장경제의 제도적 기초를 강화하는 데 요구되는 정치개혁을 완수하지 못한다면, 중국이 '정실 자본주의(crony capitalism)'에 빠져 정체될 위험이 있다고 공개적으로 천명했다. 우징롄은 자신이 이런 생각을 하게 된 경위를 설명하면서, 자신을 포함한 중국의 경제학자들이 개혁 초기에 너무 단순하게 생각했음을 인정했다. 이들은 '일단 계획경제의 관례를 버리고 시장 기반적인 일련의 관계가 형성되면, 모든 것이 순풍에 돛 단 듯' 잘될 것이라 생각했다. 그러나 25년간의 경제 이행 과정에서 나타난 문제점들은 '순수경제학'으로는 풀 수 없는 것들이었다. "중국 내에서 시장경제가 서서히 출현하고는 있지만, 사회적 무질서, 불평등 증가, 부정부패 만연 등의 문제점들은 점점 심화되고 있다." 우징롄은 "제대로 된 시장경제는 법치주의를 근간으로 건설되어야 한다"고 결론 지었다.

독재자들이 급진적 개혁을 피하는 이유

생산량 증가, 점증적인 제도 변화, 점진적 개혁의 장단점에만 초점을 맞추면 한 가지 중요한 사실을 놓치게 된다. 그것은 바로 권위주의적 정권과 그 정권이 어쩔 수 없이 채택하게 되는 경제 전략의 연관성이다. 대부분의 학자들은 경제개혁 과정에 대한 정치적 제약이 어떤 영향을 끼치는지 분명 잘 알고 있다.

예를 들어 제라드 롤랜드(Gerard Roland)는 그러한 제약사항 두 가지를 언급했다. 첫째, 개혁 비용과 혜택을 분배하는 측면에서 결과의 불확실성은 정책결정자들에게 제한을 가하고, 그들이 친개혁 연합을 구성하는 데 방해가 된다. 둘째, 개별적인 개혁 수단들은 다른 상호보완적인 수단이 없으면 의도된 결과를 낳을 수 없기 때문에 '개혁 수단의 상호보완성 및 상호작용' 또한 중요하다.

정치적 측면에서 보면, 최소한 경제적으로는 상호보완성이 더 높아질 것으로 생각되는 여러 개혁 수단들을 (다양한 요소들이 더 잘 작용하도록) 한데 묶어 실행하는 것은 실제로는 개혁주의자들의 기반을 약화시킬 수 있다. 여러 개혁 수단을 한데 묶어 실행하는 것은 더 많은 기득권 세력들에게 피해를 주고, 동시에 반대자들이 변화하도록 자극을 준다. 상호보완성이 제약을 받으면 개혁주의자들은 반대자들을 분산시키고 정복하기 위해 어쩔 수 없이 점진적인, 또는 점증적인 접근방식을 채택하게 된다.

점진주의를 옹호하는 사람들은 경제개혁에 있어 가장 큰 정치적 제약을 간과하는 것 같다. 그것은 바로 권위주의적 정권의 권력 상실에 대한 두려움이 점진적 개혁에 반대하는 사람들과 부딪친다는 걱정보다 훨씬 더 클 수 있다는 것이다. 권위주의적 정권이 경제개혁을 추진하는 가장 중요한 정치적 논리는 마키아벨리식 계산이 아니라 정권의 존속 여부다. 이러한 관점에서 본다면, 중국은 개혁을 할 것인지 (문화대혁명 직후의 중국이 그랬던 것처럼) 위기가 팽배한 현재의 상황을 그대로 이어갈 것인지를 선택해야 할 기로에 놓여 있다. 악화되는 현재의 상황을 계속 유지하는 것은 단기적으로든 장기적으로든 정권의 존속에 큰 위협이 될 것이다.

그러나 시장지향적 개혁을 완수하게 되면 궁극적으로 정권이 이익집단의 지지를 얻는 데 필요한 자원을 잃는 결과를 초래할 것이다. 따라서 단기적으로는 경제개혁의 결과로 권위주의 정권의 미래가 밝을 수 있지만, 장기적으로는 정권의 존속이 위험에 빠질 것이다. 장·단기적으로 정권의 존속에 위협이 되는 현재의 상황과 점진적 개혁 외에도 세 번째 위협이 남아 있다. 그것은 바로 '빅뱅', 즉 급진적 개혁이다. 급진적 개혁은 많은 부분에서 개혁 반대자들을 동시다발적으로 몰아낼 뿐만 아니라, 권위주의 정권이 매우 빠르게 중요한 경제적 자원에 대한 통제를 상실하도록 함으로써 정치권력 또한 잃도록 만든다.

이런 이유 때문에 가장 친시장적이었던 칠레의 피노체트 정권을 포함한 역사상 모든 권위주의적 정권들이 급진적인 경제개혁을 피한 것이다. 대신에 어쩔 수 없이 경제개혁을 해야 했던 이들 정권들은 중요한 부분에 대한 국가의 강력한 통제는 유지한 채 점진적인 개혁 전략을 채택했다(베트남은 1990년대, 인도네시아는 수하르토 정권 때, 대만은 국민당 정권 때, 한국은 1960년대, 멕시코는 PRI[제도혁명당] 정권 때 각각 개혁을 단행했다). 알다시피 급진적 개혁은 동유럽처럼 권위주의 정권이 붕괴된 국가들에서만 채택되었고, 동유럽에서는 그 이전에 이미 다양한 형태의 점진적 개혁을 시도한 바 있다.

그렇다면 이들 정권이 경제개혁에서 점진주의를 채택하는 것은 점진주의에 어떤 특징이 있기 때문일까? 점진주의의 정치적 논리는 설득력 있고 직접적이다. 권위주의적 정권이라 해도 권력을 유지하는 데 강압적인 방법만을 쓰는 것은 아니다. 대부분의 권위주의적 정권은 공무원, 군인, 기업가 등 핵심적인 세력들의 지지를 확보하기 위해 당근과 채찍을 동시에 사용한다. 예를 들어 중국의 경우 2001년에 26만 명 이상의 기업가들을 관리하는 데 16조 7,000억 위안(GDP의 177%) 상당의 자산을 사용했다.

정실주의(patronage system) 전략은 중국공산당의 존속을 위해 매우 중요하다. 이러한 엄청난 정실주의 전략의 중심이 되는 것은 지지자들의 충성을 확보하고 이들에게 지대(rent)를 배분하는 정권의 능력이다. 국유기업 경리(책임자)의 81%와 비국유기업 경리 56%를 중국공산당이 임명한다. 1990년대 말부터 이런 기업들의 지배구조에 대한 개혁이 실행되었지만, 낙하산 인사를 통한 정실주의 전략에는 거의 변화가 없었다. 대규모 및 중간 규모의 국유기업 구조조정(표면적으로는 주식회사로 바뀌는 것이었다)을 단행했지만, 기업의 당 서기와 이사회 의장의 절반이 구조조정 이전과 같은 사람들이었다. 2001년 기준으로 구조조정 대상에 포함된 6,275개의 대규모 및 중간 규모의 국유기업에서도, 구조조정 이전에 당 위원회 위원이었던 인물 70%가 구조조정 이후 이 기업들의 이사가 되었다. 2003년 기준으로 중국공산당의 공직자 중 530만 명(전체 당원의 8%, 도시 지역 당원의 16%)이 국유기업 임원이었다.

급진적 전략은 경제 왜곡 현상을 줄이고, 지대를 창출하고 배분하는 권위주의 정권의 능력을 감소시킨다. 따라서 정치적 지지를 확보하는 정권의 능력은 급격히 떨어지게 된다. 권위주의적 정권이 권력을 유지하기 위해서는 점진주의를 채택하지 않을 수 없다. 점진적 개혁에서는 급진적 개혁과는 달리 지도층이 중요한 부문에서 자신들의 지대를 보호하여 핵심 세력들의 정치적 지지를 유지할 수 있다. 점진적 개혁에서는 권위주의적 정권이 어떤 부문의 지대를 누구에게 줄지 결정할 능력을 보장할 수 있다. 이런 능력을 유지하는 것은 정치적으로 가장 중요하다.

만약 정권이 어떤 부문을 자유화시킬지 결정할 수 있다면, 이들은 비교적 지대(rent)가 낮고 덜 집중된 부문을 먼저 선택할 것이다. 지대가 낮은 부문을 포기하는 것은 기껏해야 정실주의 전략을 사용할 자원을 아주 조금 잃는 것에 지나지 않으며, 이것에 반대할 사람들도 없기 때문이다. 중국의 경우 농업, 소비자 소매, 경공업 분야에서 이러한 논리가 매우 잘 들어맞았다.

그러나 정권이 이렇게 자유화된 부문의 지대를 누구에게 넘길 것인가 하는 것은 보다 어려운 문제다. 자유화 개혁이 온전히 실행되면 지대는 완전히 사라질 것이고, 지대 분배 문제는 더 이상 일어나지 않는다. 그러나 체제 이행기의 경제에서는 잔여 지대(residual rents)가 일상적으로 나타난다. 따라서 경제개혁을 실행하는 정권들은 이러한 잔여 지대를 누구에게 넘길 것인지 결정해야 한다. 다시 반복되는 말이지만, 권위주의적 정권은 권력을 유지하기 위해 자신들에게 위협이 되지 않은 부류와 포섭하여 끌어들일 수 있는 부류를 선호한다. 예를 들어 외국 투자자들은 영리를 추구할 뿐 권력을 추구하지는 않기 때문에, 이들은 위협적이지 않다고 할 수 있다. 그러나 자국 내 기업가들은 장기적으로 볼 때 직접적인 위협이 될 수 있다.

이런 이유 때문에 중국 내 토종 기업들이 은행, 보험, 보안, 통신서비스, 석유화학, 자동차 등 정부가 매우 중시하는 30개 분야(2003년 기준)에 뛰어드는 데 장벽이 많은 것이다. 이와는 대조적으로 중국 정부는 이러한 산업 분야에 외국 기업이 참여하는 것을 환영한다. 중국이 외국 투자자들을 선호하는 것은 단순히 그들이 자본과 기술을 갖고 있기 때문만이 아니라, 자국 내 사영기업들을 두려워하기 때문이다. 황야성(黃亞生)의 획기적인 연구를 보면, 중국에 대한 외국인 직접투자(FDI)가 급증한 것은 주로 중국 정부가 자국 내 사영기업들을 차별한 덕분임을 알 수 있다.

점진적 개혁 하에서 지도층들은 향후 자신들의 독재에 위협이 될지도 모를 사회 엘리트층을 포섭할 수 있는 자원을 유지할 수 있게 된다. 점진적 개혁 하에서 시장개혁은 점증적으로 이루어지는 경향이 있고, 그 과정에서 불완전한 경쟁구도를 만든다. 이 때문에 정부는 이미 자유화가 이루어진 부문에 대해서도 통제권을 유지하려 하며, 이 부문의 잔여 지대를 쪼개어 새로 포섭할 세력들에게 나누어준다. 정치적으로 봤을 때, 이러한 포섭은 정권을 지지하는 사회적 기반을 유지하는 데 도움이 된다. 중국의 경우 점진적 개혁은 경제적 성장을 높인다는 정당성과 더불어, 기업가와 교수 및 지식층 등의 도시 중산층들을 중국공산당이 성공적으로 포섭하는 정치적 성과를 가능케 했다.

그러나 점진적 개혁은 궁극적으로 내부자들에 의한 '지대소멸(rent dissipation)' 때문에 계속 유지될 수 없다. 겉으로는 주요 지대 자원을 보호하는 데 성공한 정권은 계속 생명을 유지할 수 있는 것처럼 보일 수 있다. 내부자에 의한 지대소멸을 감당할 수 있는 범위 내에서만 유지할 수 있다면 지지 기반을 유지하는 데 지대를 계속 이용할 수 있기 때문이다. 그러나 이론상으로나 실제적인 사례로 볼 때, 지대보호와 지대소멸은 동시에 발생한다.

내부자들이 지대를 소멸하지 못하도록 하면서 지대를 계속 보호할 수 있는 정권은 거의 없다. 지도층들의 높은 불안감, 법규의 강제성 약화, 낮은 책임감 등이 특징인 체제전환의 환경에서, 내부자들에 의한 지대소멸 가능성이 증가할 확률이 높다. 내부자들이 지대를 임의로 전용할 수단(독재적 정치권력)과 동기(불확실한 미래에 대한 두려움)를 모두 갖고 있기 때문이다.

지대보호와 지대소멸이 합쳐지면 그 결과로 총체적 비효율성, 재정의 악화, 부정부패가 동시에 발생하게 된다. 이에 관한 세 가지 사례를 제3장에서 다룰 것이다. 달리 말하면, 권력을 유지하는 데만 눈이 먼 독재 정권이 채택하는 점진적 개혁은 태생적으로 자멸적인 성격을 지니고 있다는 것이다.

점진적 전략은 많은 부분에서 점진주의 옹호자들이 주장하는 것처럼 합리적으로 보일 수도 있다. 특히 예전 사회주의 국가들이 시장경제로 이행했던 역사적 배경을 생각해보면 더욱 그렇다. 그러나 점진적 전략이 성공하려면 공직자들의 기회주의가 통제되어야 한다는 가정이 따라 붙지만, 점진주의를 옹호하는 문헌들은 그 방법이 무엇인지는 제시하지 못하고 있다. 실제적으로 공직자들의 기회주의(이것이 내부자에 의한 지대소멸의 주된 이유다)는 경제체제가 이행하는 과정에서 흔히 나타나는 문제점이다.

권위주의적 정권 하의 점진적 개혁에서는 국가 또는 정권의 기회주의가 공직자들의 기회주의를 부추긴다. 권위주의적 정권의 정책이 공직자들에게 지대를 전용할 기회를 주기 때문이다. 정권이 권력을 유지하기 위해 의지하는 공직자들 또한 이들이기에, 공직자들의 기회주의를 없애고 지대소멸을 억제하려는 시도들은 아무런 힘을 발휘하지 못하게 된다.

국가의 간섭과 경제발달

1960년대부터 1980년대까지 싱가포르, 대만, 홍콩, 한국이 권위주의 정권 하에서 이룬 경제성장은 경제발달에 있어 신권위주의 방식

(권위주의적 국가가 주도하는 방식)이 우월하고 입증된 전략이라고 주장하는 근거가 된다. 서구 학자들 사이에서 동아시아 모델이 토론의 주제인 것은 분명하다. 이는 특히 동아시아 국가들에서 국가의 간섭이 얼마나 효과가 있는가 하는 것이 논란이 되고 있기 때문이다. 일부 학자들은 동아시아 국가들이 개발이 늦었지만 급속한 성장을 이룬 것은 국가의 간섭 때문이라고 생각한다. 적절한 공공정책이 동아시아 국가들의 중요한 성공요인이라고 보는 학자들도 있다.

안타깝게도 동아시아의 정치경제를 연구하는 학자들 대부분이 국가와 발전에 관한 핵심을 놓치고 있다. 동아시아의 경제발전에서 국가의 역할에 관한 가장 영향력 있는 연구 저서들 중 하나를 저술한 로버트 웨이드(Robert Wade)만이 동아시아 국가들의 성공 요인을 올바로 보고 있다. 그는 민주화에 앞서 효율적인 제도를 개발한 것이 동아시아 국가들이 성공한 핵심이었다고 주장한다.

중국의 정치 지도층과 지식인들은 동아시아 국가들의 성공모델을 '강력한 정부 권한 + 친시장적 정책 = 우수한 경제적 성과' 라는 단순한 공식으로 축소했다. 여기에서 더 나아가, 민주적 정치체제에서는 강력한 정부 권한이 존재하기 힘들다는 주장을 제기했다. 1988년에 덩샤오핑은 자오쯔양과 사적인 대화를 하는 자리에서 신권위주의(neoauthoritarianism)에 대한 견해를 질문 받은 적이 있다. 이때 덩샤오핑은 '안정과 경제발전을 위해 정치적 독재에 의존하는' 전략을 지지한다고 말한 바 있다.

이처럼 경제발전에 국가가 간섭할 때 생기는 긍정적인 부분에만 집착하게 되면 중요한 한 가지 사실을 간과하게 된다. 그것은 바로 경제성장과 국가의 약탈적 행위 간의 관계다. 달리 말해서, 동아시아 국가들이 어떻게 강력한 정부 지배하에서 급속한 성장을 이루었는가가 중요한 것이 아니라, 왜 그리고 어떻게 국가의 약탈적 행위를 억제했는가가 중요하다. 동남아시아에서의 경제발전에서 있었던 국가의 간섭을 '건설적 간섭(helping hand)'으로 가정하는 많은 저술들은 강력한 국가의 간섭이 '부패형 간섭(grabbing hand)'으로 변질될 가능성이 있음을 무시하고 있다. 피터 에반스(Peter Evans)의 영향력 있는 저서인 《내재된 자율성: 국가와 산업 변화(Embedded Autonomy: State and Industrial Transformation)》만이 예외인 것 같다. 에반스는 개발도상국가들에서 산업화 성공의 정도가 다양한 이유가 국가의 본질과 관련 있다고 규정하면서, 약탈적 국가는 새로운 성장 동력(에반스는 정보산업을 그 예로 들었다)을 육성할 수 없다고 주장했다.

그러나 어째서 어떤 국가는 약탈적 국가이고 어떤 국가는 그렇지 않은지에 관한 에반스의 설명은 전체 그림의 일부일 뿐이다. 그가 제시한 국가의 '내재된 자율성'(발전지향적 국가[developmental state]는 변화라는 목표를 공유한 사회세력들과 강력한 유대관계를 맺어야 자율성과 효능을 얻을 수 있다는 개념)은 유용한 해답을 주긴 하지만, 이미 잘 알려진 사실을 다시 반복하는 듯하다. 즉, 강력한 사회적 연대에 의해 균형이 잡힌 국가는 약탈적 국가가 될 확률이 적다는 것이다.

국가-사회 간의 관계라는 관점에 기초한 이러한 설명은 국가 내부의 조직화된 역동성과 규범을 간과하고 있다. 경제발전에 공헌하는 강력한 사회세력의 당위성과 장점을 부정하는 사람은 거의 없겠지만, 실제에서는 그러한 세력들이 힘이 매우 약하거나 존재조차 하지 않는다는 점이 가장 중요한 문제다. 체제 변화는 국가 내부에서 시작되어야 한다.

그러나 또 다른 문제가 있다. 몇몇 학자가 주장하듯이, 국가가 소유권을 보호하는 동시에 권력을 남용하지 못하도록 제도를 만들 수 있다는 보장이 없다. 달리 말해, '건설적 간섭'이 '부패형 간섭'이 되지 않도록 보장할 방법이 없다는 것이다.

사실 대부분의 개발도상국들의 경험에서 알 수 있듯이, 국가의 간섭이 '건설적 간섭'이 되는 경우는 극히 드물다. 경제발전에 성공한 개발도상국은 10개국 이하이고, 대부분이 동아시아에 집중되어 있다. 이와 동시에 약탈적 국가는 대부분의 가난한 나라에서 끔찍한 실패를 야기했다. 그러한 예로는 마르코스 하의 필리핀, 모부투 하의 자이르, 뒤발리에 하의 아이티가 대표적이다. 1997~1998년에 경제가 붕괴된 인도네시아가 보여주듯이, 약탈적 국가에 대한 적절한 제도적 통제가 없으면 초기에는 성공을 맛보더라도 결국 끔찍한 실패를 경험하게 된다.

약탈적 국가와 경제발전은 물과 기름의 관계

약탈적 국가 이론은 '부패형 간섭'의 개념에 기초를 두고 있다. 약탈적 국가 이론에서는 국가 권력 유지를 위해 세금을 통해 사회로부터 부(wealth)를 걷는 것이 국가의 핵심 역할이라고 본다. 약탈적 국가 이론이 최근 관심을 끄는 것은 정치제도와 경제 성과 사이의 관계를 연구하는 데 제도주의적 접근방법(institutionalist approach)을 응용하기 때문이다. 제도주의가 다시 주목을 받음으로써 경제발전에서 국가의 역할이 다시 중요시되었다.

　국가에 관한 제도주의적 관점은 발전지향적 국가의 관점과 분명히 다르다. 발전지향적 국가 관점에서는 국가가 시장의 실패(market failure, 시장이 자원의 최적분배에 실패하여 발생하는 시장의 결함 - 옮긴이)를 바로잡는 데 직접적인 역할을 한다. 제도주의자들은 국가를 시장거래를 뒷받침하는 규칙과 규범을 공급하고 집행하는 개체로 본다. 이처럼 국가에 대한 관점이 근본적으로 다르기 때문에 이러한 견해의 차이는 매우 중요하다. 발전지향적 국가 관점에서는 국가를 선한 개체로 보는 것과는 달리, 제도주의자들은 국가가 선과 악의 양면을 갖고 있다고 본다. 더글러스 노스(Douglas North)가 말했듯이, "경제성장을 위해 국가는 반드시 필요하다. 그러나 국가로 인해 경제가 쇠퇴할 수도 있다." 국가가 효율적인 소유권을 명시하고 보호하는 '건설적 간섭'을 할 수도 있지만, 국민들의 재산을 함부로 거두는 '부패형 간섭'을 할 수도 있다.

　'부패형 간섭' 관점은 발전을 연구하는 사람들에게 매력적이다. 약탈적 국가 이론이 국가와 정부의 전반적인 수행능력이 약화되는 이유에 대해 납득할 만한 설명을 해주기 때문이다. 그러나 약탈적 국가 이론을 적용하려면 '중앙집권화된 약탈'과 '분권화된 약탈'의 차이에 대해 이해할 필요가 있다. 이는 한 국가의 제도 실행 뒤에 숨겨진 다양한 요소를 이해하는 데 매우 중요하기 때문이다. 약탈적 국가 이론에 관한 이전의 의견들은 국가 약탈의 종합적 정도에 초점을 맞추고, 약탈을 통치자의 정치적 필요성으로 간주한다.

　주인(principal, 본인이라고 한다 - 옮긴이)과 대리인(agent) 사이의 구분이 없는 것이다. 그 결과 약탈은 주인의 행위로 간주된다(주인 혹은 본인은 어떤 일을 직접 처리하지 못해 위임하는 개체, 대리인은 그 일을 위임받은 개체를 말한다. 주주와 경영자가 대표적인 주인과 대리인 관계다 - 옮긴이). 이런 견해에는 다음과 같은 가정이 뒤따른다.

첫째, 국가 약탈은 보편적 현상이다. 통치자들은 폭력과 공공재를 독점하고 있기 때문에, 세금의 형식을 띤 국가 약탈은 개인들이 그러한 독점적 서비스에 대한 대가를 지불하는 것일 뿐이다. 둘째, 통치자의 약탈 정도를 제한하는 가장 중요한 요소는 통치자의 사리사욕이다. 사리사욕으로 가득 찬 통치자들은 맨커 올슨(Mancur Olson)의 화려한 비유를 인용하면 '정주형 도적(stationary bandit)' 처럼 행동한다. 이들은 당장의 수입 때문에 자신이 머무는 지역의 부를 마구 약탈하여 미래의 수입이 위험해지는 모험을 하지 않는다. 한꺼번에 모든 부를 약탈하지 않고, 자신의 세입을 최대한 거둘 수 있는 정도까지만 세금을 올린다. 셋째, 통치자들의 '포괄적 이해관계' 는 국가의 이해관계와 가까워야 한다.

이론상으로나 실제 사례로 보면, 중앙집권화된 약탈은 통제를 벗어날 수 있다. 통치자의 포괄적 이해관계는 근본적으로 국가의 이해관계와 어긋날 수 있다. 예를 들어 통치자들의 개인적인 탐욕은 끝이 없을 것이다. 통치자와 그 무리들은 공공재를 공급하기 위해서가 아닌, 자신들의 주머니를 채우기 위해 국민들의 재산을 거두어들일 수 있다. 이는 도둑정치(kleptocracy)를 만들어낸다. 또한 통치자들의 야망이 너무 커져서 보다 넓은 영토(세금을 거둘 지역을 확장하기 위한 욕망), 또는 국제적인 위상 때문에 강력한 군대를 만들기 위해 사회로부터 과도한 세금을 거둘 수 있다.

또한 국내외의 라이벌이 물리적으로 자신의 독점체제를 무너뜨릴 수 있기에, 통치자의 독점적 지위는 항상 불안정하기 마련이다. 이러한 구조적 불안정 때문에 통치자는 단기적으로는 이익이 되지만 장기적으로는 세입을 감소시키는 행동을 하면서, 미래를 대비하기 위해 사적인 이익을 취하려 혈안이 된다. 마지막으로, 법을 집행할 제3의(독립적인) 기관이 없는 것은 절제된 약탈을 하겠다는 통치자의 약속을 믿을 수 없게 만든다. 통치자가 자신의 약속을 깨고 더 많이 약탈하려는 유혹은 항상 있게 마련이다.

분권화된 약탈을 다루는 이론적인 문헌들에서는 국가 대리인들의 약탈을 강조하고 있다. 대리인 비용(agency cost)은 통치자가 원하는 만큼의 세금을 징수하는 데 제약을 가하는 요소로 규정되어 왔지만, 대리인 비용의 효과는 최근에서야 탐구되기 시작했다. 국가 약탈에서 대리인들의 역할을 강조하는 학자들은 분권화된 약탈이 국가의 이익에 더 해롭다고 본다.

안드레이 슐라이퍼(Andrei Shleifer)와 로버트 비시니(Robert Vishny)는 중앙집중화된 부패는 독점적 약탈의 한 형태이며, 분산화된 부패보다 더 많은 세입을 올릴 수 있다고 주장한다. 분권화된 약탈에서는 약탈 대리인들이 동일한 세입을 두고 서로 동시에 경쟁하기에, 이들은 올슨이 말한 '유랑형 도적(roving bandit)' 처럼 행동하며 무엇이든 약탈하려 한다. 분권화된 약탈로 인해 발생하는 복지의 손실은 중앙집권화된 약탈로 인해 생기는 것보다 훨씬 크다. 체제전환을 하는 많은 나라에서 분권화된 약탈은 현재 흔히 보이는 문제점이다.

중앙집권화와 부정부패 간의 관계는 분명 학문적인 논쟁의 주제다. 일부 학자들은 분권화가 부정부패를 감소시킬 수 있다고 생각한다. 예를 들어 분권화된 체제에서는 지역 공직자들의 공공에 대한 의무감이 더 커지고, 보다 커진 정치적 의무감은 부정부패를 통제하는 데 도움이 될 수 있다. 분권화된 체제에서 지역 공직자들이 부정을 저지르면 상위 기관에 의해 적발될 가능성이 크기 때문에 부정부패 수준을 낮추는 데 공헌할 수 있다.

또한 분권화는 중앙정부가 이른바 '흰 코끼리 프로젝트(돈만 많이 들고 쓸모가 없는 프로젝트)'를 통해 재정자원이 낭비되지 못하도록 할 수 있기에, 중앙정부의 부정부패 총액을 감소시킬 수 있다. 분권화가 단기적으로는 지역 공직자들의 사소한 비리를 유발할 수 있지만, 이들의 부정부패 총액은 중앙집권화된 체제에서 공직자들이 저지르는 것보다 훨씬 낮을 것이다.

그러나 많은 학자들은 분권화가 몇 가지 이유 때문에 부정부패를 증가시킬 수 있다고 생각한다. 지역 공직자들의 봉급이 낮은 점을 고려해볼 때, 분권화로 인해 정치적 재량이 늘어나면 지역 공직자들의 부정부패 가능성이 더 커진다. 분권화가 의뢰인과 정부 대리인 간의 다소 거리를 둔 관계를 깨드리게 되면 이로 인해 부정부패가 늘어날 확률이 높은데, 특히 인간관계에서 연줄이 중요한 역할을 하는 문화 속에서 그렇다. 따라서 새로 권한을 얻은 공직자는 다양한 형태의 지대를 친족들에게 나누어줄 가능성이 있다.

정부 권한이 약한 국가에서 분권화가 시행되면 부정부패를 심화시킬 수 있다. 정부의 정치적 지배력이 전반적으로 약하면, 지역 차원에서 뇌물을 받으려는 사람들이 자신들만의 독점체제를 구축할 수 있다. 모든 것을 감안할 때, 분권화가 더 많은 부정부패를 야기할 수 있다는 주장이 보다 설득력이 있다. 분권화 옹호자들은 대리인 문제 (대리인이 개인적인 욕심 등으로 주인이 위임한 것과 다른 행동을 할 때 발생하는 문제 - 옮긴이)를 적절히 설명하긴 하지만, 분권화가 부정부패를 감소시킬 수 있다고 주장하는 사람들은 이 문제를 가정에서 제외시킨다.

중앙집권화된 약탈과 분권화된 약탈에 차이가 있긴 하지만, 약탈적 국가에 관한 관점의 핵심은 분명하다. 국가의 약탈 욕망을 누그러뜨리는 효율적인 정치제도나 구조적인 제약이 없으면, 국가는 별 다른 제약 없이 사회를 약탈할 수 있다. 제약을 받지 않는 약탈적 국가가 일으키는 결과는 끔찍하다. 그런 국가에서는 지도층이 시장을 왜곡시키고 지대추구 기회를 만들며, 사회의 부를 거두어들인다. 그런 국가에서 지속적인 경제발전은 불가능하다. 논리적으로 볼 때, 약탈적 국가와 경제발전은 서로 물과 기름의 관계이기 때문에, 경제발전이 결국에는 민주화로 이어질 것이라는 희망은 말 그대로 희망일 뿐이다.

정권이 바뀌면 국가 약탈이 발생하는 이유

예전 사회주의 국가들의 체제전환에 관한 연구를 보면, 정권이 바뀐 직후 분권화된 약탈이 크게 증가했음을 알 수 있다. 구소련 국가들의 개혁에 관한 조엘 헬먼(Joel Hellman)의 연구를 보면, 지도층들은 국가를 장악하고 부분적인 개혁에서 생기는 모든 혜택을 차지했다. 마이클 맥폴(Michael McFaul)과 페데리코 바레즈(Federico Varese)는 소련의 공산주의 지도층들이 제도적 특권과 소유권에 관한 법률이 갖고 있는 허점을 이용하여, 민영화 과정에서 공공 자산을 착복할 수 있었음을 발견했다. 스티븐 솔니크(Steven Solnick)는 소련 붕괴에 관하여 통찰력 있는 분석을 하면서, 분권화가 이러한 자산의 착복을 증가시키는 경향이 있다고 설명했다.

이론적으로 보면, 체제전환 이후에 발생하는 국가 약탈은 체제전환 이전의 그것과 질적으로 다르다. 체제전환 이전의 공산주의 국가들에서는 국가 약탈이 중앙집권화된 것이었다. 공산주의 지배하의 중앙집권화된 약탈은 두 가지 특징으로 정의할 수 있다. 첫째, 발생되는 총 세입액이 크며, 이것이 GDP의 일부분으로서 정부 수익에 반영된다. 둘째, 세입의 많은 부분이 공공재의 공급, 그중에서도 방위, 의료, 교육에 주로 쓰인다. 따라서 공산주의 정권이 지배했던 국가들은 경제발전에 비해 높은 인간개발 수준을 누렸다. 특히 문자해독률, 유아사망률, 수명의 측면에서 그랬다.

이와는 대조적으로 체제전환 이후의 국가 약탈은 분권화되고, 다양한 형태의 공직자 비리가 나타난다. 분권화된 국가 약탈은 대리인들의 공급 착복으로 인해 국가 총 세입을 감소시킨다. 또한 국가 대리인들이 공공자원을 사적으로 소비하거나 역외투자에 유용하기 때문에 공공재의 공급을 감소시킨다. 체제전환 이후의 분권화된 국가 약탈 현상이 큰 주목을 받아왔지만, 그 이유에 대해서는 제대로 이해하지 못하고 있다.

국가가 주인으로서 대리인을 효율적으로 통제하지 못하면 중앙집중화된 약탈이 분권화된 약탈로 바뀐다. 물론 체제전환 형태가 다양해지면 다양한 역학관계가 만들어져 주인-대리인 관계에 영향을 끼친다. 옛 공산권 국가에서 체제전환 이후의 대리인들의 약탈 형태는 크게 두 가지로 나뉘었다. 헬먼의 연구결과에서 보듯, 민주화 정도가 높아지고 시장개혁이 더 많이 이루어진 새로운 정권에서는 그러한 약탈을 제한하는 경향이 있는 반면, 이전보다 민주화 수준이 하락하고 부분적인 경제개혁만 이루어진 정권에서는 대리인의 약탈 정도가 상승하게 된다.

그에 비해, 중국과 베트남처럼 시장자유화는 이루어졌지만 정치체제 전환은 이루어지지 않은 후기 공산주의 체제에서는 대리인의 약탈이 역학관계에 따라 다양하게 나타난다. 이런 사회에서는 국가의 정치적 지배력이 도전받지 않는다. 그러나 국가 대리인들에게 동기를 부여하는 데 필요한 의사결정의 분권화는 국가와 대리인 간의 계약을 다시 설정하게 하며, 이는 대리인에게 크게 유리하다. 따라서 분권화된 약탈이 증가하는 이유를 이해하는 데 핵심이 되는 것은 주인-대리인 관계를 설정, 또는 재설정하는 제도적 변화를 검토하는 것이다. 구체적으로 말하면, 소유권 귀속에 있어서의 변화, 모니터링 체계, 탈출옵션(exit option, 대항옵션[voice option]에 대비되는 표현으로 어떤 상황이나 체제에 저항하지 않고 무시하거나 다른 탈출구를 찾는 행위 - 옮긴이), 제도적 규범 등이 후기 공산주의 사회에서 분권화된 약탈의 정도를 결정하는 매우 중요한 변수다(자세한 것은 제4장에서 다룬다 - 옮긴이).

이상에서 살펴본 이론적 분석들을 보면 일시적이고 '부분적인 개혁 균형점(경제와 정치제도가 일부만 개혁된 채 체제전환이 정체되는 것)'이 여러 요소가 복합된 결과임을 알 수 있다. 이런 요소들 중에서 가장 중요한 것은 중국공산당이 갖고 있는 초기 조건들이다. 중국공산당은 사회에 대한 정치적 우월성을 유지하고, 강압, 포섭, 적응 등을 혼용함으로써 지배력을 유지한다.

체제전환을 정체시키는 그 외 요소로는 시장체제 전환과 권위주의적 정치학이 갖고 있는 정치적·경제적 논리에 내재된 요소들이 있다. 사실 중국의 경험은 신권위주의적 정권 하에서 추구된 점진적 경제개혁이 놀라운 초기 성과를 거두었음에도 그 발전이 지속되지 못할 수도 있는 이유를 보여주는 생생한 사례다. 신권위주의 정권이 추구하는 시스템에서는 경제와 사회가 보다 더 개방되는 대신, 장기간의 경기침체로 이어질 수 있다.

후기 전체주의 정권에서의 점진적인 민주화는 권위주의적 정권에서의 그것보다 더 큰 어려움이 있다. 이 정권 모두에서는 초기 조건들이 훨씬 더 불리하기 때문에 경제발전과 정치적 자유화는 미미해질 가능성이 있다. 후기 전체주의 정권에서는 지도층들의 권한을 규제할 수 있는 제도적 장치가 거의 없다. 따라서 지도층들이 사회적 도전들을 물리칠 수 있는 능력이 훨씬 더 크다. 후기 전체주의 정권을 지배하는 정당의 당원들이 국가기관, 경제단체, 군대, 사법부에 있다는 것은 경제체제 전환기 동안 이들에게 정치적 독점을 지대(rent)로 바꿀 수 있는 능력을 주는 것이다.

그러므로 지도층들은 정치권력과 경제적 지대를 잃으려 하지 않을 것이기 때문에, 경제성장이 지도층으로 하여금 권력에서 평화적으로 물러나게 하고 정치체제 전환의 비용을 낮추기보다는 오히려 그 비용을 증가시킬 것이다. 더구나 개방되고 빠르게 성장하는 경제에서 이러한 지대는 더 큰 가치가 있고 중요시되기 때문에, 검소함이라는 개혁 이전의 코드가 더 이상 작동하지 않으면 지도층들은 축적한 물질적 부를 공개적으로 사치스럽게 소모할 것이다. 따라서 경제성장이 장기적으로는 민주화에 긍정적인 영향을 끼칠 수 있다 해도, 단기적으로는 그 영향이 부정적이다.

점진적 체제전환은 후기 전체주의 정당과 정치세력이 굳건히 자리를 잡도록 하고, 근원적인 시장개혁과 민주화로의 전환 노력을 좌절시킨다. 점진주의 개혁에서는 지도층이 가장 이득이 큰 부문에 대한 통제는 계속 유지하면서, 그렇지 않은 부문은 선택적으로 포기할 수 있다. 이런 식의 발전은 체제전환기 동안 지도층이 정치권력을 포기하지 않으려는 욕구를 더 강하게 한다. 지대소멸 때문에 점진주의는 계속 유지될 수 없다. 정권의 대리인들에 의한 지대의 배분과 소모는 경제를 크게 약화시키고, 그렇게 되면 핵심적인 부문에서의 지대를 보호하려는 전략은 결국 실패한다.

그러나 신권위주의 정권이라 해도 발전적 국가 개념을 도입한 성공적인 경제발전은 예외가 될 수 있다. 국가의 약탈에 제약을 가하는 발전적 국가는 매우 드문 상황에서만 실현될 수 있다. 그 상황이란 지도층들로 하여금 약탈 욕망을 억제할지, 아니면 정권을 내놓을지 사이에서 선택을 하도록 강요하는 상황인데, 지도층들이 항상 옳은 선택을 하지는 않는다. 지도층이 사회 반대세력에 비해 압도적으로 강한 후기 전체주의에서는 정치체제가 지도층의 정치권력을 효율적으로 규제할 수 없는 제도 하에서 운영되고 정권에 큰 위협 세력이 없기 때문에, 국가는 건설적 간섭보다는 부패형 간섭을 할 확률이 매우 높다.

따라서 후기 전체주의 정권이 제아무리 친시장적이라는 언변과 정책을 늘어놓는다 해도, 발전적 신권위주의 정권보다는 약탈적 독재정권으로 변질되기 쉽다. 약탈적 독재국가에서는 경제발전이 계속 유지될 수 없다. 결국에는 민주화가 이루어지겠지만, 이는 권력층이 스스로 선택해서가 아니라, 수년간의 부패, 실정, 제도적 부패에 의한 갑작스러운 결과로 일어날 가능성이 더 크다.

제2장
불가능에 가까운 중국의 민주화

마오쩌둥 이후의 기간 동안 중국의 정치발전과 관련하여 가장 흥미로운 의문점은 중국이 20년 넘는 기간 동안 유례없는 경제 현대화를 이룩했는데도 어째서 획기적인 민주화를 이루지 못했는가 하는 점이다. 사실 1980년대 중반은 경제개혁이 막 시작되고 정권 내 보수파들로부터 강한 저항에 직면했던 시기였지만, 이때 중국공산당 고위 지도부는 정치개혁과 같은 민감한 문제에 관한 공개적 논의를 더 많이 수용하고 허용했다.

이와는 대조적으로, 경제개혁이 이미 돌이킬 수 없을 만큼 진행되고 몇몇 분야의 생활수준이 향상된 1990년대 중반에는 중국 정권이 정치면에서 보다 보수적인 입장을 취했다. 이 기간 동안 정치개혁에 관한 공개적인 논의를 금지하고, 반대 의견은 조금도 허용치 않는 정책이 유지되었다. 표면적으로는 톈안먼(天安門) 사건과 구소련 국가들에서의 공산정권 붕괴 때문에 지도층이 정치개혁에 대해 단호한 부정적 입장을 취한 것처럼 보인다.

그러나 공산당이 정치자유화에 대해 다시 부정적인 입장을 취한 것은 보다 깊은 원인이 있다. 경제성장은 단기적으로는 민주화에 부정적 영향을 끼칠 수도 있다. 왜냐하면 경제성장이 정치권력의 가치를 높이고(이 때문에 지도층이 권력을 포기하도록 만드는 것이 더 힘들다), 정치적 개방에 대한 압력을 감소시키며, 새로운 사회세력을 포섭하고 반대자들을 억압할 보다 많은 자원을 지배자들에게 제공하기 때문이다.

이번 장에서는 이러한 분석적인 틀을 적용하여 마오쩌둥 이후의 정치개혁 역사를 살펴본다. 우선 지도층들이 정치개혁 문제를 어떻게 보는지 알아본 후, 민주화를 이루는 데 필수적인 단계로 여겨지는 가장 중요한 세 가지 제도개혁(전인대 역할 강화, 사법개혁, 촌민위원회 선거)을 살펴보고 평가해볼 것이다. 그리고 끝으로 중국공산당의 비자유주의적 적응(illiberal adaptation) 전략을 살펴볼 것이다. 이는 급속히 현대화되는 중국 사회에서 사회 도전세력들을 포섭하고 공산당의 정치적 독점을 유지하는 데 필요한 자원과 탄압 능력, 즉 당근과 채찍 모두에 의존하는 전략이다.

정치개혁에 대한 지도층의 시각

중국의 많은 고위 지도층들은 초기 경제개혁이 진행되던 시기에 두 가지 이유 때문에 정치개혁의 필요성을 인식했다. 첫째, 문화대혁명에서 살아남은 고위 지도층들은 비슷한 사건의 재발을 방지하려 했다. 둘째, 이들은 정치체제의 개혁이 경제개혁과 경제현대화 성공에 필요하다고 생각했다. 경제개혁의 진척을 위해서 정치개혁이 필요하다고 인식한 이들 간에도 분명 미묘한 차이가 있었다.

예를 들어 덩샤오핑은 관료주의 감소와 효율성 향상을 경제개혁의 주된 이점으로 생각했다. 그러나 자오쯔양은 경제개혁이 진척되면 권력과 이익의 재분배가 필연적으로 갈등을 유발할 것이라고 생각했다. 만약 그러한 갈등을 제때에 풀지 못하면, 갈등이 누적되어 심각한 결과를 낳을 것이라고 생각한 것이다. 따라서 정치개혁을 통해 그러한 갈등을 풀어 경제개혁이 나아갈 길을 닦는 것이 그의 계획이었다.

그러나 덩샤오핑과 자오쯔양 둘 다, 정치체제 자체 내에 경제개혁을 막는 권력가들이 자리 잡고 있었기 때문에 정치개혁이 새로운 갈등을 유발할 것이라는 생각은 하지 못했다.

정치개혁에 대한 덩샤오핑의 시각

덩샤오핑은 정치개혁에 관해 일관되고 흔들리지 않는 견해를 가졌다. 그는 1980년 8월 18일에 있었던 유명한 연설을 통해 정치개혁에 관한 문제를 거론했고, 이 문제를 거론한 것은 그가 처음이었다. 6년 뒤, 중국 지도부는 경제개혁 가속화 수단으로 덩샤오핑이 주장한 정치개혁 요구를 하나의 전략으로 매우 진지하고 체계적으로 검토했다. 덩샤오핑은 중국 정치체계에 네 가지 단점이 있는 것으로 진단했다. 즉 관료주의, 중국공산당 지도부의 과도한 권력 집중, 핵심 간부들의 종신 재임, 공직자들의 특권이 그것이다. 덩샤오핑은 관료주의, 공직자들의 특권, 종신 재임을 없애기 위해 관행적인 행정의 철폐, 보다 젊고 전문적인 관료 양성, 당 내 기율(紀律)검사위원회 설치를 요구했다.

덩샤오핑이 가장 우려했던 것은 당 내 권력가들에게 과도하게 집중된 권력이었는데, 이는 또 다른 문화대혁명을 야기할 수 있기 때문이었다. 그의 해법은 헌법상의 개혁과 당 내 집단적인 지도체제 강화였다. 헌법상의 개혁에 대해서는 구체적으로 명시하지 않았고, 집단 지도체제 강화는 후에 그 자신이 실천에 옮기지 않았지만, 그의 궁극적인 정치개혁의 목적은 분명했다. 앞에서 언급한 연설에서 그는 이런 말을 했다.

"당과 국가의 영도 시스템을 개혁하는 목적은 당의 영도력과 규율을 강화하고 유지하는 것이지, 이것을 약화시키려는 것이 아니다. 중국처럼 큰 나라에서 수억 명의 의견을 일치시킨다는 것은 불가능하다. …… 희생정신, 높은 수준의 정치적 인식, 규율을 가진 당원들이 없다면, 중국은 분열되어 아무것도 이룰 수 없을 것이다."

민주화 결과로 정치적 혼란이 올 수 있다는 덩샤오핑의 두려움과 당의 우월성을 유지한다는 그의 해법이 이때부터 정치개혁에 대한 덩샤오핑과 공산당의 일관된 견해가 되었다.

농업 집산화의 폐지가 성공함으로써 보다 심화된 경제개혁 착수에 탄력을 받은 이후, 덩샤오핑은 정치개혁 필요성에 대해 입을 닫았다. 단지 1986년 중반, 경제개혁이 특히 국유기업 부문에서 강한 저항에 직면하자 정치개혁을 언급했을 뿐이다. 1986년 6월부터 11월까지 있었던 정치개혁에 관한 덩샤오핑의 많은 연설을 보면, 경제개혁과 정치개혁의 상호보완적인 역할에 대한 인식이 보다 높아져 있음을 알 수 있다.

그러나 덩샤오핑은 '중국의 근본적인 약점은 관료주의' 라고 믿었기 때문에, 그의 정치개혁에 대한 견해는 오로지 효율성을 높이는 행정적 간소화에 제한되어 있었고, 제도적 견제 및 균형(3권 분립 - 옮긴이), 그리고 중국공산당의 권력 약화에는 확고한 반대 입장을 유지했다. 이는 1986년 6월에 있었던 그의 연설에서도 잘 나타난다. 이 연설은 그가 6년 만에 처음으로 정치개혁에 대해 언급한 연설이었다. 대부분 경제개혁에 관한 내용이긴 했지만, 그는 다음과 같은 내용을 말했다.

"우리의 정치구조는 현재의 상황과 맞지 않는다. 정치구조 개편은 개혁의 틀 내에서 이루어져야 하고, 사실상 개혁 전체를 대표하는 특징이 되어야 한다. 우리는 대중과 풀뿌리 조직이 주도적 역할을 할 수 있도록 행정을 간소화하고, 인민대표들의 권한을 보다 낮추며, 사회주의식 민주주의의 범위를 확장해야 한다."

덩샤오핑은 1986년 9월부터 11월 사이에 정치개혁에 대한 요구 및 이와 유사한 공개선언을 했다. 그는 연설을 통해 정치개혁에 대한 당내의 저항에 대해 불쾌감을 표현했고, 정치개혁이 수반되지 않으면 경제개혁이 실패할 수도 있다고 경고했다.

"우리의 경제구조 개혁은 전반적으로 잘 진행되고 있다. 그러나 앞으로 우리는 반드시 장애에 부딪힐 것이다. 당의 안팎에 개혁에 찬성하지 않는 사람들이 있는 것은 사실이지만, 강력히 반대하는 사람은 많지 않다. 중요한 것은 우리의 정치구조가 경제개혁을 뒷받침해주지 못한다는 것이다.

우리가 개혁이라는 문제를 거론했을 때, 여러 개혁들 중에서 가장 먼저 떠올린 것은 정치구조의 개혁이었다. 경제개혁이 진척될수록, 우리는 정치구조 개혁의 필요성을 크게 느끼게 되었다. 정치구조 개혁이 실패한다면 경제개혁을 통해 얻은 이익을 유지할 수 없을 것이다. 생산적인 세력들이 성장할 수 없게 되고, 우리의 현대화 노력도 방해를 받게 될 것이다."

또 덩샤오핑은 정치개혁이 유발할 위험에 대해서 인식하면서, 이에 대한 언급을 계속한다.

"정치개혁은 매우 중요한 문제이기 때문에, 그 내용에 관해서는 아직도 논의가 진행 중이다. 모든 개혁에는 광범위한 사람들이 연관되고, 많은 영역 및 무수한 개인들에게 큰 영향을 끼치며, 장애도 만나게 마련이다. 따라서 개혁은 조심스럽게 진행되어야 한다. 무엇보다도 정치구조 개편의 범위를 정하고, 어디에서 시작할지를 먼저 결정해야 한다. 우선 한두 가지의 개혁을 먼저 시작하고, 한꺼번에 모든 것을 하려 해서는 안 된다. 그러면 모든 것을 망칠 수 있기 때문이다. 중국처럼 크고 복합한 나라에서는 개혁이 쉽지 않다. 정책을 수립할 때는 매우 조심해야 하며, 옳다는 확신이 들기 전까지는 그 어떤 결정도 해서는 안 된다."

그러나 덩샤오핑은 정치개혁의 범위를 좁게 설정해야 하며 공산당의 지배력을 약화해서는 안 된다고 생각했다.

"정치구조 개혁의 첫 번째 목표는 당과 국가의 활동력을 지속시키는 것이다. …… 두 번째 목표는 관료주의를 없애고 효율성을 높이는 것이다. …… 세 번째 목표는 풀뿌리 단체, 노동자, 농부, 지식인들의 활동을 자극하는 것이다. …… 우리는 당의 영도력을 유지시켜야 하며, 절대 이를 포기해서는 안 된다. 그러나 당도 효율적인 영도력을 발휘해야 한다."

덩샤오핑이 민주주의에 대해 언급한 것은 사실이지만, 그의 관점은 문화대혁명에서 겪은 충격적인 경험과 민주주의가 경제발전을 촉진하는 도구라는 생각에 의해 변질되어 있었다. 예를 들어 덩샤오핑이 권력을 공고히 한 직후인 1978년에, 그는 "지금 시점에서는 민주주의를 특별히 중요시할 필요가 있다. 과거 오랫동안 중앙집권 체제가 민주적으로 제대로 실행되지 못했기 때문이다. …… 당 내에 민주주의가 거의 없었다"고 말했다. 덩샤오핑은 특히 '경제의 민주화'를 강조했는데, 그는 이것을 분권화로 정의했다.

정치적으로 봤을 때, 민주주의는 제도적으로 이루어져야 하고 법

률로 명시되어야 한다. 지도부가 바뀌거나 지도층의 생각이 바뀔 때
마다 제도나 법이 바뀌지 않도록 하기 위함이다. 더구나 민주주의와
그에 맞는 사법체계를 출현시키려면 형법과 민법, 소송법과 더불어
공장, 인민공사, 산림, 초원과 환경보호 등과 관련된 필요한 법률, 그
리고 노동법과 외국인 투자에 관한 법률 제정에 초점을 맞춰야 한다.

정치개혁: 자유주의자들의 대안

돌이켜보면, 정치개혁에 관한 가장 종합적이고 지속적인 검토는
덩샤오핑의 직접 지시를 받아 자오쯔양이 설치한 '중앙정치체제개
혁 연토(硏討)소조 판공실(이하 연토소조)'에 의해 이루어진 것이었
다. 연토소조는 자오쯔양이 신뢰하는 참모인 바오퉁(鮑彤)에 의해 주
도되었고, 대부분 젊고 중년인 자유주의적 지식인과 관료들로 구성
되었다. 연토소조는 1986년 10월부터 1987년 8월 사이에 정치개혁의
다양한 측면에 관한 세미나를 30차례 이상 열었고, 이 중 7차례는 연
토소조 소속의 자오쯔양, 후치리(胡啟立), 보이보(薄一波), 톈지윈(田
紀雲), 펑충(彭冲)도 참석했다. 당시에 덩샤오핑은 자신의 경제개혁에
장애가 되는 요소를 극복하기 위해 정치개혁을 실행할 것을 약속했
다. 그는 중앙비서처(秘書處, 서기국)에 "약 1년간 정치개혁을 검토 및
연구하고, 문제를 심사숙고한 이후에 결정하여 계획을 실행하라"고
말했다.

중국의 경제개혁이 상호보완적인 정치개혁 없이는 진전될 수 없
다는 인식이 지도층, 특히 자유주의파들 사이에서 널리 퍼졌다. 중공
중앙정치국 상무위원회(中共中央政治局常務委員會) 위원을 지냈고

1989년 톈안먼 사건으로 자오쯔양과 함께 숙청된 후치리는, 1986년 4월에 "경제개혁은 정치적·문화적 개혁 없이는 진전될 수 없다. …… 자유, 민주주의, 인권이 자본주의에 희생되어서는 안 된다"고 말했다. 덩샤오핑의 심복인 왕자오궈(王兆國)는 "경제체제 개혁을 실행하려면 정치체제 일부분에 대한 개혁도 수반되어야 한다"고 선언했다. 1979년에 안후이성(安徽省)에서 농업혁명을 진두지휘하여 유명해진 국무원 부총리 완리(萬里)도 이와 같은 의견을 피력했다. 자오쯔양은 당시의 체제를 비판하는 데 있어 이들보다 훨씬 더 직설적이었다. 그는 "근본적으로 말해서, 우리에게는 법치주의의 전통이 없다. …… 재량권은 원하면서 제약은 받으려 하지 않는다. 중국은 핵심 지도층의 역할을 지나치게 강조한다. 이런 체제에서는 안정성을 보장할 수 없다"고 말했다.

연토소조의 초청을 받아 토론에 참석한 많은 성(省)의 지도급 인사들도 중국 정치체제가 가진 결함과 개혁의 필요성에 대해 비슷한 의견들을 피력했다. 랴오닝성(遼寧省)의 부성장인 원스전(聞世震)은 다음과 같이 지적했다. "정치체제의 주요 결함은 봉건제이며, 민주주의 및 법치주의의 결핍이다. …… 민주화가 개혁의 최우선 방향이 되어야 하며, 개혁의 초점은 국가 권력을 재분배하는 데 맞추어져야 한다." 그는 당이 모든 의사결정을 하는 행위의 종식, 전인대의 역할 강화, 국가 행정의 효율성 제고 등을 요구했다.

산시성(山西省)의 당 부서기인 왕젠궁도 이에 동의하면서, "현 체제의 결함은 권력의 지나친 중앙집중, 당과 국가의 기능 중첩, 법치주의 및 민주주의의 결핍, 비과학적인 간부들의 행정운영이다"라고 주장했다. 또한 몇몇 사람들은 정치개혁이 경제개혁을 진전시키는 데 반드시 필요하다고 주장했다. 광저우(廣州)의 당위(黨委) 서기인 쉬스제는 "정치개혁은 경제개혁과 맞물려 진행되어야 하며, 경제발전을 촉진할 수 있어야 한다"고 말했다. 국가경제위원회 부위원장 성수런은 정치개혁의 시기가 무르익었다면서, 정치개혁 없이는 경제개혁이 진전될 수 없다는 견해를 밝혔다.

민주주의 문제에 관해서는 보다 자유주의적인 관료들 사이에서 일치된 의견을 보였다. 왕젠궁은 당과 국가 간의 권력 재분배, 중국 공산당 상무위원회의 강화, 대표자 선출 방법의 변화, 입법 · 사법 · 행정 분야의 제도적 견제 및 균형 등을 제안했다. 쉬스제는 정치개혁의 열쇠가 '민주주의와 사법체계에서의 점진적인 발전' 이며, '가장 강력한 민주주의는 선거' 라고 주장했다.

충칭(重慶)의 당 서기인 랴오보캉(廖伯康)은 이에 동의하면서, '인민이 정치에 참여토록 하는 구조가 국가의 민주화를 가늠할 수 있는 척도' 라고 주장했다. 그는 인민대표자 후보를 인민이 직접 추천하는 제도의 도입이 정치 참여를 민주화하는 첫 단계가 될 수 있다고 제안했다. 원스전은 민주화가 정치개혁의 최우선 방향이 되어야 하며, 국가 권력의 재분배에 초점이 맞추어져야 한다고 생각했다.

연토소조는 정치개혁의 6개 분야를 설정했다. 국가로부터 당의 분리(당정 분리), 당내 민주화, 분권화 및 행정개혁, 인사체계 개혁, 사회주의식 민주주의, 사법 개혁이 그것이었다. 이 중에서 연토소조가 좀 더 초점을 맞춘 것은 당정 분리, 당 내 민주화, 사회주의식 민주주의였다.

정치개혁의 위험요소와 딜레마

이데올로기를 초월한 모든 중국 지도층들의 정치개혁에 대한 생각을 보면, 이들은 정치체제가 비효율적인 근본 원인이 전체적으로 당과 국가, 특히 그중에서도 당에 과도하게 집중된 행정권인 것으로 인식하고 있다. 자오쯔양은 정치개혁의 첫 단계이면서 가장 중요한 단계가 당정 분리라고 보았다. 당정 분리가 이루어지면 당 내 민주화도 이루어질 것으로 보았고, 당 내 민주화는 당 내 최고위 지도층 차원(중공중앙정치국 상무위원회와 정치국)에서 이루어져야 한다고 생각했다.

자유주의자들이 포진한 연토소조 입장에서는 당정 분리가 당의 권위와 영도력은 강화하면서도 당이 가진 권한의 일부분을 국가에 귀속시킴으로써 국가의 역할을 강화하는 의미가 있었다. 자오쯔양은 당정 분리가 '당이 정부를 대체' 하는 문제, 즉 당이 행정적 명령을 하달하거나 행정업무에 직접 간섭하는 행위를 종식시킬 수 있다고 생각했다.

당정 분리는 제도적 견제와 균형(3권 분립)으로 이어질 가능성을 암시하고 있다. 1당 체제에서 당의 권한을 일부 박탈하는 것은 권한의 분리로 이어질 수 있기 때문이다. 자오쯔양은 이런 관점을 갖고 당정 분리가 '당과 정부 간의 권한을 나누는 것' 이라고 단언했다. 사실상 자오쯔양은 당정 분리는 제도적으로 세 가지 측면으로 구성된다고 보았다. 그것은 정부로부터 당을 분리하는 것, 전인대로부터 당을 분리하는 것, 정부로부터 전인대를 분리하는 것이다.

자유주의자들이 당정 분리에 높은 기대감을 가졌고 그것이 갖는 중요성을 인식했음에도, 이들이 제출한 제도적 개혁안에는 구체적인 실천방안이 매우 적었다. 2003년에 총리가 된, 당시 중앙위원회 판공청 주임이었던 원자바오(溫家寶)는 당정 분리에 관해 별도의 팀을 꾸려 연구하도록 지시받았다. 그러나 그가 제출한 보고서는 자오쯔양이 '빈 껍데기'라고 묘사할 정도였으며, 구체적인 실천방안이 부족했다.

연토소조에서 가장 자유주의적이었던 바오퉁은 당정 분리의 유일한 방법은 당의 조직을 개혁하고 당의 징계위원회를 검찰과 법원으로부터 분리함으로써 특정한 정책 분야를 책임지고 있는 당 부서기들의 직위를 없애는 것이라고 생각했다. 또 다른 당정 분리의 방법은 전인대의 역할 강화였다. 바오퉁은 전인대 상무위원회 위원들의 수를 250명 이상으로 늘리고 상무위원회 내에 특별위원회를 둠으로써 전인대 상무위원회를 강화하는 것이 핵심이라고 보았다.

당 내 민주주의를 촉진하는 것은 정치개혁에 있어 매우 중요한 단계였다. 자오쯔양은 당 내 민주주의를 제도화하는 것이 사회에서의 민주주의를 정착시키는 데 핵심이라고 생각했다. 그는 중앙당 차원에서 보다 높은 당 내 민주주의 수준을 요구했는데, 이는 아마도 덩샤오핑에게 의사결정 권한이 집중되어 자신의 정치적 위치가 힘든 점이 반영된 것으로 보인다. 자오쯔양은 중앙위원회 전체에 더 많은 권한을 부여하고 싶었을 것이다.

연토소조가 당 내 민주화를 위해 제안한 또 다른 방법은 의사결정에서의 다수결 원칙 제도화, 당의 활동에 관한 투명성 제고, 집단지도체제 강화, 당 내 경쟁선거 도입, 당 내 발언 자유의 보호였다. 연토소조는 제도적으로 공산당 대표자들이 영구 재임토록 하고, 5년에 1번씩 열리는 공산당 대표대회를 매년 개최함으로써 공산당 대표대회를 개혁할 것을 제안했다.

연토소조가 논의한 또 다른 민감한 개혁안은 '사회주의식 민주주의 건설'이라는 슬로건 하에서 어떻게 민주화 개혁에 착수하는가 하는 것이었다. 자오쯔양은 고르바초프의 '글라스노스트(개방)'와 '페레스트로이카(개혁)'가 매우 위험한 전략이라고 생각했지만, 민주화는 필연적이라고 보았다. 그는 이렇게 말했다. "민주화 개혁을 실행함에 있어서 말은 적게 하고 실천을 많이 해야 한다. 약속은 적게 하되, 실제적으로 더 많은 자유를 인민들에게 줘야 한다. 사회주의는 민주주의를 받아들일 수밖에 없다. 인민들의 민주주의에 대한 요구는 하나의 흐름이다. 우리는 인민들의 요구를 최대한 충족시켜야 한다."

자오쯔양은 사회주의식 민주주의가 풀뿌리 민주주의, 다양한 사회세력들(중국공산당, 노동조합 포함) 간의 대화, 시민적 자유, 발언의 자유로 구성된다고 보았다. 그는 특히 선거가 민주주의를 확산하는 수단이라고 강조하면서, "고도로 민주화된 사회주의 사회를 건설하려면 특히 도시에서 풀뿌리 민주주의, 인민들의 행정 참여 및 자치 문제를 논의해야 한다. 그리고 선거체계는 반드시 개선되어야 한다"고 주장했다.

자오쯔양은 전인대 대표자를 뽑는 직접 선거는 시기상조라고 생각했지만, 각 성의 인민대표를 뽑는 경쟁선거는 즉각 실시해야 한다고 생각했다. 그는 "주석, 부주석, 성장, 부성장에 대한 경쟁선거를 실시하지 않을 이유가 없다"고 말했다. 바오퉁도 이와 똑같은 생각을 했다. 그는 선거가 핵심 간부들의 정치적 책임감을 높이고, 정부 공직자를 뽑는 민주적인 선거가 '다른 분야에서의 민주주의'를 제도화시키는 전제조건이라고 주장했다.

자유주의적 사고를 가진 고위 관료들 사이에서도 정치개혁의 궁극적인 목표에 대한 의견에는 차이가 있었다. 예를 들어 자오쯔양은 정치개혁을 해도 당이 권력을 유지할 수 있어야 한다고 생각했다. 그는 "우리는 공산당이 통치를 할 것인지 아닌지에 대한 문제를 풀려해서는 안 된다. 공산당이 어떻게 통치할 것인가에 대한 문제를 해결하려 해야 한다"라고 지적했다. 후치리는 같은 견해를 보다 직접적으로 표현했다. "우리의 목표는 높은 수준의 민주주의와 효율성을 둘 다 성취하는 것이다. 첫 번째 원칙이며 가장 중요한 원칙은 당의 영도력을 유지하고 향상시키는 것이다. 정치개혁은 당의 권위를 강화하는 것이어야 하며, 그것을 약화시키는 것이어서는 안 된다."

그러나 연토소조의 토론에 참가했던 사람들 중에는 다르게 생각하는 사람들도 있었다. 저명한 공산당 역사가인 랴오가이룽(廖盖隆)은 보다 급진적인 일련의 목표를 생각했다. 그는 정치개혁이 사법부의 독립과 법 앞의 평등으로 이어져야 한다고 말했다. 또한 전인대 역할의 강화, 시민사회의 자율성, 국가로부터 당의 분리, 당 내의 민주화 등을 주장했다.

아마도 바오퉁이 정치개혁의 목표 및 그것을 성취할 전략에 대해 가장 분명한 주장을 한 사람일 것이다. 그는 정치개혁의 단기적 목표로 제도화를, 장기적 목표로는 민주화를 제시했다. 그는 주로 당 내 영도체계와 정부의 행정체계 구조조정을 통해 제도화가 이루어지면, 현 정치질서 하에서 이해를 대변할 (반드시 민주적이지는 아닐지라도) 보다 다원적인 체제를 낳게 될 것이라고 주장했다. 또한 당 내 민주주의 도입은 정치적 민주화에 유리한 조건을 형성할 것이며, 사법개혁을 통해 중국이 '정상정치 질서(normal political order)'를 구축할 수 있다고 주장했다.

1980년대 말에 중국 지도층들이 논의한 앞의 내용들을 보면, 이들이 정치개혁을 실행하는 데 있어서 위험요소와 딜레마도 인식하고 있었음을 잘 알 수 있다. 첫째, 이들은 당시 상황을 계속 유지할 수 없다는 점, 그러나 당시 체계가 개혁을 견디기에는 너무나 약하다는 점 모두를 우려했다. 자오쯔양은 이렇게 말했다. "현재 상황이 변하지 않으면 안 되지만, 그 변화가 너무 커도 안 된다. 완만하고 올바른 민주화 과정을 보장하려면 초기에 아무런 문제점이 발생되지 말아야 한다. 문제점이 발생하면 뒤로 후퇴해야 한다."

두 번째 딜레마는 개혁을 통해 필연적으로 제도적 견제와 균형(3권 분립)이 초래될 것이고, 이로 인해 발생될 어려움들을 어떻게 다루는가 하는 것이었다. 자오쯔양은 전인대의 역할 강화가 당의 통제와 정부의 정책 결정 역량을 약화시킬 것에 대해 다음처럼 공개적인 우려를 표명했다. "만약 전인대가 보다 많은 권한을 얻어 최고의 권력기관으로 거듭나게 되면 정부가 국정운영을 하는 데 있어 큰 어려움을 겪게 될 것이다." 자오쯔양은 견제와 균형은 반드시 필요하지만, 정부의 통치력이 방해를 받지 않으면서 전인대가 나름의 역할을 할 수 있는 방법이 무엇일지 고민했다. 그에게는 이에 대한 해답이 없었다. 그는 서구 민주국가들의 예를 인용하면서, "자본주의 국가들에서는 정부가 의회를 다루는 데 많은 에너지를 소모해야 한다. 우리는 이처럼 내부적으로 많은 에너지를 소모할 수 없다"라고 말했다.

톈안먼 사건과 자유주의 진영의 몰락

거의 1년간의 토론과 논의 이후, 연토소조는 〈정치체제개혁에 대한 총체적 구상[政治體制改革總體設想]〉이라는 제목으로 최종 보고서를 정치국에 제출했다. 이 보고서는 정치개혁의 필요성과 시급성, 목표와 원칙을 포함하고 있었고, 국가와 당의 분리, 전인대의 개혁, 행정개혁, 사법개혁, 국가공무원제 실시, 사회주의식 민주주의의 수립, 공산당 개혁을 제안했다. 그러나 상세한 실천방안은 빠져 있었다. 자오쯔양은 보고서가 "충분한 실천지침이 없다"는 불만을 피력했다. 덩샤오핑은 1987년 9월 말에 이 보고서를 승인하긴 했지만, 이런저런 이유로 보고서에 만족하지 않았다.

덩샤오핑은 보고서가 제안한 개혁안들이 '견제와 균형의 원칙들 중 일부'를 모방했다고 생각했고, 자신이 늘 주장하던 "정치개혁의 주요 목표는 행정부의 효율성이다. 너무 많은 간섭이 있어서는 안 된다. 우리는 지배권을 포기할 수 없다. 민주화의 취지를 모두 수용할 수는 없다"는 말을 반복했다. 연토소조의 업무를 끝내는 회의에서 덩샤오핑은 자오쯔양에게 "이 보고서에는 견제와 균형의 요소가 조금 들어 있다. 서구식 견제와 균형(3권 분립)은 절대 실행될 수 없다. 그런 서구식 사상에 영향을 받아서는 안 된다. 효율성이 보장되어야 한다"고 강조했다. 정치개혁에 관한 덩샤오핑의 생각은 자유주의자들이 생각한 것과 근본적으로 다른 것이 분명했다.

그럼에도 불구하고, 중앙위원회는 1987년 10월에 이 보고서를 승인했다. 그리고 얼마 후, 제13차 중국공산당 대표대회에서 공식적으로 연토소조 보고서의 주요 내용들이 승인을 받았고, 정치개혁의 목표가 '사회주의식 민주주의 건설' 이라고 선언되었다. 그러나 그 후 구체적으로 실행된 개혁방안은 거의 없었다. 자오쯔양은 상징적인 한 가지 개혁을 실행했다. 그것은 정치국 회의 개최를 미디어에 공개하는 것이었다. 1988년에 중국 문화에 대한 토론을 생중계하면서 대중매체에 대한 당의 통제도 완화되었다.

그러나 1988년 여름에 덩샤오핑의 섣부른 물가통제 정책이 주요 원인이 되어 경제상황이 악화되자, 정권은 경제 안정화로 관심을 바꾸게 되었고 정치개혁은 유보되었다. 1989년 4~6월에 있었던 톈안먼 민주화 요구 시위 진압 후, 공산당 정권은 정치개혁에 대한 토론을 금지시켰다. 공식적으로는 '사회주의식 민주주의', '정치체제 개혁', '법에 의한 국가 통치' 가 계속 선언되었지만, 연토소조가 제안한 개혁안이 원칙적으로 채택된 것은 단 하나도 없었다. 연토소조 주임이었던 바오퉁은 톈안먼 사건이 진압된 후 7년간 수감되었다. 톈안먼 민주화 요구 시위는 비극이긴 했지만, 공산당의 자유주의 진영이 시도한 정치개혁에 전환점이 되었을 것이다.

조세프 퓨스미스(Joseph Fewsmith)가 톈안먼 사건 이후 10년간의 중국 지도부 정책에 관한 연구에서 제시한 것처럼, 톈안먼 사건이 1989년 이후의 중국 정치개혁 방향을 결정했다는 점에서 볼 때, 만약 당시 사건이 발생하지 않았거나 혹은 다른 방향으로 해결되었다면 어땠을까 하는 의문이 든다. 톈안먼 사건으로 붕괴 직전까지 갔던 공산당 정권의 경험과 유혈사태의 여파 때문에 중국 지도층이 보다 보수적이 되었다는 것에 이의를 제기할 사람은 없을 것이다.

1989년 동구권에서의 공산주의 정권의 몰락과 1991년 소련 붕괴라는 당시 상황을 볼 때, (고립되고 불안정한) 당시 중국공산당이 생존을 위해 정치자유화 전략을 사용해주길 기대하기는 어렵다. 게다가 톈안먼 사태는 자오쯔양과 후치리와 같은 최고위 인사가 숙청된 것에서 알 수 있듯이, 공산당 내의 자유주의 진영을 크게 약화시켰다. 이들이 계획한 정치개혁 프로그램이 아무런 결실도 얻지 못했음은 말할 것도 없다.

만일 톈안먼 사건이 평화적으로 해결되어 자유주의 진영이 승리했다면, 1989년 이후 중국의 역사는 달라졌을 것이고, 정치 자유화에 있어 보다 많은 발전이 있었을 것이다. 그러나 아무리 그렇다 해도 공산당 내의 강력한 보수주의자, 덩샤오핑의 민주주의에 대한 혐오감(그가 권력을 계속 유지하고 있었다는 가정 하에서), 공산당의 정치권력 독점으로 인한 제도적 이익 때문에 급진적인 민주화는 설령 불가능하지는 않더라도 발생할 확률이 극히 적었을 것이다.

이것은 자오쯔양의 생각과도 일치한다. 그는 2004년에 한 지인으로부터, 만약 톈안먼 사건이 발생하지 않았다면 정치개혁을 추진할 수 있었는지에 대한 질문을 받았다. 보도에 따르면 당시 자오쯔양은 잠시 침묵을 지킨 뒤 "그럴 수 없었을 것이다"라고 대답했다. 그럴 만한 권한이 자신에게 없었기 때문이었다고 한다. 거대한 정부, 많은 핵심 간부들이 있고, 이해관계가 얽힌 사람들이 너무 많은 데 비해 자신에게는 그럴 만한 힘이 없다는 것이었다. 그리고 그럴 만한 권력과 능력을 가진 유일한 사람은 덩샤오핑뿐이었다고 말을 이었다.

그러나 자오쯔양은 덩샤오핑이 경제개혁에 관해서는 매우 관대했지만, 정치개혁에 관해서는 신경을 곤두세우고 민감한 반응을 보였다고 말했다. 톈안먼 사건이 일어나지 않았다면 추가적으로 어떤 노력을 했겠느냐는 질문에 대해, 자오쯔양은 "보다 발전된 정치 사안들을 실행했을 것이다. 정치개혁에 착수할 수 있었다면, 나는 민주적인 정치를 천천히 추진했을 것이다"라고 말했다. 톈안먼 사건이 없었다면 중국은 현재보다는 분명 보다 자유로워졌을 것이다. 그러나 우리가 바라는 것만큼 완전한 민주화가 반드시 이루어졌을 것이라고 보기는 어렵다.

제도적 개혁: 기대와 실망

개혁 기간 중 중국의 의사결정 기관으로 전인대와 지방인대가 등장한 것을 두고 많은 학자들은 정치적 제도화, 또는 다원주의로까지 묘사한다. 서구에서의 경험에서 보면, 강력한 입법부는 행정부의 권한에 제한을 가하여 제도적 견제와 균형을 실현하여 민주화와 법치주의에 기여를 한다. 그러나 중국 공산당이 지배하는 정치체제에서 중국의 입법부(전인대)는 오랫동안 거수기로만 여겨져 왔다. 입법부의 유일한 기능은 공산당이 이미 결정한 사안에 대해 찬성표를 던지는 것이 고작이었던 것이다. 따라서 전인대와 지방인대의 의사결정

과정에서 헌법상의 권한과 영향력을 얼마나 행사하는가 하는 문제가
정치개혁을 실현할 핵심 방안이다. 여기에서는 전인대와 지방인대의
제도적 발전과 정치적 권한을 평가해보도록 하겠다.

중국에서 전인대가 가장 중요한 정치적 제도로 성장한 것에 대해
서는 많은 연구가 있다. 그러나 전인대 성장에 관한 주요 연구들은
개혁 기간 동안의 전인대의 영향에 따라 서로 다른 결론을 내리고 있
다. 케빈 오브라이언(Kevin O' Brien)은 1980년대의 전인대의 제도적
발전에 관한 연구에서, 전인대가 이 기간 동안 거의 아무런 역할도
하지 못했다고 주장한다. 전인대 대표자들은 절차적 합리성을 통해
진정한 정치자유화를 추구하기보다는 1당 지배체제를 더욱 강화하
는 데 기여했다.

행정법의 처리 및 통과 과정에 대한 대부분의 연구에서, 중국의 권
위 있는 법학자 몇몇은 중국의 행정법이 입법부의 법률 처리과정을
지배하고 있음을 발견했다. 행정부는 법적인 제약을 원치 않기 때문
에, 행정법은 특히 1980년 이후에 행정부에 매우 유리하도록 구성되
었다.

> "지난 20년간 행정법의 최대 수혜자는 행정부 자신이다. 행정부는 자신의
> 권한을 강화하는 데 입법 과정을 끊임없이 이용했고, 이 과정을 통해 초법적인
> 권한을 행사할 수 있게 되었다. 이는 시민의 권리와 행정부의 권한 간에 불평
> 등을 초래했다. …… 이 문제는 또한 입법 과정에서의 민주적인 절차 부족이
> 원인이기도 하다. 입법 과정에 인민들이 충분히 참여하지 못하는 것이다."

이러한 비판에 대해서는 스탠리 러브먼(Stanley Lubman)도 동의한
다. 그는 중국의 법률과 법규가 의도적으로 유연성과 재량성이 극대
화되도록 기술되었다고 생각한다. 그 결과 중국의 법률과 법규는 처
음부터 임의적으로 해석될 수 있게 제정되었다.

머레이 스콧 태너(Murray Scot Tanner)는《마오쩌둥 이후 중국 정치
의 법률 제정(The Politics of Lawmaking in Post-Mao China)》에서, 전인
대의 제도적 발전에 대해 보다 긍정적인 평가를 내리고 있다. 태너는
몇 가지 법률이 처리되는 과정을 연구한 사례연구를 통해, 정책결정
에 있어서 중국공산당의 정치적 독점이 과거보다 약화되었으며, 의
사결정 과정에서 전인대의 영향력이 점점 커지고 있다고 은연중에
주장한다. 그러나 태너는 전인대의 이러한 성장이 반드시 민주정치,
또는 다원주의의 도래를 상징하는 것이라고 보지는 않는다. 그 대신,
전인대를 공산당 내의 관료 및 이익집단이 자신들이 선호하는 정책
을 표현하는 정치적 무대로 보아야 한다고 말한다.
태너는 다음의 몇 가지 징후가 전인대의 영향력이 증가하고 있음
을 나타내는 것이라고 규정한다. 태너는 우선 전인대 전체회의에서
전인대 대표들이 행한 반대표 등을 데이터로 들면서, 전인대 대표들
이 점차 '거수기'의 역할을 버리고 적극적으로 행동하고 있다고 주
장한다. 또한 태너는 펑전(彭眞)처럼 권력 있는 정치인들의 영도력으
로 전인대의 권한과 권위가 강화되어 왔으며, 전문적인 위원들과 위
원회 체계를 갖추며 확장함으로써 입법부로서 정책결정 권한을 공유
하도록 행정부를 압박할 역량을 갖추게 되었다고 생각한다.

[표 2-1] 1978~2003년 전인대의 입법 활동 결과

연도	통과된 법안 수	통과된 결의안 수
제5기 전인대 (1978~1983)	41	19
제6기 전인대 (1983~1988)	47	16
제7기 전인대 (1988~1993)	60	27
제8기 전인대 (1993~1998)	85	33
제9기 전인대 (1998~2003)	74	알 수 없음

출처: 〈중국법률연감〉 www.chinanews.com.cn, 2003년 2월 20일.

그러나 태너는 중국공산당이 입법과정에서 막강한 권한을 휘두른다는 사실을 인정하며, 입법과정의 개혁이 중국의 민주화 가능성에 긍정적인 영향을 끼칠지에 대해서는 확신하지 못하고 있다.

전인대에 관한 평가는 서로 엇갈리지만, 다음처럼 1970년대 이후 전인대와 지방인대가 제도적으로 과연 독립적인지를 알 수 있는 몇 가지 중요한 측정 방법이 있다.

전인대의 입법 활동 결과

전인대의 가장 중요한 성과는 많은 입법 활동 결과다(표 2-1). 1978년 이후 전인대에서 통과된 수백 건의 법률과 결의안들은 경제개혁과 합리적인 행정절차를 위한 법적 근거가 되어왔다. 예를 들어 전인대가 1978년에서 2002년 사이에 제정한 법률과 결의안 중에서 약 1/3인 95건이 경제와 관련된 것이었다. 1979년 6월에서 2000년 8월까지 전인대에서 통과된 법률 216건 중 126건이 행정과 관련된 것이었다.

그러나 이 숫자를 그대로 받아들여서는 안 된다. 대부분의 경우 전인대는 행정부가 발의한 법안을 승인하는 들러리 역할을 해왔기 때문이다. 전인대 상무위원회가 정부가 발의한 법안을 거절함으로써 독립성을 보인 것은 1989년과 1999년처럼 몇몇 드문 경우에 불과했다. 1987년에는 국유기업의 파산에 관한 법안이 전인대의 강한 반대 때문에 부결될 뻔했으나 결국 통과되었다. 전인대와 마찬가지로 지방인대도 지방정부가 발의한 법안을 거부하는 경우는 매우 드물다. 만일 거부할 경우, 2004년 선전(深圳) 인민대표대회 사례처럼 전국적인 뉴스가 된다.

선전 인민대표대회는 2004년에 지방정부의 투자에 대한 감사 및 감독에 관한 법안을 부결시켰고, 이는 정치적으로 유례가 없는 독립된 행동이었다. 공식적인 수치를 보면 인민대표들의 입법 활동 또한 미미하다. 전인대 대표자들이 제출한 법안이 실제 법률로 제정된 경우는 단 한 건도 없다. 예를 들어 1983년에서 1995년까지 인민대표들이 제출한 법안은 5,000건이 넘었지만, 이 중 933건(18%)만이 위원회에 상정되었다. 그리고 이들 중 법률로 제정된 것은 한 건도 없다.

헌법상 전인대의 감독 권한

법전으로만 보면, 헌법에 보장된 전인대의 감독 권한은 크게 확장되어 왔다. 전인대는 사법부를 감독하고, 공직자를 임명하거나 해임할 수 있으며, 행정부를 감독하기도 한다. 그리고 국무원, 최고인민법원, 최고인민검찰원의 업무보고를 승인한다. 예산안을 심의 및 승인하며, 입법해석을 제공한다. 또한 법률의 합헌 여부를 검토하며,

특검을 실시하기도 한다. 전인대는 정부 관료에 대한 탄핵과 해임 권한도 갖고 있다.

그러나 실제에서는 전인대는 헌법상 보장된 권한을 거의 행사하지 못한다. 예를 들어 전인대는 지금까지 국무원, 최고인민법원, 또는 최고인민검찰원이 보고한 업무에 대해 헌법에 위배된다고 선언하거나 거부한 경우가 한 번도 없다. 예산 승인을 거부한 적도 없으며, 특검을 실시하거나 정부 관료 1인에 대한 해임건의안을 낸 적도 없다. 전인대의 감사나 청문회가 정책에 영향을 끼치는 모습도 보이지 않는다. 전인대 대표의 약 20%가 매년 최고인민법원과 최고인민검찰원의 업무에 대해 반대표를 행사하는데, 이처럼 전인대의 감독 권한은 상징적일 뿐이다.

이와는 대조적으로 몇몇 성, 도시, 현 등에서는 지방인대가 간혹 전인대보다 강력하게 권한을 행사하려는 시도가 있었다. 이들은 간혹 낮은 성과와 부패를 저지른 지역 관료들을 비난하기도 한다. 이런 사례로 2000년에 널리 알려진 사건이 있다. 광둥성(廣東省) 인민대표대회는 광둥성 환경보호국의 업무에 대한 청문회를 실시했다. 환경보호국의 업무에 만족하지 못한 인민대표들은 23대 5로 반대표를 던졌고, 청문회에 임하는 공무원들의 태도에 불만을 가진 인민대표들은 두 번째 청문회를 요청했다. 인민대표들의 불만족이 정치적으로 어떤 효과를 내는 것은 아니었지만, 두 번째 청문회 이후에도 이들은 여전히 만족스러워하지 않았다.

지방인대 대표자들은 지방정부의 지출에 대한 감사를 요구하고, 지방정부의 상업적 거래나 부패 행위를 비난하기도 한다. 2002년에 광둥성 인민대표대회는 광둥성 정부의 예산에 대해 공격적인 심의를 하면서, 품목별 지출에 대한 설명을 요구했다. 이후 광둥성 정부는 보다 상세한 예산 정보를 인민대표대회에 제출했다. 지방인대의 감독 권한 중 가장 논란이 되는 것은 재판 과정에 개입하는 것이지만, 사법계에 만연한 부패에 대응하기 위해 지방인대는 재판 과정에 대한 감시에도 들어갔다. 지방인대의 민사 및 형사 사건에 대한 감독은 법원이 보다 투명하고 진지한 재판을 진행하도록 압박했다. 인민대표들은 주로 재판 서류 검토, 증인들과의 면담, 재판 과정 참관 등을 통해 재판을 감독했다. 이러한 재판 개입을 통해 마약 밀거래 혐의를 받은 농부의 누명을 벗긴 사례도 있었다.

비록 재판 과정에 입법부가 개입하는 것이 사법부의 독립에 해롭다고 여겨지긴 했지만, '감독법'이 통과된 것은 표면적으로 입법부에 광범위한 감독 권한을 부여했다. 이것은 많은 전인대 대표들의 관심을 끌었다. 1993년에서 1999년까지, 1,600명 이상의 전인대 대표들이 사법적 감독을 합법화하기 위해 51건의 법안을 제출했다. 전인대 대표들은 이러한 감독 권한이 경우에 따라 법에 저촉될 수도 있지만, 재판 과정에 개입하는 것은 아니라고 주장한다. 그러나 전인대와 지방인대에 사법적·행정적 감독 권한을 공식적으로 부여하게 될 이 법안은 아직 공식적으로 제정되지 않고 있다.

공직자 임명권과 해임권

주목할 만한 또 다른 발전은 지방인대 때문에 관료주의적이고 파벌적인 정치인들이 지역 공직자 임명에 매우 제한된 영향력만을 행사할 수 있게 되었다는 것이다. 중국의 법은 지역 최고위 공직자를 '경쟁선거'를 통해 임명하도록 규정하고 있기 때문에, 지역의 인민대표자들은 간접적으로 공산당이 지정한 후보의 공직 임명을 무산시키고, 자신들이 원하는 후보자를 공직자로 선출할 기회를 갖게 되었다. 중국의 법에 따르면 후보자는 인민대표자 과반수 이상의 표를 얻지 못하면 공직자로 임명될 수 없다. 또한 인민대표자들이 직접 공직자 후보를 추천할 수도 있다.

예를 들어 1990년대 말 중국공산당 랴오닝성 조직부의 보고에 따르면, 공산당이 추천한 후보자들이 지방인대에 의해 불신임을 받는 경우가 점점 늘고 있으며, 이는 파벌주의, 공산당의 로비 부족, 매력적이지 못한 후보자 때문이라고 한다. 지역의 인민대표자들이 추천한 후보자가 지역 공직자로 임명되는 경우도 간혹 있다. 랴오닝성의 5개 도시에서는 공산당이 추천하지 않은 12명의 후보자들이 공직자로 선출되었다.

이와 비슷한 상황은 1990년대에 항저우(杭州)의 12개 현에서도 발생했다. 매번 선거 때마다 당이 추천한 후보자들 중 평균 6~9명이 임명을 받지 못했고, 그 자리를 지방인대가 추천한 후보자들이 차지했다. 인민대표들이 권한을 가장 크게 행사하는 지역에서는 공산당이 추천한 후보자의 약 10~15%가 임명을 받지 못했다.

그러나 실제로는 지방인대의 이러한 거부 행동은 매우 드물고, 중국공산당이 추천한 후보자들이 거의 모두 임명된다. 전인대 고위 관료인 차오샤오양(喬曉陽)에 따르면, 1980년대 중반에서 1990년대 중반까지 각 성의 인민대표대회가 임명을 거부한 공산당위원회 추천 후보자는 단 2%에 불과했다. 그런데 공산당은 이마저도 방지하기 위한 수많은 조치를 취했다. 예를 들어 중국공산당 랴오닝성 조직부는 당이 추천한 후보자들이 임명되도록 일련의 초지들을 추진했다. 여기에는 지역 당위(黨委) 서기를 지방인대 상무위원회 주석으로 임명하는 것, 지역 공산당 조직부 책임자를 지방인대 인사위원회 주석으로 임명하는 것, 지방인대 상임간부회를 공산당에 충성하는 인물들로 채워넣는 것 등이 포함된다.

항저우에서는 1996년에 성의 당 위원회가 시의 인민대표대회 개회를 앞두고 이와 비슷한 조치를 취했다. 이러한 책략은 꽤 성공적이어서, 공산당이 추천한 후보들의 98%가 공직자로 임명되었다. 전국적으로 이와 비슷한 조치들이 취해졌고, 이 조치들 가운데 일부는 불법적이거나 논란이 있는 것들이었다.

1997년과 1998년에 있었던 성의 인민대표대회 상무위원회 주석 선거는 경쟁선거가 아닌 단일 후보에 대한 찬반 투표로만 진행되었는데, 이는 법에 위배되는 것이었다. 2003년 기준으로 전국 31개 성 중 23개 성의 당위 서기가 각 성의 인민대표대회 상무위원회 주석을 겸하고 있었다. 이는 중국공산당이 각 성에서 입법부를 거의 완전하게 통제하고 있음을 보여주는 것이다.

전인대 규모의 성장

규모로 봤을 때, 전인대는 매우 크게 성장했다. 1979년에 전인대 대표자는 54명에 불과했으나, 1990년대 중반에는 약 2,000명으로 증가했다. 전인대의 위원회 체계도 성장했다. 1983년에 6개였던 전인대 상무위원회 특별위원회는 2003년에는 9개로 증가했다. 1997년에는 전국적으로는 현 이상의 인민대표대회 대표자가 7만 명에 이르렀다. 그러나 전인대와 지방인대 구성원들은 중국 사회를 대표하는 인물들이기보다는 중국 정부와 공산당의 관료주의적 이해관계를 대표하는 인물들이었다. 예를 들어 제9차 전인대 상무위원회 위원 134명 거의 모두가 정부와 당에서 은퇴한 인물들이었다(평균 연령 63.4세).

전인대와 지방인대 대표자의 2/3는 공산당에 소속된 인물들이다. 전인대 대표자들 중 공산당 소속인 사람은 1981년에는 73%, 1998년에는 72%였다. 지방인대의 상황도 다르지 않다. 1998년에 각 성의 인민대표대회 대표자의 75%, 시의 인민대표대회 대표자의 75%가 공산당 소속 인물들이었다. 사실 중국공산 정권이 수립된 초기에는 전인대와 지방인대에서 공산당의 지배력이 지금보다 약했다. 예를 들어 1954년에는 전인대 대표자의 55%가 공산당 소속 인물이었고, 각 성의 인민대표자 중 58%가 공산당 소속이었다.

전인대와 지방인대 대표자들은 중국의 다른 정치 및 사회 엘리트들에 비해 교육 수준이나 직업이 뛰어난 편이다. 1998년 기준으로 전인대 대표자들의 73%, 시 인민대표자들의 62%가 대졸자 또는 이와 동등한 학력을 가진 인물들이었는데, 중국 전체적으로 3%만이 대졸자인 점을 감안하면 이는 매우 높은 수치다. 전인대 대표자들의 21%는 이른바 '지식층' 이며 전문직 종사자들이다.

1980년대부터 전인대에서 농부와 노동자가 차지하는 비율이 꾸준히 감소하는 반면, 공직자의 비율은 크게 증가했다. 1983년 기준으로 농부와 노동자는 전인대 대표자들 중 27%를 차지했으나, 1999년에는 그 비율이 19%로 떨어졌다. 이에 비해 전인대 대표자들 중 공직자의 비율은 같은 기간에 21%에서 33%로 증가했으며, 전인대에서 군인(9%)을 포함하여 중국 정부와 공산당을 대변하는 인물이 차지하는 비율은 42%에 이르렀다. 공직자들이 각 성의 인민대표자를 겸직하는 비율은 이보다 훨씬 높은데, 1983년에 24%였던 것이 1999년에는 43%로 증가했다. 같은 기간에 농부와 노동자가 차지하는 비율은 33%에서 24%로 떨어졌다.

돌이켜보면 전인대와 지방인대가 공산당과 정부의 권한을 견제하는 독립적인 입법기관으로 성장하지 못한 것은 이미 예견된 것이었다. 지식인들의 토론이나 공산당의 정책을 보면, 전인대에 입법기관으로서의 제도적 정체성을 부여하려는 의도가 공산당에 없었음이 분명하다. 공산당은 독립적인 입법부가 초래할 큰 위협을 잘 알기 때문이다.

배럿 맥코믹(Barrett McCormick)이 주장하는 것처럼, 진정한 제도적 다원주의는 입법부의 독립성이 있어야 가능하다. 전인대가 공산 정권을 붕괴시킬지도 모른다는 두려움 때문에, 중국 지도층은 대중들의 지지를 받는 정당성을 확보하기 위한 도구로 전인대를 이용하려 하면서도 전인대의 권한을 제한할 수밖에 없는 것이다. 그 결과 경쟁 선거를 거치지 않는 전인대와 지방인대는 권력기반과 대중들의 지지를 얻는 정당성 둘 다가 결핍되어 있고, 제도적으로 존속하면서 역할을 하기 위해서는 행정부(공산당과 정부)에 의존할 수밖에 없다.

공산당 정권 안정을 위한 사법개혁

마오쩌둥 이후 중국 정부가 현대적인 사법체계를 발전시키려는 노력은 정치개혁으로 가는 매우 중요한 과정이다. 현대적인 사법체계가 법치주의를 발전시키고 공산당의 권력을 제한할 것이라는 점에서 볼 때, 법률의 개혁은 진정한 정치개혁을 이루는 데 있어 가장 기본적인 요구사항이다.

그러나 1970년대 말 이후 중국의 사법개혁은 개선점과 결함이 혼재된 모습이다. 사법개혁의 많은 부분에서 유례가 없는 진전을 이루긴 했지만, 중국의 사법체계는 아직도 결함이 있고 비효율적이다. 이는 공산당이 근본적으로 권한을 행사하는 데 있어 법률적인 제약을 받지 않으려 하기 때문이다. 랜달 피어린붐(Randall Peerenboom)은 중국의 사법개혁을 연구하면서 다음과 같이 밝혔다.

"중국이 현재 일종의 법치주의로 가는 과정 중에 있다는 증거는 무수히 많다. …… 그러나 아직도 모든 곳에 법이 적용되는 것은 아니다. 중국공산당이 국가를 통치하는 데 실질적인 역할을 하는 것은 헌법이나 다른 법률과 상충되거나 이들 법률에 명시되어 있지 않다. 이런 결과로, 법치주의로 중국이 이행하고 있다는 증거는 거의 없다. 법치주의는 민주주의와 인권이 이루어지면 당연히 수반되는 것이다."

중국의 사법개혁에 관한 또 다른 총체적 연구에서도 이와 비슷한 결론에 이른다. "대체적으로 중국의 사법체계 개혁은 급속한 경제개혁과 사회변화에 비해 그 속도가 매우 늦다. 이는 중국 정부가 사법개혁을 단편적으로 접근하고, 진정한 개혁을 실천하려는 의지가 부족하기 때문이다." 여기에서는 중국의 사법개혁이 이룬 성과를 간략히 살펴보고, 이러한 개혁이 제한적일 수밖에 없는 정치적 요소들을 분석해본다.

마오쩌둥 이후의 중국공산당은 비록 제한적이긴 해도 사법개혁에 착수할 충분한 동기가 있었다. 덩샤오핑 정권에게는 정치질서를 회복하고 경제개혁을 위한 새로운 법적 근거를 만들기 위하여 사법체계를 개혁하고 강화하는 것이 최우선 과제였다. 1978년 12월에 덩샤오핑은 자신이 권력을 되찾았음을 표명하는 연설에서 사법체계의 강화를 요구했고, 기업, 외국인 투자, 노동, 환경보호에 관한 법률과 형법, 민법, 소송법의 처리를 새로운 지도부의 최우선 과제로 규정했다. 이를 두고 윌리엄 앨포드(William Alford)는 다음과 같이 말한다.

"중국 지도층이 사법개혁에 착수하고 이를 지원하는 주된 목적은 법치주의를 강화하기 위한 것이 아니다. 그보다는 경제개혁을 실현하고, 자본 및 기술을 중국에 들여올 외국인 투자자들을 안심시키는 데 필요한 지침을 마련하면서, 지도층들이 가진 권력에 정당성을 부여하기 위한 것이었다."

사실 계획경제 하에서 발전되고 문화대혁명을 거치며 파괴된 중국의 사법체계는 부적절하고 시대에 뒤떨어진 것이었으며, 체제전환기의 경제에 맞지 않는 것이었다. 사법체계를 개혁하지 않았다면 경제개혁은 상상할 수도 없었을 것이다. 따라서 경제개혁을 통해 정권의 생명을 연장하려는 공산당의 필요성과 사법개혁에 대한 실질적

[표 2-2] 소송의 증가, 1986~2002년 (1심사건 기준)

연도	상업	민사	행정
1986년	308,393	989,409	632
1990년	598,314	1,851,897	13,006
1996년	1,519,793	3,093,995	79,966
1999년	1,535,613	3,519,244	97,569
2000년	1,297,843	3,412,259	85,760
2002년		4,420,123(주석a)	80,728

출처: 〈중국법률연감〉
(주석a) 상업 및 민사 소송 합계

인 필요성이 일치되었다.

그러나 사법개혁은 다른 주요 정치개혁 및 경제개혁이 그랬듯이, 스필오버 효과(spillover effect, 파급효과 - 옮긴이)와 의도하지 않은 결과를 낳을 수 있다. 앨포드의 말을 빌자면 중국의 사법개혁은 '양날의 칼' 이라 할 수 있다. 정권의 정당성을 강화하고 외국인 투자자들을 안심시킬 수도 있지만, 정권이 두려워하는 정치자유화를 촉발할 수도 있기 때문이다. 이러한 정치적 딜레마로 인해 중국의 사법개혁은 종합적인 배경을 갖게 되고, 개혁을 통해 이룰 수 있는 성과가 제한되어 있다.

그러나 마오쩌둥 이후의 사법개혁은 중국 역사상 유례가 없는 것이다. 스탠리 러브먼은 다음과 같은 평가를 통해 중국의 사법개혁이 이룬 성과와 한계점을 지적했다. "법률의 역할을 규정한 정책이 가진 한계점, 1979년 이후 끊임없이 변화하는 중국의 사회 및 경제, 전통적인 법 문화의 강화 등에도 불구하고, 중국의 사법개혁이 이룬 성과는 인상적이다."

러브먼은 보다 구체적으로 중국의 사법개혁에서 가장 두드러진 발전을 세 가지로 꼽았다. '법이 국가 통치의 주요 도구가 된 것, 자유경제체제로 전환하기 위한 법적 근거가 마련된 것, 사법체계가 만들어진 것' 등이 그것이다. 그 결과 사법개혁은 민사, 형사, 행정적 분쟁을 해결하는 데 있어 법원의 역할을 크게 증가시켰다. 상업, 민사, 행정 소송이 급격하게 증가한 데이터에서 알 수 있듯이, 중국의 법원은 경제, 사회, 그리고 어느 정도는 정치적 갈등까지 해결하는 데 없어서는 안 될 존재가 되었다(표 2-2 참조). 상업 및 행정 소송에 관한 사례연구를 보면, 비록 중국의 사법체계가 결함이 있긴 해도 재산권과 개인의 권리를 제한적으로나마 보호하고 있음을 알 수 있다.

또한 중국의 판사와 변호사 등 법률 관련 종사자들은 개혁 기간 동안 급격히 증가했다. 1980년대에 수천 명이던 변호사는 2002년에는 10만 명 이상으로 증가했고, 1990년대 말의 판사 수는 1980년대 말에 비해 거의 2배나 증가했다. 학력에서도 알 수 있듯이, 이들의 자질 또한 급격히 올라갔다. 1987년에는 전체 판사들 중 17%가 대학 학위 또는 준학사 학위 소지자였으나, 2003년에는 그 비율이 40%로 올라갔다. 2002년 기준으로 변호사 10만 명 중 70%가 학사 이상의 학위 소지자였고, 30%가 준학사 또는 그 이하였다. 그런데 법률 관련 종사자들의 학력이 전체적으로 과거보다 올라가긴 했지만, 서구의 기준으로 보면 상대적으로 여전히 낮다.

그러나 이 숫자들 이면에는 전혀 다른 정치적 현실이 있다. 사법개혁의 이러한 진전에도 불구하고, 중국의 사법체계는 공산당의 제약으로 인해 여전히 정치적으로 절름발이 신세다. 1990년대 말 이후 사법개혁은 탄력을 잃은 듯 보인다. 예를 들어 1990년대 말에 급격히 증가한 민사 및 행정 소송 건수는 1999년에 정점을 이룬 후 떨어지기 시작했다(표 2-2 참조).

상업 및 민사 소송을 합친 건수는 1999년에 500만 건 이상이었다가 2002년에는 약 440만 건으로 떨어졌다. 3년 만에 12%가 하락한 수치다. 행정 소송 건수는 이보다 훨씬 더 급감했다. 2001년에 10만 921건으로 정점을 이룬 후, 2002년에는 약 8만 건으로 급감하여 1996년 수준으로 돌아간 것이다. 이처럼 소송 건수가 급감한 것은 법원이 소송에서 빈약한 성과를 냈으며, 그 결과 대중들이 법원의 공정한 판결 능력에 대한 믿음을 잃었다는 뜻이 될 수 있다.

민사 소송 결과에 대한 데이터는 없지만, 행정 소송이 급감한 것은 원고가 정부를 상대로 법정에서 승리하는 것이 점점 어려워졌다는 것과 직접적인 관련이 있을 것이다. 이는 곧 법원이 정부의 편이라는 뜻이 된다. 예를 들어, 법정에서 정부를 상대로 원고가 이긴 비율은 1993년에 38.3%, 1996년에는 41%였지만, 1999년에는 32%로 떨어졌다. 2002년에는 그 비율이 20.6%로 급락했는데, 이는 1996년의 절반 수준이다. 행정 소송을 통해 법적 구제를 받을 가능성이 떨어졌기 때문에 많은 인민들이 행정 소송을 포기했을 것이다.

법률 관련 종사자들이 급증했지만, 이것이 변호사들의 진정한 독립이나 잘 훈련된 판사들의 배출로 이어지지는 못했다. 변호사들은 고객을 변론하는 데 있어 정부로부터 강력한 제약을 받는다. 변호사법(1996년)은 변호사들이 지역 공직자들로부터 괴롭힘과 박해를 받기 쉽도록 되어 있어서 변호사들의 권리를 제대로 보호하지 못한다. 중국 변호사협회 회장에 따르면, 변호사들이 부당한 대접을 받는 경우가 매우 많다고 한다. 법을 집행하는 공직자들이 변호사를 폭행, 구금, 욕설을 하는 경우가 자주 발생한다. 많은 변호사들이 부당하게 유죄 판결을 받고 수감된다. 법정에서 고객을 변호할 변호사들의 권리 또한 제약을 받는다. 재판 도중 정당한 이유 없이 법정에서 쫓겨나는 변호사들도 있다. 그러나 지방정부는 대부분의 경우 이러한 사건에 대해 변호사협회와 협력하여 조사하길 거부했다.

판사들의 자질을 높이기 위한 다각적인 노력에도 불구하고, 판사들의 전문성은 전체적으로 낮다. 예를 들어 2003년 기준으로 판사들의 60%가 대학, 또는 이와 동등한 학력이 없는 것으로 나타났다. 판사들 중 많은 이가 인민해방군 장교 출신이어서, 이들에게 과연 판사로서의 자질이 있는지 의심을 갖게 한다. 이를테면 1998년에 한 도시의 판사 1,354명 중 500명(37%)이 인민해방군 장교 출신이었으며, 733명(절반 이상)이 다른 정부 기관에서 일하다가 판사가 되었다. 이들은 아마 형식적인 법률 교육만 간단히 받았을 것이다. 87명만이 대학 학위가 있었고, 96명은 준학사, 364명은 고졸 이하였다.

중국공산당이 중국 사법체계의 제도적·구조적 결함을 바로잡는 개혁을 계속 거부하는 것은 아마도 1당 지배체제에서는 법치주의가 이루어질 수 없음을 가장 잘 보여주는 증거일 것이다. 이 두 가지 결함은 오래 전부터 알고 있었고, 그에 대한 많은 해결책이 있었지만 근본적인 개혁은 이루어지지 않고 있다. 예를 들어 권위 있는 법학자인 허웨이팡(賀衛方), 장쯔밍 교수는 '인민법원 기본법'을 개정하기 위해 최고인민법원의 의뢰를 받아 실행한 연구에서, 이러한 결함들이 나타나고 있다는 여러 징후를 밝혔다. 이에 대해 두 교수는 개혁안을 제시했는데, 이는 이미 오래 전에 제시된 해결책과 비슷한 것이었지만 중국공산당이 이를 실행에 옮긴 적은 한 번도 없다. 개혁을 채택하는 것은 사법체계가 갖고 있는 중요한 약점들을 고치기 위한 것인 데 반해, 중국 정부가 실행하는 방안들은 즉흥적이고 단편적이다. 가장 민감한 정치적 이슈들은 피하면서 덜 논란이 되는 절차상의 결함들만 고치려 한다.

법원의 정치화와 독립성 부족

중국의 법원은 사법기관이면서도 지나치게 정치화되어 있고, 정의를 수호하고 분쟁을 판결하는 데 꼭 필요한 독립성이 부족하다. 법원이 정치화되어 있다는 것은 중국공산당이 법원을 통제하고 있음을 뜻한다. 예를 들어 중국공산당은 각 조직별로 현(縣) 차원에까지 정법(政法)위원회를 두고 있으며, 당의 고위인사가 위원장을 맡고 있다. 정법위원회는 법원 및 법집행과 관련된 중요한 정책을 직접 결정하며, 심지어 중요한 재판의 판결을 결정하는 경우도 많다.

인사 임명의 측면을 보면, 중국공산당 조직부는 법원장과 부원장 후보를 추천하곤 하는데, 종종 법률 교육을 받지 않았거나 법률 지식이 부족한 인물을 추천하기도 한다. 전직 최고인민법원장이었던 왕화이안은 중국공산당이 법원의 중요 인사 임명을 장악하고 있음을 인정한다.

최고인민법원의 경우를 보면, 최고인민법원 당 위원회 위원들은 모두 최고인민법원의 대법관들이며, 이들은 모두 중국공산당 중앙위원회에 의해 임명되고 감독을 받는다. 또한 각 성의 고급법원 당 위원회 위원들은 최고인민법원 당 위원회와 각 성의 당 위원회로부터 감독을 받는다. 중급법원 당 위원회 위원들은 각 성의 고급법원 당 위원회로부터 직접적인 감독을 받는다. 공산당이 대법관을 임명하는 행태는 법원이 내리는 판결에 큰 영향을 끼친다. 이를 두고 왕화이안은 "지난 50년간 법원장에게 판결에 대한 최종 권한을 주는 시스템이 근본적으로 변하지 않고 있기 때문이다"라고 말한다.

게다가 재판의 공정성은 지방정부에 의해 위협을 받는다. 지방정부는 판사 임명권과 법원의 재정을 장악함으로써 법원에 막대한 영향력을 행사한다. 중국의 법원은 재정, 서비스를 지방정부에 의존하기 때문에 지방정부 및 공직자들의 이해관계가 연관된 재판에서 공정한 판결을 내리기 힘들다. 가장 중요한 것은 법원이 다른 정부 부처와 마찬가지로 운영되면서 동일한 절차를 따른다는 것이다. 재판과 관련된 자질이나 경험이 아닌, 행정직책상의 서열이 법원의 서열을 결정하는 것이다. 예를 들어 판결에 대한 최종 권한을 갖고 있는 심판위원회는 판사로서의 자질이 아닌, 행정직 공직자들 중 서열이 높은 인물들로 구성된다.

법원에서의 재판은 계획된 생산 운동처럼 진행된다. 처음 6개월간은 재판 속도가 지지부진하여 재판을 열지 않은 소송사건들이 누적된다. 누적된 밀린 재판 때문에 법원은 '밀어붙이기'로 재판을 열고, 이는 잘못된 판결이 늘어나게 한다. 1998년을 예로 들면, 전체 재판의 13%가 1분기(춘절 포함)에 열렸고, 26%가 2분기에, 25%가 3분기

에, 30%가 4분기에 열렸다. 마지막 분기에 급하게 진행된 재판에서
는 잘못된 판결이 매우 많았다. 1997년 12월에 재판을 한 경제 관련
소송들을 보면, 판결 중 1/3이 항소심에서 결과가 바뀌거나 원심이
파기되었다. 이는 다른 분기에 비해 그 비율이 매우 높은 것이다. 이
와 비슷하게, 법원의 판결 또한 밀어붙이기식으로 진행된다. 최고인
민법원의 지시를 받는 중국의 법원들은 종종 특정한 기간을 정해 밀
린 판결을 한꺼번에 '해치운다.'

　법원의 정치화와 행정부의 법원에 대한 통제는 필연적으로 사법
부의 부패를 낳을 수밖에 없다. 일반 대중들은 가장 부패한 정부기관
중 하나로 중국 사법부를 꼽는다. 2003년 말에 중국공산당 중앙기율
(紀律)검사위원회가 10개 성에서 1만 2,000명을 대상으로 실시한 설
문조사를 보면, 응답자들은 중국의 법원이 공안 및 검찰과 함께 가장
부패한 5개 기관 중 하나라고 응답했다. 응답자의 39%는 이 세 기관
의 부패가 '매우 심각하다' 고 응답했다.

　중국 언론에는 판사들이 연루된 부패 스캔들이 자주 보도된다.
2002년에서 2003년 중반까지 허베이성에서는 91명의 판사가 부패
혐의로 기소되었다. 기소된 사람들 중에는 허베이성 고급법원 부원
장 1명, 중급법원장 2명, 중급법원 부원장 4명, 기층법원장 2명이 포
함되었다. 2003년 한 해 동안 전국적으로 794명의 판사가 처벌을 받
았다.

　다른 성에서도 고위직 법관이 부패를 저질렀다는 보도는 많이 나
온다. 2003년과 2004년에 광둥성과 후난성(湖南省)의 고급법원장들
이 부패혐의로 유죄판결을 받았다. 2004년 말에는 헤이룽장성(黑龍

江省)의 고급법원장과 부원장, 법무부장이 부패로 해임되었다. 하이난성(海南省) 또한 2004년에 고급법원 부원장, 고급법원 집행부장, 중급법원 부원장 등이 부패혐의로 장기수감형을 선고받았다.

1당 독재와 사법개혁의 한계

공산당과 지방정부가 사법부를 통제하는 것은 사법권을 단편화시키고 사법부의 효율성을 약화시키게 되었다. 공산당이 법관의 임명을 장악하고, 지방정부가 사법부에 막대한 영향력을 행사함에 따라 사법부가 크게 약화된 것이다. 이런 상황에서 중앙정부가 제정한 법률은 제대로 실행되거나 집행될 수 없고, 지역 보호주의의 만연을 낳았다. 지역 보호주의는 지방정부가 국가의 법을 어기면서 지역의 이익을 정치적으로 보호하는 현상을 말한다. 사법권이 약화된 상황에서는 법원의 판결이 그대로 집행되기가 극히 어렵다. 한 연구에 따르면, 사법체계를 강화한다는 정부의 발표에도 불구하고, 1990년대 이후 법원의 판결을 집행하는 것이 훨씬 더 힘들어진 것으로 나타났다. 몇몇 경우에는 법원의 판결이 중국공산당 관료들의 정치적 지원이 없으면 실행될 수 없었다.

중국의 학자들은 사법권의 약화로 인한 구조적 약점을 해결하기 위해서 제도적 개혁안을 제안하고 있다. 이런 개혁안에는 2개의 독립된 사법 체제, 즉 미국의 연방 체제처럼 중앙 체제와 지방 체제로 나눌 것, 법원을 위한 예산을 중앙정부가 따로 책정할 것 등이 포함되어 있다. 그러나 중국 정부는 이 개혁안들 중 그 어느 것도 받아들이지 않았다. 이처럼 중요한 개혁안들이 실행되지 않자, 중국 법률 전문가들 사이에서는 현재의 사법 체계가 그 기능을 발휘하지 못하기 때문에 보다 근본적인 방안이 필요하다는 인식이 커지게 되었다.

요약하자면, 사법부에 대한 당-국가의 지배가 중국 사법개혁이 한계를 가질 수밖에 없는 근본적인 원인이라는 것이다. 사법개혁을 용인하는 중국공산당의 목표는 근본적으로 전략적이다. 즉 사법개혁이 경제개혁을 통해 1당 독재체제를 유지하려는 공산당의 전략과 맞아떨어져야 한다는 것이다. 또한 사법개혁 방안들은 공산당의 지배력이나 정치적 우월성을 유지하는 구조적 근간을 흔들어서는 안 된다. 중국공산당의 정치적 이익이 법치주의에 대한 진정한 필요성보다 우선시되는 한, 중국의 사법개혁은 계속 전략적 수단의 하나로 머물게 된다.

민주주의의 실험, 촌민위원회 선거

중국 농촌지역에서 1980년대 후반부터 출현한 촌민위원회 선거는 민주화로 가는 중요한 과정이다. 촌민위원회 선거를 중국에서의 정치자유화 사례로 치장하는 분석들이 속속 나타나고 있다. 리롄장(李連江)은 1999년에 실시한 자신의 연구를 바탕으로, 촌민위원회 선거가 농부들에게 정치적 권한을 부여했으며, 지역의 정치적 책임감을 높였다고 주장했다. 케빈 오브라이언은 촌민위원회 선거의 도입은 종국적으로 도시 거주자들이 누리는 많은 권리를 박탈당해온 농촌지역 거주자들에게 완전한 시민권을 가져다줄 것이라고 주장한다. 아시아재단(Asia Foundation)에서 중국 내 민주주주의 지원 프로그램을 책임지고 있는 앨런 쇼아트(Allen Choate)는 촌민위원회 선거가 촌(村, 향과 진 아래의 최소 행정구역으로 우리나라의 리[里] 정도에 해당한다 - 옮긴이)의 거버넌스에 투명성을 높이고, 농촌 거주자들에게 자신들의 주장을 대변할 더 많은 기회를 부여할 것이라고 생각한다. 몇몇 중국의 사회과학자들은 촌민위원회 선거가 농부들의 정치의식을 높였으며 촌의 권한이 촌민들에게 유리하게 재편되었다고 주장하면서, 촌민위원회 선거가 갖는 민주주의적 실험성에 긍정적인 견해를 갖고 있다.

그러나 촌민위원회가 민주화에 미치는 영향에 대해 회의적인 학자들도 있다. 진 오이(Jean Oi)와 스콧 로젤(Scott Rozelle)은 32개 촌에서 실시된 선거의 연구를 통해, 촌의 당 서기들이 정치적 지배력을 유지하고 있기 때문에 촌민위원회 선거가 권한 재편과 의사결정 권한의 변화에 별 영향을 끼치지 못한다는 것을 발견했다. 비요른 앨퍼만(Bjorn Alpermann)은 1997년에 허베이성에서 실시한 연구를 바탕으로, 선출된 위원들은 제한적인 '자치'만을 행사하는 반면, 향(鄕) 정부와 당 조직이 여전히 지배적 우월성을 유지한다고 결론지었다.

촌민위원회는 평균적으로 5~7명의 촌민위원으로 구성되며, 농업의 집산화가 폐지되면서 집단농장을 대체할 행정기구로 처음 등장했다. 인민공사가 해체되면서 농촌지역에서 촌민들의 자치적인 대안적 제도가 필요하게 되었던 것이다. 중국 정부는 촌민위원회가 농촌지역의 안정을 유지하는 데 도움이 될 것이라고 판단하여 민주적인 실험(촌민위원회 선거)을 승인했고, 이를 누구보다도 적극적으로 지지한 사람은 전인대 상무위원회 주석이면서 정치적으로 강경론자인 평전이었다.

촌민위원회 선거는 그 실행된 속도를 봤을 때 매우 성공적인 것으로 보였다. 1990년까지 전국 성의 절반에서만 촌민위원회 선거가 제도화되었지만, 빠르게 탄력을 받았다. 1990년대 초반에 중국 정부는 '시범 지역(선거 과정이 올바르게 진행되도록 공무원이 파견된 촌)'을 활용하도록 했다. 1990년대 후반에 이르러 300개 이상의 현(전국 현의 약 15%)이 '시범 현'으로 지정되었고, 16만 4,000개의 촌(전국 촌의 약 18%)이 '시범 지역'으로 지정되었다.

그러나 촌민위원회 선거를 발전시키기 위해 '시범 지역'을 활용한 효과는 제한적인 것으로 보였다. 왕전야오의 견해에서 보면 촌민위원회 선거 절차가 개선된 것 대부분은 농민들의 압력과 착안에 의한 것이었다. 경쟁예비선거(하이쉬안[海選], 유권자가 후보자를 추천하는 방식 - 옮긴이)는 지역 공직자들이 아닌, 촌민들 덕분에 실행하게 되었다. 사실상 1998년에 촌민위원회 선거에 관한 기본법이 개정되었을 때, 촌민들이 착안하고 활용한 절차들이 공식적으로 채택되었던 것이다.

1990년대 말이 되자 촌민위원회 선거는 거의 모든 지역으로 확대되었다. 촌민위원회 선거 실시를 이끌었던 몇몇 성에서는 1988년에서 2000년 사이에 네 번의 선거가 열렸고, 18개 성에서는 세 번의 선거가 열렸다. 스텐젠(Tianjian Shi)이 2002년에 실시한 설문조사를 보면, 응답자의 69%가 선거에 참여했다고 응답했는데, 이는 1993년의 63%와 비교되는 수치다. 중국 일부 지역에서는 촌민위원회 선거가 보다 체계를 갖춘 것으로 보이며, 후보자들이 유권자들의 지지를 얻기 위해 다양한 선거운동을 한다.

예를 들어 한 연구에 따르면 푸젠성(福建省)에서는 촌민의 43%가 자신의 집을 후보자가 방문했다고 응답했고, 37%가 후보자로부터 선거운동에 친인척의 도움을 요청받았다고 말했다. 또한 30%는 후보자가 촌장에게 지지를 요청했고, 24%는 후보자로부터 공짜 식사를 대접받았다고 말했다. 촌민위원회 선거는 유권자들이 매력 있는 정책을 약속하는 후보자를 선택할 기회도 제공한다. 앞의 푸젠성 설문조사에서 응답자의 25%는 후보자들이 마을의 기반시설을 개선하겠다는 공약을 했다고 응답했고, 24%는 후보자들이 경제적 성과 향상을 약속했다고 응답했다. 10%는 후보자들이 전임자의 부패를 조사할 것을 약속했다고 말했으며, 7%는 후보자들이 세금을 깎거나 없애는 공약을 했다고 응답했다.

촌민위원회 선거가 농촌의 민주화에 끼친 영향을 평가할 때 가장 논란이 되는 것 중 하나는, 과연 촌민위원회 선거가 얼마나 경쟁적인 선거인가 하는 점이다. 공산당의 정치적 지배를 감안할 때, 공산당이 진정한 경쟁선거를 허용한다고 보기는 어렵다. 그러나 다양한 설문조사와 현장조사 결과를 보면 긍정적인 부분과 부정적인 부분이 혼재되어 있다.

경쟁성 측면(촌민위원장 후보자가 1명인지 다수인지)은 향상된 것으로 보인다. 스텐젠의 연구에 따르면, 1993년에 설문에 응답한 사람의 53%가 다수의 후보자가 나온 선거에 참여했다고 응답했다. 이 수치는 2002년에는 70%로 올라갔다. 그러나 이런 단순한 수치는 중국 농촌의 정치적 현실을 호도할 수 있다. 촌민위원회 선거의 경쟁성은 단순히 몇 명의 후보자가 참여했는가가 아니라, 이 후보자들이 어떻게 후보자 추천을 받았는가에 달려 있기 때문이다.

지역 공산당 간부와 향(鄕)의 공직자들은 자신들이 선호하는 인물이 촌민위원장이 되도록 추천 과정을 조작할 수 있다. 이런 조작은 비교적 쉬운데, 그것은 하이쉬안과 마찬가지로 후보자 추천회의에 극소수의 유권자들만 참석하기 때문이다. 2001년에 푸젠성의 40개 마을을 조사한 연구를 보면, 12%의 유권자들만이 후보자 추천회의에 참석했다. 하이쉬안은 후보자를 뽑는 가장 민주적인 방식이지만, 공산당과 지방정부의 영향력 때문에 43%의 지역에서만 하이쉬안을 실시하고 있으며, 35%의 지역에서는 촌민위원회 선거 기본법상 불법으로 여겨지는 방식으로 후보자를 뽑고 있다.

스텐젠은 선거가 경쟁성을 갖추기 위한 가장 엄격한 기준을 적용하면, 중국에서 열린 촌민위원회 선거의 11%만이 네 가지 요구조건에 부합되는 것을 발견했다. 그는 촌민위원회 선거 기본법에 명시된 요구사항을 모두 적용할 경우, 31%만이 적법하다고 주장한다. 다른 연구자들이 시행한 사례연구를 보면, 대다수는 아닐지라도 많은 촌민위원회 선거가 적법한 절차를 따르지 않는 것으로 나타났다.

1999년에 장시성에 있는 40개 촌을 조사한 연구를 보면, 5개 촌당 한 곳만이 적법한 선거를 치른 현이 있었고, 2개 촌당 한 곳만 적법한 선거를 치른 현도 있었다. 같은 연구에서 촌민들의 61%가 현과 향의 '선거 지도단'이 선거에 가장 중요한 영향을 끼쳤다고 응답했고, 31%는 촌의 당 서기가 결정적인 영향력을 행사했다고 응답했다. 법적으로 영향력을 끼칠 수 있도록 명시된 촌민선거위원회는 매우 미미한 역할을 했으며, 응답자의 60%는 촌민선거위원회가 아무런 영향도 끼치지 못했다고 응답했다.

이처럼 선거 과정에의 당과 지방정부의 간섭은 유권자들로 하여금 선거에 환멸을 느끼도록 했다. 샤오탕뱌오(肖唐鏢)에 따르면, 79%의 농촌지역 거주자들이 진정한 민주적 선거에 참여하길 희망하지만, 32%만이 현재 치러지는 선거가 민주적이라고 응답했다. 더 중요한 것은 지방 관료들이 조작하는 선거가 열리는 곳에서는 선거가 마을의 거버넌스에 별다른 영향을 끼치지 못한다는 것이다.

2000년에 존 케네디(John Kennedy)가 산시성(陝西省)의 34개 촌에서 행한 연구에서도 이와 비슷한 결론을 내리고 있다. 후보자의 35%만이 촌민들이 추천한 후보였고, 21%는 촌의 당에서 추천한 후보, 26%는 향 정부가 추천한 후보였다. 존 케네디는 또한 하이쉬안이 채택된 곳에서는 당이나 지방정부와 관련 없는 인물이 당선될 확률이 높다는 것도 발견했다. 따라서 후보자 추천 과정은 촌민위원회 선거와 가장 중요한 관련이 있다. 추천 과정이 개방될수록 보다 경쟁적인 선거가 이루어지는 것이다.

선거에 대한 당과 정부의 간섭은 촌민위원회 선거의 정당성을 약화시킨다. 농촌 유권자들은 진정한 선거와 가짜 선거를 구별할 만큼 정치적으로 성숙했기 때문이다. 2001년에 후룽(胡榮)이 푸젠성의 913개 촌에서 행한 설문조사 결과도 샤오탕뱌오와 케네디의 연구 결과와 일치한다. 유권자의 40%가 당과 향 정부가 후보자를 추천한다고 응답했다. 2000년에 푸젠성의 231개 촌에서 시행한 또 다른 설문에서는 표본조사를 한 촌의 53%만이 촌민위원회 선거 기본법에 명

[표 2-3] 공산당의 촌민위원회 장악

성	선거 연도	선출된 촌민위원회 주임 중 공산당 소속 인물의 비율(%)	선출된 촌민위원 중 공산당 소속 인물의 비율(%)
후난성	1999년	76	알 수 없음
푸젠성	2000년	66	79
광둥성	1999년	알 수 없음	77
지린성	2000년	70	50

시된 선거법을 지킨 것으로 드러났다.

각 성의 데이터를 봐도 지방의 통치 엘리트들이 후보자 추천 과정에 결정적인 역할을 했음이 드러난다. 1999년 선거에서 지린성(吉林省)의 촌민선거위원회 위원들 중 49%가 공산당 소속이었고, 13%는 공직자였다. 촌민선거 감독관들 중 69%는 촌의 당 서기였고, 16%는 촌민위원회 주임들이었다. 단 15%만이 평범한 촌민들이었다. 2000년 선거에서 푸젠성을 조사한 결과도 이와 비슷하다. 촌민선거위원회 위원장의 92%가 지방 당 서기였다. 1999년 후난성의 40개 현의 선거결과를 조사한 연구에서는 촌민선거위원회 위원의 55%가 공산당 소속이었으며, 선거위원장의 92%가 촌의 당위 서기였다. 공산당이 선거 과정을 통제하는 것이 선출된 촌민위원회를 공산당이 장악하는 직접적인 원인이 된다(표 2-3 참조).

촌민위원회 선거를 둘러싼 또 다른 논쟁은 이 선거가 지역 거버넌스, 특히 권력의 재분배 측면에서 과연 효과가 있는가 하는 점이다. 안타깝게도 이 의문에 해답을 줄 체계적인 데이터는 없다. 그러나 제한된 정보를 종합해보면, 촌민위원회가 법률적으로 부여된 합법적인 권한을 실제로는 행사하지 못하는 듯 보인다. 지역 당국, 특히 향정부와 촌의 공산당 조직은 다양한 수단을 통해 촌민위원회의 권리를 침해한다. 예를 들어, 향 정부는 마을의 회계책임을 지면서 마을의 예산과 지출을 향 정부에 집중시킴으로써 촌민위원회의 권한을 빼앗는다. 이 때문에 촌민위원회는 실제적으로 재정 운영에 있어 아무런 권한도 행사하지 못한다.

또한 선출된 촌민위원을 불법적으로 해임하기도 한다. 후베이성(湖北省)의 첸장(黔江)시 인민대표대회 대표자인 야오리파(姚立法)는 1999년 9월에 선출된 촌민위원장 329명 중에 187명(57%)이 그 다음 해에 향 정부에 의해 불법적으로 해임된 사실을 발견했다. 또한 423명의 부위원장과 촌민위원들도 같은 기간에 해임되었다. 그리고 그 자리는 지방정부와 당이 불법적으로 임명한 인물들이 차지했다. 이처럼 선거로 뽑힌 공직자들의 불법적인 해임은 329개 마을 중 269개 마을에서 보고된 바 있으며, 이는 곧 이러한 행태가 광범위하게 퍼져 있음을 나타낸다.

비슷한 사례는 산둥성에서도 있었다. 2001년 3월에 산둥성의 4개 향에서 57명의 촌민위원이 집단으로 사임했는데, 지역 정부와 당이 이들에게 그 어떤 권한도 이양하지 않았기 때문이었다. 촌민위원들은 선출되고 1년이 지나도록 마을 예산에 관여할 수도 없었고, 그 어떤 공적인 결재도 할 수 없었다. 또한 당과 향 정부에 의해 임의적으로 해임되기도 했다.

선출된 촌민위원들의 권한은 종종 같은 촌의 중국공산당 지부에 의해 축소되기도 한다. 촌민위원들과 중국공산당 지부 사이의 갈등은 중국 언론과 학자들의 연구에서 매우 광범위하게 등장하는 문제다. 2명의 연구자가 후난성 공산당학교와 제휴하여 후난성의 500개 촌을 연구했는데, 조사한 촌의 40%에서 촌민위원들에게 아무런 권한이 없었으며 당 위원회가 모든 권한을 장악하고 있었다. 당 위원회와 촌민위원들이 협력하고 있다고 여길 수 있는 경우는 40%에 불과했다. 1999년에 4개 현(안후이성과 헤이룽장성 각 2개)에서 2,600명의 농촌 거주자들을 대상으로 한 또 다른 설문조사에서는, 지방정부와 당 조직이 새로 선출된 촌민위원들보다 더 많은 권력을 갖고 있는 것으로 인식되고 있었다.

촌민위원회 선거가 농촌의 민주화에 끼친 복합적인 영향에도 불구하고, 이는 도시 지역에서도 소규모로 민주화 실험을 하도록 이끌었다. 1999년에 중국 민정부(民政部)는 도시거주자 위원을 선출할 26개 시범 도시를 선정했다. 도시거주자 위원회는 촌민위원회와 마찬가지로 지역 서비스 공급을 책임지는 것이었다. 1996년 6월에 선양(瀋陽)에서 시범 선거가 처음 실시되었고, 2000년에는 베이징(北京), 상하이(上海), 난징(南京), 항저우, 우한(武漢), 허페이(合肥), 시안(西安) 등 대규모 도시에서 실시되었다.

그러나 중국공산당은 이러한 풀뿌리 민주주주의 실험이 어느 범위 이상으로 확산되지는 못하도록 했다. 정부가 통제하는 중국 언론은 드물게 실험적으로 실시한 몇 번의 소규모 향 선거를 제외하고는, 현 차원의 선거는 말할 것도 없고 향 선거가 나아가야 할 방향과 실현 가능성에 대한 논의를 별로 다루지 않았다. 다양한 형태의 향 선거를 실험하는 것은 지역 공직자들이 처음 생각한 것으로 보인다.

가장 잘 알려진 실험은 쓰촨성(四川省) 부윈향(步雲鄉)에서 향장(鄉長)을 직선제로 선출하는 것이었는데, 이는 1999년 1월에 현의 개혁주의적인 공직자가 추진한 것이었다. 이 선거는 전국적으로 정치적 반향을 불러일으켰다. 중국 법률에서는 향장을 직선제로 선출하는 것이 허용되지 않기 때문이다. 이 선거에서 향장으로 선출된 사람은 그 직위를 유지하긴 했지만, 결국 이 선거는 불법으로 선언되었다. 주목할 것은 중국 정부가 향장 직선제를 금지하기 위해 지금의 법률 조항을 이용하면서도, 이를 합법화하기 위한 새로운 법을 만들려 하지 않는다는 점이다.

따라서 정치적으로 승인을 받았던 몇 번의 향 선거는 법을 어기지 않기 위해 공개적인 예비선거와 간접선거를 혼합하여 실시되었다. 개혁적인 사고를 가진 지방 공직자들은 이런 제도적 혁신을 향장 직접선거를 금지하는 당의 조치를 피하는 데 이용했다. 이를 통해 지역 유권자들은 경쟁선거를 통해 향장 후보를 추천할 수 있었다. 그리고 지역 당 조직과 인민대표대회는 가장 많은 '추천표'를 얻은 인물을 후보로 지명한다. 1999년에 선전시의 다펑향(大鵬鄉)에서 이러한 실험이 진행되었다.

우선 향의 유권자들이 지역 당 조직이 규정한 자질에 맞는 후보자를 추천한다. 그리고 가장 많은 추천표를 얻은 상위 5명의 후보자가 유권자 모임에서 선거 연설을 한다. 그 후 유권자들이 5명 중 1명을 공식적인 향장 후보자로 선출한다. 마지막으로 향의 당 조직이 이 최종 후보자를 검증하고, 향의 인민대표대회에서 그를 후보자로 승인

하도록 요청한다. 이와 비슷한 방법은 2002년의 부원현 선거와 2004
년의 윈난성(雲南省) 스핑현(石屛縣)의 7개 향장 선거에서도 이용되
었다.

그러나 이 방법은 중국공산당 중앙지도부의 대외적 승인을 받지
못했다. 지역 개혁주의자들이 이러한 선거개혁을 추진하는 데는 큰
위험이 따른다. 예를 들어 충칭시의 한 향의 당 서기는 향장 선거를
경쟁선거로 진행하려다 정직 처분을 받았다.

예비선거와 간접선거를 혼합한 방식이 농촌 지역의 민주주의를
발전시킬 수 있는지에 관해서는 논란이 있다. 멜라니 매니온(Melanie
Manion)은 향 차원의 다양한 실험적 선거가 유권자들의 선호도를 지
역 당 위원회의 선호도에 맞추기 위해 고안된 것이라고 주장한다. 일
반 유권자들이 선택할 후보가 당이 선호하는 인물에 제한되기 때문
에, 선거 결과에 미칠 영향 또한 제한적이라는 것이다. 또한 이런 혼
합된 방식이 당이 임명한 후보가 인민들의 대중적인 승인을 받는 것
으로 비쳐질 수 있기 때문에, 지방에서의 당의 정당성을 향상시킬 수
있다고 주장한다.

정권 연장을 꿈꾸는 독재정권의 선택

경제성장을 이뤘다고 해서 중국공산당 정권이 계속 유지될 수 있
는 것은 아니다. 빠르게 변화하는 사회를 다스리는 독재정권은 두 가
지 선택에 직면하게 된다. 하나는 자유주의적 적응(liberal adaptation)
이다. 이는 법치주의를 강화할 수 있는 정치적 개혁을 통해 발생한

다원주의 사회와 권위주의 정권 간의 갈등 고조, 제도적 견제와 균형, 정치 참여 확대, 시민사회로의 발전 가능성 등을 뜻한다. 이론적으로 자유주의적 적응 전략을 선택한 권위주의적 정권은 사회세력에 대한 억압과 포섭의 필요성을 덜 느낀다. 소수 지도층이 민주주의적 정당성에 의존하여 사회세력의 지지를 얻으려 하기 때문이다.

그러나 매우 제한적인 정치자유화 전략을 선택한 정권에게는 비자유주의적 적응(illiberal adaptation)이 정치적 생존을 위해 훨씬 더 매력적인 전략이다. 비자유주의적 적응을 선택한 정권은 정권-사회 간의 관계를 재편할 광범위한 제도적 개혁을 선호하지 않는다. 대신에 자신들의 정치적 지배력을 유지할 효과적인 수단들을 개발하고 실행할 탄압 기관과 경제자원을 극대화시킨다. 이 전략을 잘 이용할 경우, 정권의 정치적 지배력에 위협이 될 사회세력들을 분열시키고 억압하며 약화시킬 수 있다.

중국공산당이 선택한 비자유주의적 적응에는 매우 제한적인 정치개혁, 선택적 억압, 사회 소요사태 봉쇄, 정보혁명에 대한 대응, 새로운 사회 엘리트들의 포섭이 있다.

권위주의 정권의 선택적 억압 전략

전체주의 정권과 비교하여 발전도상의 권위주의 정권이 갖는 중요한 특징은 선택적으로 억압을 한다는 것이다. 전체주의 정권은 권력을 행사하는 데 있어서 무분별한 전체적 억압이 특징이지만, 발전도상의 권위주의 정권은 정치적 반대자에 대한 억압이 매우 선택적이고 차별적이다.

사실 전체주의 정권에서 권위주의 정권으로 체제가 전환되면 정치적 억압이 크게 감소하는 것이 일반적이며, 특히 발전도상의 권위주의 정권으로 바뀔 때는 더욱 그렇다. 이론적으로 전체적 억압에서 선택적인 억압으로 전환되는 이유를 설명하는 것은 어렵지 않다. 전체적인 억압은 정치적으로나 경제적으로 많은 비용이 필요하다. 구소련이나 마오쩌둥 때의 중국처럼 가장 잔인했던 전체주의 국가들조차 무기한적으로 전체적인 억압을 하지는 못했다.

발전도상의 권위주의 정권에게는 선택적 억압 전략이 더 많은 장점을 제공한다. 선택적 억압은 정권이 자신들의 정치적 독점에 도전하려는 정치적 반대자들에게만 집중할 수 있도록 해준다. 그러나 정권의 지배를 용인하는 반대자들에게는 신상의 안전과 재산을 충분히 보장해준다. 이런 전략은 정권에 등을 돌리는 사람들을 보다 적게 만들고, 정권의 반대자들을 고립시키고 약화시킬 수 있다.

선택적 억압은 전체적인 억압보다 국내외 투자자들에게도 불안감을 덜 심어준다. 인권이 반드시 투자와 직결되는 것은 아니지만, 개인 투자가들은 정권의 잔혹성에 따라 투자를 하지 않을 수도 있기 때문이다. 역사적으로 전체주의 정권이 외국인이나 내국인의 개인 투자를 유치하는 데 성공한 사례는 없다. 전체주의 정권은 투자가들에게 신상이나 재산의 안전을 보장하지 못하기 때문이다.

중국은 덩샤오핑이 개혁을 시작하면서 선택적 억압 전략을 취했다. 마오쩌둥 이후의 정권은 즉각적으로 계급투쟁을 종식시켰고, 억압의 범위를 크게 축소했다. 또한 마오쩌둥 하에서 고난을 겪은 수백만 명을 정치적으로 복권시켰다. 억압 수준은 크게 떨어졌는데, 이는 정치범 수감률로 알 수 있다. 특히 1990년대 들어서는 선택적 억압 전략이 보다 정교해졌다. 정권에 반대하는 사람들을 투옥하거나 그 이상으로 잔인하게 다루는 대신, 핵심적인 정치 활동가들을 협박, 통제, 순화시키기 위해 광범위한 수단을 동원했다.

많은 반체제인사들은 추방, 또는 장기수감 중 하나를 선택해야 했다. 웨이징성(魏京生), 왕준타오(王軍濤), 왕단(王丹)과 같은 많은 사람들이 미국으로 강제로 추방되었다. 이런 방법은 막 새싹을 피운 중국의 반체제 운동을 초토화시켰고, 제네바에서 열리는 UN 인권위원회 연례 회의와 서구 지도자들의 중국 방문처럼 중요한 행사에 맞추어 핵심적인 반체제인사들을 석방 및 추방함으로써 중국의 인권에 대한 국제적 비난여론의 방향을 돌릴 수 있었다.

공안기관에서는 조직적인 반대세력들의 출현을 막기 위해 특히 대학과 연구소에 광범위한 정보원 체계도 구축했다. 이 정보원들은 캠퍼스에서의 정치활동을 비밀경찰에 보고하고 월급을 받는다. 장시성 공안청의 2001년 연례 보고서에 따르면, 15개 교육기관과 '문화계' 뿐만 아니라 50개 국유기업과 비영리기관에 모두 65명의 정보원을 두고 있는 것으로 밝혀졌다. 이 정보원들은 256건의 정보를 수집했고, 이로 인해 장시성 당국은 12건의 '예상치 못한 사건'을 효과적으로 대비할 수 있었다.

소요사태를 효과적으로 봉쇄하는 공안부

선택적 억압을 교묘하게 적용하는 것은 중국 정부가 시골과 도시에서 늘어나는 사회소요사태를 다루는 것에서도 볼 수 있다. 1990년대에 국유기업의 파산으로 인한 실업 증가 및 농촌 지역에서의 조세 저항에 따라 집단적인 시위 건수가 급격히 증가했다. 그러자 공안기관들은 이로 인한 정치적 연쇄 반응 및 더 큰 사회적 불안을 방지하면서 이러한 시위를 봉쇄하기 위한 효과적인 수단들을 개발하고 채택했다.

1990년대에 일어나 수천 건의 집단 시위에서 가장 눈에 띄는 사실은 수천 명이 참여한 시위를 포함한 그 어떤 시위도 지속적인 반정권 사회운동으로 확산되거나 며칠 이상 지속되지 않았다는 점이다. 공안기관들의 정교한 방법들은 군중 통제에서부터 주동자 제거까지를 아우르고 있으며, 대부분 사회소요사태로 인한 파장이 커지지 않도록 억제하는 데 중점을 두고 있다. 중국 공안부가 내린 공식 지침에서는 정보 수집, 군중 통제, 봉쇄를 주로 활용하여 공권력이 적절한 시간에 집단 시위에 개입할 것을 요구하고 있다. 2002년에 발행된 중국 공안부의 공식 기관지에서는 시위를 봉쇄하는 방법으로 다음과 같은 것들을 열거하고 있다.

1. 공안 인력의 명확한 분배: 공안원들에게 정보 수집, 교통 통제, 지역 확보, 선전선동 및 촬영, 체포, 심문, 지원 등의 분명한 임무와 역할이 할당되어야 한다.

2. 정보 수집과 분석: 정보원들을 고용하여 광범위한 정보망을 수립하고, 정보를 모아야 한다.

3. 시위 방지: 시위 발생 가능성이 높은 시기에 고도의 경계태세를 갖추어야 한다. 농촌 지역에서의 집단 시위는 대부분 농부들이 강제로 세금을 내는

가을, 또는 홍수 때문에 농부들이 동원되는 장마철에 일어난다. 도시에서는 정치적 시위가 '민감한 날짜' 에 더 많이 발생하는 반면에 사회적 시위는 국유기업의 구조조정 및 파산 시기, 또는 주택에서의 강제 소거로 일어나는 경우가 많다.

4. 시위 주동자 파악: 사진, 동영상 촬영, 녹음 등을 통해 시위 주동자와 핵심 인물들을 파악하기 위해 시위 현장에서 조사를 벌인다.

5. 시위 진압: 시위 주동자와 참여자를 체포한다. 체포 시점이 매우 중요하며, 대부분의 시위 참여자들이 육체적으로 지쳤을 때와 목격자가 적을 때 체포한다.

6. 빠른 후속 조치: 체포한 지 24시간 내에 체포한 시위자들에 대한 결정을 내려야 한다. 단순 가담자들은 훈방하지만, 주동자와 몇몇 핵심 가담자들은 처벌한다.

중국 정부는 사회적 소요사태 이외에도 정권의 통치에 도전이 되는 세력들을 억압해왔다. 그에 대한 가장 좋은 사례는 1999~2000년에 있었던 파룬궁(法輪功)에 대한 탄압이다.

1999년 4월에 파룬궁 수련생들은 중국공산당 본부가 있는 중난하이(中南海)를 기습적으로 포위하여 시위를 벌였다. 이에 놀란 공산당은 1989년 이후 처음으로 대규모 억압 정책을 취했다. 일부에서는 파룬궁을 개혁 기간 중 출현한 가장 조직적인 사회운동 단체로 보기도 하는데, 파룬궁은 2년이 채 안 되는 기간에 중국 정부에 의해 철저히 파괴되었다.

인터넷을 감시하는 인터넷감찰국

중국공산당의 비자유주의적 적응 전략이 가장 성공적이었던 사례
는 1990년대에 정보혁명의 등장으로 초래된 위협을 봉쇄한 것이다.
인터넷이 등장하여 중국 내에서 빠르게 퍼지자 많은 사람들은 중국
처럼 폐쇄적인 권위주의적 정권들이 더 이상 정보의 흐름을 통제할
수 없을 것이라 생각했다. 인터넷의 등장이 중국 내 시민사회의 등장
에 긍정적인 영향을 끼칠 것이라 예견한 연구도 있었다. 그러나 중국
정부는 인터넷을 전자정부처럼 행정 절차의 특정 분야를 개선하는
데 이용하면서도 강력한 규제, 반체제인사들의 투옥, 새로운 기술의
활용 등을 통해 인터넷이 정치에 미치는 영향을 최소화시키는 데 성
공했다.

중국공산당은 인터넷의 위협을 매우 성공적으로 다루고 있다. "직
접적인 처벌에서 개인 사이트의 교묘한 조작에 이르는 광범위한 방
법을 통해 중국 정부는 지금까지 인터넷 사용이 정치에 미치는 영향
을 통제하는 데 성공하고 있다." 중국 정부의 인터넷 사용을 규제하
는 정책에 관한 중국 반체제인사들의 연구에서도 이와 비슷한 결론
을 내고 있다.

중국 정부는 정보원 이용, 모니터링, 규제 등 특별한 기술이 필요
없는 방법과 웹사이트 및 이메일을 차단하는 소프트웨어 사용, 반체
제인사들이 운영하는 외국 사이트 해킹, 인터넷 사이트 순찰 등 고도
의 기술력이 필요한 방법을 결합해 인터넷을 규제하고 있다. 그 결과
장기적으로 봤을 때 중국 정부가 정보혁명의 물결을 계속 거스를 수

있을지 의심은 갖게 되지만, "광범위한 정보통신 기반시설이 도입되었음에도 아직까지 공산당 정권에게는 위협이 되지 않고 있다."

중국 공안부 기관지와 중국 언론들의 보도를 보면, 중국 정부는 인터넷과 8,000만 명에 이르는 중국의 인터넷 사용자(2003년 기준)를 통제하기 위한 광범위한 노력을 계속 하고 있다. 중국 정부는 인터넷이 초래할 정치적 위협을 일찍부터 인식하고 있었다. 2000년 10월 작성된 중국 공안부의 내부 문서는 다음처럼 직접적으로 경고하고 있다.

"인터넷은 엄청난 양의 정보를 담을 수 있고, 정보 전달 속도가 빠르며, 매우 광범위한 곳까지 전달될 수 있다. 따라서 고도의 개방성과 상호연결성이 인터넷의 특징이다. 서구 국가들은 인터넷을 정치 확장, 이념 침투, 문화 침략의 방편으로 활용하고 있다. 중국 안팎에 있는 우리의 적들은 인터넷 포럼, 웹사이트, 홈페이지를 인터넷에 만들어 많은 양의 반동 기사들을 퍼뜨리고 있다. 이들은 반동적인 선전, 선동, 침투 활동을 전개하고 있다. …… 이들은 불법 단체와 정당의 설립, 멤버 영입, 비밀 접선 유지, 시위 선동 등을 위해 인터넷을 이용한다. 인터넷에 있는 적대 세력과 적대적 요소들과의 싸움은 오랜 시간이 걸릴 것이며, 복잡하다. 공안기관들에게는 정보망의 보안 강화와 사회에 대한 정치적 안정성의 유지가 중요하고 시급한 과업이 되었다."

중국 공안부는 2000년에 공공신식망락안전감찰국(公共信息網絡安全監察局, 이하 인터넷 감찰국)을 설립했다. 이 새로운 부서의 임무는 '인터넷을 기반으로 하는 중국 내외의 적대 조직 및 활동가들에 대한 모니터링 및 통제, 사회 및 정치 안정과 관련된 다양한 정보와 경향을 적절한 때에 보고, 인터넷 순찰 강화, 인터넷에서의 상황 변화 밀착 감시' 등이었다. 이 부서는 다음과 같은 지침을 갖고 있다.

"반동적인 웹사이트와 해로운 내용이 발견되면 인터넷 모니터링 요원들은 다른 관련 당국자들과 협력하여 (그러한 내용을) 차단, 필터링, 삭제하기 위한 효과적인 조치를 취한다. …… 인터넷에 대한 통제를 강화하기 위해, 우리는 몇몇 중요한 웹사이트와 기관의 네트워크에 비밀 요원과 인터넷 연락관을 두어야 한다. 이들은 인터넷에서의 싸움에서 우리에게 정보와 기술적 지원을 제공할 수 있다. …… (반체제 인사들을) 파악하고 인터넷을 통제하는 수단에 대한 그 어떤 폭로나 언론 보도는 엄격히 금지되어야 한다."

이 지침에 따르면 인터넷 감찰국은 "중국 내 웹사이트와 홈페이지의 감시를 강화하고, 개인 홈페이지, 인터넷 게시판, 무료 이메일 계정에 대한 안전을 유지해야 하며, 중국 내외의 중요한 웹사이트에 대한 정보를 수집해야 한다."

인터넷 감찰국의 직원 수는 알려져 있지 않지만, 한 외국 보도에 따르면 3만 명 정도라고 한다. 인터넷 감찰국의 자체 보고서를 보면, 부서 설립 이후 공격적인 조치들을 취하고 있다. 2000년 7~9월 사이에 베이징 공안국 소속 인터넷 감찰국은 시내의 인터넷 카페들을 급습하여 불법적인 카페 40곳을 폐쇄했다. 2002년에는 74만 개의 개인 홈페이지를 검사하여 이 중 100개를 폐쇄하거나 내용을 일부 삭제했고, 파룬궁 웹사이트를 차단했다.

베이징 인터넷 감찰국은 2002년에 인터넷 사업자와 사용자 수를 조사하고 이들에 대한 광범위한 정보를 수집했다고 주장했다. 더 중요한 것은 베이징 인터넷 감찰국이 17개의 '교육반'을 조직하여 3,100명의 '인터넷 안전요원[信息網絡安全員]'을 배출했다고 스스로 밝힌 것이다. 이들 중 189명은 인터넷 서비스 사업자, 410명은 인터넷 콘텐츠 사업자, 2,129명은 인터넷 카페 운영자들이 보낸 사람들이었다.

베이징 공안국의 연례보고서를 보면, 인터넷 감찰국은 민감한 시기인 2002년 6월 4일(톈안먼 사건 기념일)에 베이징의 가장 큰 뉴스 사이트 9개를 임의로 선택하여 기습적인 조사를 했다. 감찰국은 이 과정에서 sina.com, Beijing-online, netease.com에 '해로운 링크'와 '허점'이 있음을 발견하고 해당 사이트들을 처벌했다.

매우 흥미로운 것은 이 연례보고서에 따르면, 인터넷 감찰국은 '인터넷과 관련된 위급상황에 대응하기 위한' 전국적인 훈련에 참여했다는 것이다. 이 훈련은 중국 공안부가 중국 선전부, 통신서비스 사업체, 주요 인터넷 사이트를 단속하는 기관들과 협력하여 조직한 것이었다. 훈련의 목적은 다양한 기관들이 주요 웹사이트에서 '해로운 정보'를 어떻게 없앨 수 있는지를 보기 위한 것이었다.

앞의 연례보고서에 따르면 이 훈련 기간 중에 공안들은 1시간 안에 '해로운 정보'를 다수 찾을 수 있었고, 2시간 안에 이것들을 처리할 수 있었다고 한다. 베이징 공안들은 19시간도 안 걸려서 훈련을 성공적으로 마쳤는데, 이는 한계로 정한 48시간보다 9시간 빠른 것이었다고 한다.

중국 당국이 이러한 내용을 외부에 알린 것은, 중국 정부가 국가가 위급한 때에 인터넷이 정권에 불이익이 되는 방향으로 이용되는 것에 대비하기 위한 계획과 조직적인 역량을 개발하고 있음을 드러내기 위한 것으로 보인다.

이처럼 인력이 주로 동원되는 방법 이외에도, 중국 당국은 규제와 기술적인 수단들도 이용하고 있다. 2000년에 중국 공안부는 외부 세계와 연결되는 모든 네트워크는 공안에 보고하고, 그 기록을 제출하도록 명령했다. 같은 해 공안부가 내린 또 다른 지침을 보면, 공안부가 전국적으로 인터넷 감시체계를 구축하고 있음을 알 수 있다. 이 지침은 공안부에 정보 감시체계와 통제가 집중되어 모든 성과 시를 감시 및 통제할 수 있도록, 각 성 차원에서 통제 접점(control node) 네트워크를 조속히 구축하도록 지시하고 있다. 2002년에 내려진 정부 규제에서는 모든 인터넷 카페 이용자는 정부가 발행한 아이디를 카페에 등록하도록 요구하고 있다.

중국 공안부는 인터넷을 통제하기 위해 인터넷 회사들의 협조를 얻기도 했다. 중국에서 가장 유명한 웹사이트들 중 하나인 sina.com의 책임자는 '불법적이고 불건전한 정보를 관련 당국에 보고' 하곤 했다고 말한다. 2002년에는 130개 이상의 웹사이트가 '국가 안전과 사회 안정에 해로운 정보'의 전파에 반대한다는 서약을 담은 행동수칙에 서명했다.

중국 공안부는 기술적 우위를 위해 웹 소프트웨어의 기술 표준을 정하기도 했다. 중국에서 개발되는 인터넷 필터링 소프트웨어는 이 표준을 완벽히 따라야 한다. 2003년에 랴오닝성의 인터넷 감찰국에서는 감시 소프트웨어를 개발하여, 이것을 징저우(荊州) 시내 600개

인터넷 카페의 모든 컴퓨터에 설치했다. 이 소프트웨어가 설치된 컴퓨터로 인터넷에 접속하려면 공식 신분증을 제시하고 구입한 선불카드가 있어야 한다. 이 소프트웨어는 필터링 기능이 있어서 중국 당국이 금지한 사이트를 차단하고, 이런 사이트에 사용자가 접속할 경우 자동으로 공안에게 경보를 전달한다. 징저우시 공안국 인터넷 담당 부서에서는 컴퓨터 1대가 시내의 인터넷 카페 단말기 2만 대 이상을 모니터링한다.

랴오닝성 인터넷 감찰국장은 성 전역의 인터넷 카페 7,000곳 모두의 컴퓨터에 이 감시 소프트웨어가 설치되어 있다고 밝혔다. 랴오닝성의 인터넷 사용자 중 40% 이상이 인터넷 카페를 통해 인터넷에 접속하기 때문에, 중국 당국은 이런 기술로 많은 인터넷 사용자들을 모니터링할 수 있다. 언론 보도에 따르면, 2004년에 이런 소프트웨어는 중국 전역의 인터넷 카페에 설치될 예정이라고 한다.

공산당의 기반을 다지는 포섭 전략

중국공산당이 사회 엘리트들을 포섭하는 것은 선택적 억압을 보완하는 장치이며, 포섭 전략은 특히 1989년 민주화 운동을 억압한 이래로 공산당에 대한 지지 기반을 굳건히 하는 데 있어 매우 성공적이었다. 어떤 사람들은 중국공산당의 포섭 전략을 국가 조합주의(사회의 각 영역을 국가에 종속되어 있는 하위 조합과 같이 통제하는 정치 제도 - 옮긴이) 정권을 이루는 특징 중 하나로 규정하기도 한다. 포섭 전략은 공산당이 중요 경제 자원을 계속 장악했고, 경제성장으로 그러한 자원이 계속 증가했기에 가능했다. 부분적인 경제개혁의 결과로 공직 임명, 승진, 직업 및 재정적인 보상과 같은 정실주의 전략을 실행할 수 있었던 것이다.

지식인층에 대한 포섭 전략

1980년대에 중국공산당은 지식인들과 반목하는 관계였다. 자유주의자들이 지배했던 1980년대의 지식인 계층은 끊임없이 중국공산당의 권위에 도전했고, 정치개혁을 요구했다. 이에 대해 중국공산당은 주기적인 탄압으로 대응했다. 그 예가 1983~1984년에 있었던 반정신오염운동(反精神汚染運動)과 1986년 말에서 1987년 초의 학생 시위에 뒤이어 나온 자본주의적 자유주의에 반대하는 운동이었다.

톈안먼 사건의 여파 속에서 공산당 정권은 서서히 지식인들에 대한 정책을 변화시켰다. 이러한 전략적 변화는 1990년대에 중국공산당이 경제자유화를 가속화하면서 보다 분명해졌다. 비극적인 톈안먼 사건, 구소련에서의 공산주의의 몰락에 뒤이은 혼란 등으로 기존의 반목적인 접근방법은 지속할 근거가 약해졌다. 자오쯔양, 후치리 등 공산당 수뇌부의 자유주의자들에 대한 숙청, 많은 학생 지도자와 운동가들의 투옥, 톈안먼 사건 주동자들의 추방 등으로 지식인들은 자신들의 강력한 옹호자, 동맹자, 지도자를 잃게 되었다. 동시에 1992년 등소평의 남순강화 이후 취해진 급격한 경제자유화로 인해, 지식인들은 경제개혁이 정치개혁을 이끌 수 있는 유리한 상황을 만들 것이라는 희망을 갖게 되었다.

중국공산당은 이처럼 지식인들에게 불리한 상황을 이용하면서,

지식인과 전문직 종사자들 중에서 정권에 충성하는 인물들을 회유하는 체계적인 전략을 시행했다. 이 전략은 이념적 세뇌처럼 (비효율적인 방법일 수 있는) 전통적인 방법과 임금 인상, 채용, 교육 제공, 승진, 특별한 보상처럼 보다 세련된 방법을 혼합한 것이었다.

내부 공식문서를 보면 공산당은 1990년대 초에 대학과 연계하여 대학에서의 채용을 확대하고, 정실주의를 실행할 보다 많은 권한을 당에 부여하기 위한 전략을 실행했다. 1993년에 중국공산당 중앙조직부가 내린 당과 대학의 연계 지침을 보면, 중앙선전부와 국가교육위원회가 대학 내의 당 조직이 해야 할 두 가지 특정 과업을 기술하고 있다.

첫째, 대학 내 당 조직은 45세 이하의 뛰어난 간부들을 대학 행정당국에 채용할 것.

이 지침은 이러한 간부들을 각 대학이 최소 한두 명은 보유해야 한다고 명시하고 있다. 이러한 채용 및 승진의 목적은 1980년대에 자유주의자들의 온상이 되었던 대학 캠퍼스의 지식인들을 정계로 받아들이는 통로를 마련하기 위한 것이었다. 앞의 지침에서는 당에 정실주의 실행 권한을 보다 많이 부여하기 위해 대학 내의 당 위원회가 대학의 연례 학사일정, 간부들의 임용 및 해임, 승진, 예산에 관한 결정 권한을 갖도록 하고 있다. 또한 임용되는 것을 보다 매력적으로 만들기 위해, 임용된 자들에게는 새로운 특전도 부여하고 있다. 예를 들어 대학의 당 및 행정직 간부들은 유학, 강의, 연구의 기회를 부여하고 있다.

둘째, 뛰어난 대학원 졸업자 및 학부 졸업자를 그들이 졸업한 대학에 채용하도록 특별히 노력할 것.

이런 요구는 1995년에도 있었다. 베이징 고등교육국의 공식 보고서를 보면 이러한 전략이 충실히 실행되고 있음을 알 수 있다. 예를 들어 1994년 베이징의 대학들은 직책을 수행할 대비가 되어 있는 600명의 '이념과 전문성'을 모두 갖춘 '간부 후보'를 채용했다. 이와 동시에 중국공산당은 대학 졸업자들을 새로운 당원으로 받아들였는데, 1994년에 중국공산당은 베이징 시내 대학졸업자 6,665명(87%)이 새로 당원이 되었다고 밝혔다.

중국공산당이 지식인 계층의 지지를 얻으려는 노력은 대학에만 국한되지 않았다. 중국공산당이 '간부 후보'를 양성한다는 계획은 수만 명의 젊은이들이 높은 직책을 얻을 수 있다는 희망을 주었으며, 이들이 자신들의 미래를 위해 공산당을 지지하도록 만들었다. 간부 후보를 양성하는 전략은 1990년대 중반에 보다 심화되었다.

1995년에 중국공산당 중앙위원회는 뛰어난 젊은 간부 후보들에 대한 훈련과 선발을 강화한다는 통지를 했다. 그 결과 수많은 개인들이 간부 후보가 되었다. 쓰촨성에서는 50명이 쓰촨성의 공직 간부 후보로 선발되었고, 또 다른 500명이 다양한 부서의 간부 후보로 선발되었다. 후베이성에서는 공직 정원보다 2배가 많은 인원이 간부 후보로 선발되었다. 성의 공직 간부 후보의 나이 제한은 50세이었으며, 현의 공직은 40세이었다. 중국공산당은 공직의 실질적인 확장 없이 정실주의로 임명할 수 있는 인원보다 2배가 많은 간부 후보를 선출했다.

공산당이 이처럼 젊은 지식인들을 자신들의 위계질서로 포섭하는 전략이 얼마나 갈 수 있을지 판단하기는 불가능하지만, 단기적으로 봐서는 성공적인 것 같다. 2003년 5월에 베이징 시내의 대학생 1,532 명을 대상으로 한 설문조사를 보면, 이들 중 62%가 중국공산당의 일원이 되기를 희망했다. 그러나 60%는 졸업 후 사영기업이나 외국회사에서 일하길 희망했고, 단 20%만이 국가기관이나 국유기업에서 일하고 싶어 했다. 이런 복합적인 결과는 젊은이들이 당의 일원이 되고 싶은 이유가 이념 때문이 아니라 좋은 경력과 물질적 혜택 때문임을 시사한다. 그러나 높은 교육을 받은 인력을 끌어들이려는 공산당의 노력이 당원 구성에 큰 영향을 끼쳤음은 부정하기 어렵다. 1999년까지 공산당원들 중 대학, 또는 대학 동등 학력을 가진 사람은 20% 가까이 되었는데, 이는 전국 평균의 6배에 가까운 수치다.

지식인들을 포섭하는 또 다른 성공적인 전략은 직업상의 명예, 인정, 특전을 주는 것이다. 공산당은 이러한 명예를 줄 수 있는 대상자를 선정하고 결정하는 과정을 장악하고 있다. 수상자 선정 기준은 다분히 정치적이다. 그 전형적인 예가 뛰어난 사회과학자를 선정하는 프로그램이다.

1997년 4월, 국가교육위원회는 '신세기에 맞는 뛰어난 사회과학자 양성'에 관한 통지를 했다. 이 프로그램을 통해 중국 정부는 5년간 매년 30명의 학자에게 시상을 했다. 수상 자격으로 열거된 것들 중에는 '높은 정치적 자질, 중국공산당 지지, 사회주의 조국에 대한 사랑, 뛰어난 학문적 업적, 45세 이하'가 있었다. 대부분의 수상자들은 고등교육기관의 학자들이었으며, 정부의 고등교육 담당 책임자가 수상자를 선정하는 책임을 맡곤 했다. 수상자는 연구 자금으로 10

만 위안을 받았다.

정부가 시상하는 이와 비슷한 것들은 또 있다. 예를 들어 2004년에 5,206명이 '뛰어난 공헌을 한 중장년 전문인'으로 선정되었으며, 같은 해 중국 전역에서 14만 5,000명의 전문가들이 특별급여를 받기도 했다.

공산당은 개인뿐만 아니라 사회단체까지도 포섭하려 노력했다. 1998년에 중국공산당 중앙조직부와 중국 민정부(民政部)는 함께 '시민단체 내 당 조직 설립 문제에 관한 통지'를 내렸다. 이 프로그램을 실행하기 위해 상하이 당 조직은 여러 NGO 내에 당 조직을 세웠고, NGO에 대한 당의 간섭과 영향력이 점점 커졌다. 또한 주민위원회에 연락사무소를 두었으며, 이러한 연락사무소는 지방정부로부터 돈을 받아 시민단체를 설립하는 근간이 되었다. 그리고 명목상 개인 비즈니스 단체인 상하이 개인노동자 협회 등에 1만 1,000명의 당원을 두었다.

사영기업가들에 대한 포섭

처음 사영기업이 출현했을 때, 중국공산당은 갈등을 느끼고 있었다. 예를 들어 일부 사영기업가들이 지방 공직에 임명되었음에도, 1995년에 중앙조직부 부부장은 사영기업가들을 당에 받아들이지 않는 것이 공산당의 공식적인 정책임을 선언했다. 2001년에 장쩌민이 '3개 대표론'을 발표하여 사영기업가들을 당에 영입하기 전까지는 사영기업가들의 정치적 신분이 불확실한 상태였다. 그러나 일관성 없는 정책을 겉으로만 보고 공산당이 사영기업가들의 지지를 얻기 위해 아무런 노력도 하지 않았다고 결론짓는 것은 잘못이다. 공산당은 사영기업가 단체로의 침투와 사영기업가의 영입 등을 통해 사영기업가들을 통제하기 위해 노력했다.

공산당이 사영기업에 중국공산당 조직을 세우려 한 것은 전반적으로 성공하지 못했다. 그러나 공산당의 다른 노력들은 이에 비해 나름대로 성과가 있었다. 브루스 딕슨(Bruce Dickson)은 사영기업가들이 세운 단체에 접근하려는 공산당의 시도에 대해서 연구했는데, 이에 따르면 중국공산당이 공상련(전국공상업연합회)과 같은 비즈니스 단체에 많은 사람을 심어놓은 것을 알 수 있다. 공상련은 2002년 기준으로 사영기업가들의 약 80%가 가입되어 있는 단체다.

사영기업가들의 입당 금지가 2001년까지 공식적으로 풀리지 않고 있었음에도, 공산당은 사영기업가로 변신한 당원들을 축출하려는 그 어떤 노력도 하지 않았고, 오히려 사영기업가들을 인민대표대회와 중국인민정치협상회의로 영입하려는 체계적인 계획을 수립했던 것으로 보인다.

1997년에서 2000년까지 9,000명이 넘는 사영기업가들이 현 이상의 지방인대 대표자로 선출되었고, 3만 2,000명 이상이 현 이상의 중국인민정치협상회의 의원으로 임명되었다. 2002년에 3,635명의 사영기업가들을 설문조사한 내용을 보면, 이들 중 35%가 중국인민정치협상회의 의원이었다. 그리고 놀랍게도 30%는 당원이었는데, 이는 인구 평균 당원 비율보다 6배나 높은 수치였다. 그러나 당원이면서 사영기업가인 사람의 수가 급격히 증가한 것은 공산당의 대규모 영입 전략 결과가 아니었다.

이 설문조사를 보면 기업을 차린 후 당원이 된 경우는 극히 소수 (5.6%)였다. 장쩌민은 2001년 1월에 행한 유명한 연설에서 암묵적으로 사영기업가들의 영입을 요구했으나, 이것이 기업가들의 당원 영입에 곧바로 영향을 끼치지는 않았던 것 같다. 앞의 설문조사 대상자들 중 장쩌민의 연설 이후 공산당원이 된 사영기업가는 0.5%에 그쳤기 때문이다. 이는 (공산당원 신분인) 거의 모든 사영기업가들이 회사를 차리기 전에 이미 당원이었음을 나타내는 것이다.

공산당원들이 개입 기업가로 많이 변신하게 된 것은 공산당의 기업가 영입보다는 국유기업의 민영화가 더 큰 영향을 끼친 듯 보인다. 설문대상 3,635개 기업들 중 837개가 이전에 국유기업, 또는 집단 소유의 기업이었기 때문이다. 민영화된 기업들 중 약 절반(422개)의 소유주가 당원이거나, 민영화 과정에서 기업에 대한 통제를 장악한 당원들과 연줄이 있는 사람들이었다. 설문 결과는 약 절반의 민영화된 기업들이 공산당원의 통제에 있음을 나타낸다.

중국 경제에 대한 공산당의 지배적인 영향력을 고려해볼 때, 사영기업가들이 정권과 친근한 관계를 유지하려는 것은 당연해 보인다. 많은 사영기업들이 정부의 혜택에 계속 의지하고 있고, 정부와의 깊은 유대관계는 새로운 비즈니스 기회와 자본에 접근할 수 있는 기회가 된다.

예를 들어 신장(新疆)에서 가장 부자이며 광후이(廣匯) 그룹의 회장인 쑨광신(孫廣信)은 정부로부터 천연가스 채굴권과 부동산 개발권을 얻었다. 그의 회사는 지역 당 공직자들을 채용했는데, 이들 중 한 명은 낡은 건물 철거 허가를 담당하는 책임자였다. 광후이 그룹은 사용하는 토지에 대한 세금도 내지 않는다.

허난성의 또 다른 사영기업가인 저우원창은 이전 국유기업인 버스조립 공장을 민영화하는 과정에서 소유권을 획득했는데, 지방정부와 좋은 관계를 맺고 있다. 그는 지역 공안과 법원을 이용하여 사업 경쟁자를 투옥했고, 빚을 받기 위해 채무자를 납치하기도 했다.

중국의 사영기업가들이 공산당을 전적으로 수용하지 않는 것은 확실하다. 사영기업가들의 정책 선호도와 정치적 신념을 보면 이들이 보수적이고 공산당 지도부와 닮아 보이지만, 새로운 자본주의자들을 포섭하는 공산당의 전략이 성공적이지 못하다고 평가하는 것은 성급한 결론일 수 있다. 아마도 중국의 새로운 자본가들의 공산당 지지 여부는 공산당이 계속해서 이들에게 혜택을 주고, 이들의 특권과 재산을 보호할 수 있는지에 달려 있을 것이다. 당원이었다가 기업을 차릴 경우에는 당원 신분을 유지하지만, 비당원이 기업을 차린 후 스스로 당원이 되는 경우는 극히 소수다.

당원인 사람이 기업을 차린 후 당원직을 포기하는 것은 불필요한 위험을 초래할 수 있다. 이것이 당을 배반했다는 신호가 되어 정치적으로 불이익을 당할 수 있기 때문이다. 그러나 비당원인 사영기업가들은 당원이 될 필요성을 느끼지 못한다. 당원이 되면 잡다한 일과 책임이 따르기 때문이다. 그러나 당원이건 아니건, 사영기업가들은 자신의 회사에 공산당이 조직을 건설하는 것에는 확고히 반대하는 것으로 보인다. 이는 기업의 운영에 간섭을 받을 뿐만 아니라 재산을 지키는 것이 힘들어질 수도 있기 때문이다.

마오쩌둥 이후의 정치개혁은 구조적인 민주화가 아닌, 선택에 기반을 둔 것이었다. 덩샤오핑과 같은 고위 지도층들은 권력에서 물러날 생각이 전혀 없었고, 정치적 경쟁과 참여도 완전히 반대했다. 이들은 오로지 중국공산당이 권력을 유지하는 데 도움이 되는 범위에서만 정치개혁을 허락했고, 이는 나아가 당이 목표로 하는 경제현대화에 도움이 되어야 했다.

이와는 대조적으로 중국공산당 내의 자유주의자들이 생각했던 정치개혁은 민주화와 제도상의 다원주의를 실현하는 계획에 훨씬 더 가까웠다. 그러나 1989년 6월 이후 자유주의 진영의 몰락으로 이들의 계획은 실행되지 못했다. 그 결과 1980년대에 시작된 정치체제의 주요 제도적 개혁들은 1990년대 들어서 정체되었다. 이들이 계획했던 입법부 강화, 사법개혁, 풀뿌리 자치는 가능성과 잠재력을 갖고 있었지만, 결국 중국의 정치체제를 민주화하는 데 별 영향을 끼치지 못했다.

이번 장을 통해 알 수 있는 것은, 중국공산당과 같은 권위주의적 지배정당이 정치적 독점을 유지하려 마음먹으면, 이들에게는 급속한 경제현대화와 사회변화로 인해 발생하는 새로운 도전과 위협을 봉쇄할 수단과 기술이 있다는 것이다. 이런 상황에서는 민주적인 변화가 경제발전보다 매우 늦은 속도로 일어나며, 지도층보다는 사회세력의 주도로 일어날 가능성이 높다.

제3장
점진주의의 부정적인 영향

제1장에서 이미 다루었듯이 점진적 경제개혁은 정치적인 논리에 의한 것이며, 그 핵심은 지배층의 정치권력 유지에 있다. 이러한 논리 때문에 경제개혁은 중요한 경제 부문에서의 지대를 보호하고 배분하는 지도층의 능력을 침해해서는 안 된다. 이는 곧 이러한 부문들의 효율성을 증가시켜야 할 개혁 수단들이 부분적이고, 절충적이며, 궁극적으로 비효율적일 수밖에 없음을 뜻한다.

앞서 점진적 개혁의 위험성에 대해 이론적인 논의를 하며 또 하나 알 수 있었던 것은, 부분적인 개혁을 통해 보호되는 지대가 사적인 이익을 챙기려는 대리인(관료나 공직자)들에 의해 전용될 수 있다는 것이다. 이런 행동은 전반적으로 정권의 경제 건전도를 훼손시킨다. 이러한 지대소멸은 점진주의가 지속 불가능함을 암시한다.

이번 장에서는 먼저 점진주의에 대한 이러한 내용을 가장 핵심적인 세 가지 부문(곡물수매 제도, 정보통신 서비스, 금융)의 사례연구에 적용해본다. 이 부문들은 중국 정부가 점진적 개혁을 실행한 분야들이다. 이 사례연구들은 제1장에서 이야기된 정권의 권력 유지, 점진적 개혁, 점진적 개혁으로 인한 드러나지 않은 누적된 비용, 계속되는 비효율성 간의 관계에 대한 가설을 검증하고, 어째서 점진적 개혁이 이 세 가지 부문들을 시장경쟁 체제로 만들지 못했는지 상세히 설명할 것이다. 이 사례연구를 통해서, 지대보호와 지대소멸 때문에 점진적 개혁은 지속 불가능함을 알게 될 것이다. 또한 중국의 점진적인 개혁이 이룬 전반적인 성과를 종합적으로 평가하기 위해서 시장화(marketization)의 정도를 가늠할 수 있는 다양한 방법들을 살펴보고, 경제체제의 전환을 경험하고 있는 개발도상국들과 비교하여 중국이 얼마나 성과를 이루었는지 비교해본다.

정권 유지에 꼭 필요한 곡물수매 제도

1979년에서 1982년 사이에 있었던 농업 집산화의 폐지는 공산당이 실행한 가장 급진적인 경제개혁이었고, 시장경제로 전환하는 기초가 되었다. 집산화 폐지에 이어 개인들이 농업생산물에 대한 자율권을 다시 얻게 되었다. 그러나 이 개혁으로 정부의 농업 부문에 대한 간섭이 종식된 것은 아니었다. 가장 중요한 농업 생산물(곡식과 목화)과 투입물(디젤유와 화학비료)에 대한 독점적인 수매 및 판매 권한 유지를 통해, 국가는 농촌 지역으로부터 지대를 뽑아내는 권한을 유지하게 되었다.

곡물수매 제도를 보면 지대보호, 정권의 권력 유지, 경제의 비효율성이 서로 맞물려 있음을 알 수 있다. 경제 관점에서 보면 개혁되지 않은 수매 제도는 높은 공급률과 가격 변동성, 거대한 재정 적자(보조금 및 수매를 담당하는 국유기업의 적자), 농촌 소득의 감소(농부들로부터 시장 최저가로 곡물을 구매하여 발생) 등 최악의 면들만 모아놓은 듯 보인다.

1990년에서 1996년까지 곡물수매 체제로 인한 농촌 소득의 감소 총액은 2,592억 위안이었으며, 1년 평균 370억 위안이었다(농촌 지역 GDP의 약 18%). 이러한 수매 제도를 두고 OECD는 2002년에 다음과 같은 평가를 내렸다. "이러한 수매 제도는 최근에 거시경제 성과에 악영향을 끼쳤다. 곡물 과잉과 시장 가격 하락으로 농업 소득이 떨어졌고, 농촌 지역의 소비성장이 크게 둔화되었다." 1986년에서 1996년 사이 푸젠성에서의 곡물 생산과 거래를 연구한 바에 따르면, 곡물 수매 제도는 예측이 불투명하여 농부들이 정부의 정책을 신뢰하지 않는 것으로 드러났다.

그러나 정권의 권력 유지 관점에서 보면 곡물수매를 독점하는 것은 반드시 필요하며, 곡물수매 제도는 정치적 전략에 있어서 매우 중요하다. 곡물수매 제도를 독점하는 것은 정부가 정보통신 서비스 및 금융 부문과 마찬가지로 필수적인 자원(식량 공급)을 장악하는 것이기 때문이다. 시장의 힘이 이러한 전략적 부문의 흐름을 좌우하는 것은 권위주의자들에게 위기를 낳을 수 있다. 곡물수매 부문을 흔드는 것은 정권의 권력 유지에 위협이 될 수 있기 때문이다. 또한 이러한 부문들을 독점하고 정부가 간섭하는 것은 높은 지대 및 공직자들이 부당이득을 취할 많은 기회를 제공함으로써, 정권 지지자들의 충성을 유지할 수 있게 된다.

수시로 변하는 곡물수매 제도

1985년 전까지 중국 정부의 곡물수매 제도는 단일한 제도(퉁거우(統購))였다. 이 제도에서는 농부들이 자신들이 가진 곡식 모두를 정해진 가격에 정부에 팔아야 했다. 그러나 이것은 1985년에 '계약수매' 제도(허퉁딩거우(合同定購))로 바뀌었다. 철강에서 화학비료에 이르기까지 중국 내 모든 것들에 이중가격이 있듯이, 새로운 수매 제도 또한 2개의 가격을 갖고 있었다. 곡물을 재배하는 농부들은 정해진 양의 곡물을 정해진 가격(할당 가격)에 정부가 운영하는 곡물 구매소(량잔(糧站))에 팔겠다는 계약을 했다.

1995년에 할당 가격을 인상하기는 했지만, 처음 중국 정부는 의도적으로 할당 가격을 낮게 책정하여 농부들을 수탈했다. 이런 보이지 않는 수탈은 1995년에야 사라졌는데, 이는 곡물의 공급과잉으로 시장 가격이 할당 가격보다 낮아졌기 때문이었다.

또한 중국 정부는 정해진 양을 넘는 곡물들은 협상을 통해 보다 높은 가격(초과 할당 가격)에 구입했다. 이러한 이중적인 체계는 1991년까지 비교적 잘 운영되었고, 이를 통해 정부는 시장에 나오는 곡식의 73~88%를 수매할 수 있었다. 정부가 수매한 곡물의 1/3에서 절반은

협상을 통한 가격에 거래되었다. 중국 학자들이 연구한 바에 따르면, 농부들은 이 방식이 경제적으로 자신들에게 불리하기 때문에 이것을 좋아하지 않았다.

곡물수매 제도는 1990년대 초반까지 별 변화 없이 기본골격이 유지되었다. 그러나 곡물에 대한 보상금 때문에 재정적인 압박이 커지자, 중국 정부는 1992년 4월에 곡물의 구매 및 판매 가격을 통일시키기로 결정했다. 이에 앞서 정부의 구매 가격이 판매 가격보다 높아졌고, 이는 곡물수매를 담당하는 국유기업의 적자를 가져왔다. 곡물 가격의 통일은 1993년 10월에 가격을 완전히 자유화하는 시도로 이어졌으나, 결국 무산되었다.

가격 자유화로 인해 곡물수매를 독점한 국유기업이 곡물을 비축하고 폭리를 취하는 예상 밖의 결과를 낳았고, 이로 인해 인위적인 식량공급 부족이 발생했다. 각 성 정부는 곡물의 수출을 규제했으나, 부족 사태는 악화되었다. 도시에서 광적인 사재기 열풍이 불자 정부는 어쩔 수 없이 가격 자유화 개혁을 갑작스럽게 중단했다.

가격 자유화가 실패하자 정부는 이전처럼 할당제 도입, 가격 제한, 곡물수매 독점을 실행했다. 중국 정부는 시장의 곡물 70~80%를 통제하기로 결정했다. 1995년에 중국 정부는 5,000만 톤을 할당 가격에 구입하고, 추가로 4,000만 톤을 협상을 통한 가격에 구입하기로 결정했다. 1995년의 이러한 과거 제도로의 복귀는 식량 성장(省長)책임제로도 알려져 있다. 이는 성장이 식량 생산에 대해 최우선적인 책임을 지는 것이다.

농부들이 정부에 의무적으로 팔아야 하는 곡물의 가격은 1994년 말에 40% 인상되었는데, 이는 더 많은 곡물 생산을 장려하기 위한 것이었다. 결국 이것은 1992년 이전의 제도로 돌아간 것이었고, 예전의 문제점들(곡물거래의 지역적 장애, 폐쇄적인 시장, 국유기업의 독점, 높은 운용비용 등)이 다시 나타났다. 정부는 시장의 곡물 70~80%를 통제하면서도 판매가격을 정하지 않고, 곡물수매를 담당한 국유기업들이 농부들을 희생하면서 지대를 챙기도록 했다.

그러나 1994년 말에 곡물 가격이 크게 오르자 이듬해에 풍년을 맞았고, 이로 인해 공급과잉이 발생했다. 1990년대 중반까지 곡물 순수입국이던 중국은 1990년대 말에 순수출국이 되었다. 곡물 구매가격이 판매가격보다 상당히 높아지자 정부가 통제하는 곡물수매 제도는 커다란 적자를 입게 되었다. 1998년에는 총 적자가 400억 위안에 이르렀다. 곡물 과잉으로 저장 창고도 꽉 차게 되었다. 곡물 저장에 드는 비용과 곡물을 비축하기 위한 대출 이자가 1998년에 500억 위안이 되었다. 또한 800만 톤(저장된 곡물의 20%)은 질이 낮고 오래되어 사람이 먹기에 부적합했다.

곡물 보조금이 유례없이 증가하자, 1998년에 중국 정부는 할당량과 보장된 가격을 낮추지 않을 수 없었다. 정부는 새로운 개혁인 것처럼 포장하여 개인 회사들이 시장에 참여하는 것을 금지시켰고, 공안·세무 당국 등을 이용하여 개인 곡물 구매자와 판매자들을 단속했다.

1998년의 이 조치의 핵심은 정부가 곡물 시장에서의 수요와 공급을 시장에 맡기지 않고 행정력을 동원해 조절했다는 것이다. 중국 정부는 일부 곡물(질 낮은 것으로 분류된 곡물)은 가격보장에서 제외시켰고, 이로 인해 곡물 생산이 감소하게 되었다. 또한 농부들이 직접 시장에 곡물을 파는 것도 금지시켰다. 중국 정부가 곡물 시장을 다시 장악한 것은 국유기업들이 곡물수매 시장을 다시 독점하도록 허락한 것과 마찬가지로, 곡물수매 부문의 개혁이 좌절된 것을 대표하는 특징이다.

2001년에 중국 정부는 곡물 시장을 다시 개방하는 시험적인 개혁을 실행했다. 그 내용을 보면 가격 자유화, 할당제를 통한 곡물 구매량의 감축, 보다 많은 회사들이 곡물 시장에 진입할 수 있도록 허가하는 것 등이 있었다. 그러나 이런 개혁 조치들은 곡물을 소비하는 성에만 국한되었고, 곡물 소비보다 생산이 많은 성들에서는 예전 제도가 계속 유지되었다.

곡물수매 제도 개혁의 실패

중국의 곡물수매 제도 개혁을 보면, 많은 면에서 점진주의자들이 개혁에 접근하는 전형적인 모습과 닮아 있다. 중국 정부는 다양한 방식으로 가격 자유화를 실험했지만, 이 실험으로 보조금의 증가 또는 시장 혼란이 발생하자 다시 예전처럼 통제에 들어갔다. 개혁은 무산되어 결국 비효율적인 예전 제도는 조금도 개선되지 못했다. 그러나 곡물수매 제도로 인한 누적된 적자(1992~1998년에만 2,140억 위안)와 시장 변동성에서 보듯, 개혁의 실패로 인한 대가는 계속 커졌다.

개혁 기간 내내 때로는 모순적인 2개의 서로 다른 요소들이 정책을 결정하는 데 중요한 역할을 했다. 중국 정부는 정치적 중요성 때문에 곡물이라는 필수품 시장을 계속해서 통제하려 했다. 그러나 그러한 통제를 위해서는 보조금이 필요했는데, 중국 정부는 너무 높은 가격을 지불하는 것은 좋아하지 않았다. 그 결과 곡물의 공급 상황이 좋아지거나 과잉공급이 발생하면 중국 정부는 기회주의적으로 행동했다. 즉 정부가 농부들과 미리 정했던 가격을 깎거나, 농부들과 약속한 양을 수매하지 않았던 것이다.

1985년, 1992년, 1998년에 중국 정부는 곡물수매 가격을 낮췄는데, 이처럼 곡물수매 정책을 변화시키려 했던 주된 동기는 늘어나는 곡물 보조금을 줄이기 위해서였던 것 같다. 그러나 농부들은 정부의 이런 기회주의적인 행동에 대해 판매 거부로 대응했다. 이는 곧 곡물 부족으로 이어졌고, 중국 정부는 곡물수매 가격을 올려야 했다. 중국 정부와 농민의 이런 힘겨루기에서는 근본적인 시장 구조 때문에 농부들이 약간 더 유리했다.

중국에서 생산되는 모든 곡물의 2/3는 농부들이 자체 소비하고, 나머지 1/3(1990년대 중반 기준으로 약 1,500만 톤)을 판매한다. 농부들은 소득을 극대화하기 위해 남은 곡물 대부분(남은 곡물의 약 2/3, 대부분 질이 낮은 곡물)을 국유기업에 판매하는데, 국유기업들은 대부분 낮은 가격으로 구매를 한다. 그리고 나머지 1/3(보다 질 좋은 곡물)을 보다 높은 가격을 제시하는 민간 상인에게 판매한다. 농부들이 가격이 너무 낮을 때는 판매를 거부하고, 가격이 높을 때는 자신들의 소비를 줄이는 방식으로 시장 상황에 대응한 것은 중국 정부의 곡물 공급에 상당한 영향을 끼쳤다.

이러한 중국의 곡물시장 구조는 국가가 주도하는 곡물수매 및 곡물보관 제도가 갖는 태생적인 결함을 안고 있으며, 곡물시장을 수요와 공급의 충격에 민감하도록 만들었다. 곡물이 1,000만~1,500만 톤(시장에서 거래되는 곡식의 8~10%)만 공급이 많거나 부족해도 시장이 혼란에 빠진다. 곡물수매 제도 개혁이 실패한 앞의 사례에서, 중국 정부가 그 이전까지 곡물시장의 근본적이고 구조를 바꾸려 하지 않았다는 것은 주목할 부분이다. 1985년, 1992~1993년, 1998년에 중국 정부는 가격을 조정하긴 했지만, 국유기업의 독점을 폐지하려 하지 않았다. 1994년에 실패한 완전한 가격 자유화 시도에서 알 수 있듯이, 국유기업의 독점을 폐지하지 않은 상태에서 정부가 가격 통제를 포기하면, 국유기업들에 의한 곡물가격 폭등과 시장 조작이 일어날 가능성이 크다.

여기서 흥미로운 질문은, 이러한 비효율적이고 변동성이 큰 제도에서 혜택을 보는 것이 과연 누구인가 하는 점이다. 재정상 큰 적자를 감당하는 국가, 1990년대 후반까지 시장 가격 이하로 정부에 곡물을 팔아야 했던 농부 등은 수혜자가 아닐 것이다. 유일한 수혜자는 바로 국유기업들이다. 국가나 농부들과는 달리 독점적인 국유기업은 큰 이익을 보고 있다. 국유기업들의 최우선 목표는 독점 지대(rent)를 극대화하는 것이지, 시장의 안정(국가의 목표)이나 농부들의 소득 향상이 아니다. 그 결과 경기에 역행하는 행동을 한다. 즉, 곡물이 공급 과잉일 때는 국유기업들은 농부들로부터 곡물수매를 줄이기 위해 모든 수단을 동원하고, 공급이 부족할 때는 곡물을 비축한다.

또한 곡물의 수출입에 대한 정부의 독점은 시장의 안정을 해치면서 지대를 추구하는 행동이다. 예를 들어 국유기업들은 1994년에 곡물이 공급부족일 때 낮은 가격에 2,000만 톤의 곡물을 수출했고,

1995년의 공급과잉 때에는 1,000만 톤의 곡물을 높은 가격에 수입했다. 중국 정부가 곡물수매 부문에 민간이 참여하는 것을 제한하는 것도 독점 국유기업들에게 유리하게 작용한다. 현실에서는 민간 도매상들이 시장의 상당 부분을 장악하고 있지만, 대부분의 민간 도매상들은 국유기업들과 함께 일해야만 하며, 부패와 위법을 저지를 기회가 만연한 불투명한 비즈니스 환경에 놓여 있다.

중국의 곡물수매 제도 개혁이 실패한 사례는 점진적 개혁이 갖는 한계를 말해준다. 필수품인 곡물에 대한 정부의 직접적인 영향력을 유지하는 것은 정치적으로 꼭 필요하며, 이 때문에 중국 정부는 곡물시장 진입을 제한하면서 독점체제를 유지하고 있다. 이러한 직접적인 통제에 드는 비용이 과다해지면, 중국 정부는 농부들과의 약속을 저버리는 기회주의적인 행동을 했고, 이에 대해 농부들은 생산량을 줄이고 판매를 거부하는 것으로 대응했다. 기회주의적인 행동에 대해 판매를 거부하는 보복적인 행동은 개혁 기간 동안 중국의 곡물시장을 매우 불안정하게 했다. 그리고 이러는 동안 근본적으로 구조를 대체할 시장지향적인 곡물수매 제도의 수립은 전혀 진척이 이루어지지 않고 있다.

가장 폐쇄적인 정보통신 서비스 부문

중국의 정보통신 서비스 부문은 양과 수익 면에서 개혁 기간 중 가장 빠르게 성장하고 있는 산업들 중 하나다. 1980년에서 2000년까지 유선전화 가입자는 410만 명에서 2억 1,300만 명으로 늘었다. 2002년에 중국의 정보통신 기업들의 수익은 4,116억 위안이었다. 1980년에 우편과 통신을 합한 총수익은 고작 13억 위안이었다. 2003년 말에 중국은 3,090만 대의 컴퓨터가 인터넷에 연결되어 있으며, 거의 8,000만 명이 인터넷에 접속한다고 주장했다.

중국의 정보통신 서비스 부문은 양과 수익으로 볼 때 세계에서 가장 큰 시장이다. 그러나 이러한 인상적인 성장에도 불구하고, 정보통신 서비스 부문은 중국에서 가장 폐쇄적인 산업들 중 하나다. 국유기업들이 독점, 또는 복점(duopoly)을 통해 시장을 지배하고 있기 때문이다. 사영기업들은 유무선 통신사업에 참여하는 것이 금지되어 있다. 중국이 WTO(세계무역기구)에 가입하여 교역 국가들의 압력으로 정보통신 부문을 개방하기 전까지는 외국의 정보통신 기업들이 이 분야에 참여할 수 없었다.

독점과 통제에 의한 고비용, 저품질

1994년까지 중국 우전부(郵電部)는 유선전화의 시내통화 및 시외통화, 이동통신 서비스, 데이터 전송, 위성 전송을 포함하는 모든 정보통신 서비스를 독점했으며, 페이징 서비스(paging service) 시장의 70%를 장악했다. 우전부의 독점으로 중국의 정보통신 서비스는 고비용, 저품질이었다.

이 분야가 높은 수익을 내는 지대였기 때문에 권한이 큰 다른 기관들도 이 시장에 진출하려 했다. 이미 1988년에 공업화신식화부(工業和信息化部, 이하 공신부), 전력부, 철도부가 힘을 합쳐, 우전부와 경쟁할 정보통신업체 설립을 승인해주도록 국무원을 설득했다. 그러나 우전부의 강한 저항에 부딪혀 국무원의 승인은 6년간 연기되었다.

1993년 12월, 국무원은 마침내 공신부, 전력부, 철도부가 다른 13개 중국 내 협력사들과 함께 중국연합망락통신공사{中國聯合網絡通信公司, 이하 차이나 유니콤(China Unicom)}을 설립하도록 승인했다. 국무원은 또한 인터넷 서비스를 공급하기 위하여 새로운 국유기업인 지통(吉通)통신유한공사의 설립도 승인했다. 차이나 유니콤은 19994년 7월에 탄생했다. 등록된 자본은 10억 위안이었으며, 무선네트워크 주파수를 상당히 후하게 할당받았다. 전력부와 철도부는 전문적인 네트워크를 갖고 있었기에, 차이나 유니콤은 야심찬 목표를 세웠다. 즉 시내 및 시외통화의 10%, 이동통신 시장의 30%를 점유한다는 것이었다.

그러나 국무원의 승인에도 불구하고, 독점기업인 우전부의 중국전신{中國電信, 이하 차이나 텔레콤(China Telecom)}은 차이나 유니콤이 진정한 경쟁자가 되는 것을 막기 위해 모든 수단을 동원했다. 보도에 따르면 우전부 장관이었던 우지촨(吳基傳)은 "차이나 유니콤을 그냥 죽이는 게 아니라, 죽인 다음 깊이 묻어버리고 싶다"고 말한 바 있다. 우전부는 정보통신을 독점하는 기업(차이나 텔레콤)을 소유했을 뿐만 아니라 정보통신 부문을 규제할 수도 있었기 때문에, 갓 출범한 차이나 유니콤을 약화시키기 위해 많은 수단을 동원했다. 우지촨은 "차이나 유니콤은 어떤 시장이든 우전부의 허락을 받고 진입해야 한다. 국무원이 1993년 12월 내린 차이나 유니콤 설립 승인 지침을 해석할 권리가 우전부에 있기 때문이다"라고 주장했다. 그에 따라 우전부는 차이나 유니콤이 유선전화의 시내통화 및 시외통화 서비스를 하지 못하도록 규제했다.

우전부는 규제권한을 남용하여 차이나 유니콤이 특정 시장에 진입하는 것도 막았다. 어떤 경우에는 차이나 유니콤의 신청을 우전부가 승인하는 데 2년이 걸리기도 했다. 그 한 예가 차이나 유니콤의 자체 GSM휴대폰 네트워크에 대한 승인 신청이었다. 처음에 우전부는 GSM휴대폰 네트워크를 자력으로 구축하는 데 흥미가 없었다. 그러나 일단 차이나 유니콤이 자체 GSM휴대폰 네트워크를 구축하자, 우전부는 생각을 바꿨다. 우전부는 차이나 유니콤이 경쟁력에서 앞서는 것을 막기 위해, 차이나 유니콤의 GSM이 우전부의 방대한 유선 네트워크에 접속하지 못하도록 함으로써 차이나 유니콤의 GSM을 쓸모없도록 만들었다. 우전부의 자체 GSM이 운영에 들어간 이후에야 차이나 유니콤의 GSM 네트워크가 우전부의 유선 네트워크에 접속하도록 허가했다.

또한 차이나 텔레콤은 차이나 유니콤을 약화시키기 위해 약탈가격(predatory pricing, 가격을 매우 낮게 책정하여 경쟁기업을 시장에서 몰아낸 후 다시 가격을 올리는 것 - 옮긴이)과 교차보조(cross-subsidization, 동일 기업 내에서 한 부문의 손실을 다른 부문의 수익으로 충당하는 것 - 옮긴이) 정책을 사용했고, 차이나 유니콤이 자사의 유선 네트워크에 접속하는 비용을 과다하게 부과했다.

이러한 반경쟁적 관행은 차이나 유니콤의 초기 성장을 방해했다. 차이나 유니콤은 자체 네트워크를 구축하고 있었음에도 불구하고, 설립되고 3년이 지나도록 시내통화 및 시외통화 서비스 시장에 진출할 수 없었다. 휴대폰 시장에서의 사업도 심하게 축소되었다. 차이나 유니콤은 10개 도시에 자체 무선네트워크를 구축하고 있었지만, 단 4개의 도시(상하이, 베이징, 텐진(天津), 광저우)에서만 무선네트워크를 운영할 수 있었다. 우전부가 자신들의 지역 네트워크에 차이나 유니콤이 접속하지 못하도록 했기 때문이었다.

1995년 말 기준으로 차이나 유니콤의 무선네트워크 수용능력은 70만 명이었지만, 가입자 수는 5만 명 이하였다. 휴대폰 시장에서의 시장점유율은 고작 1.38%였다. 1997년 말에는 가입자 수가 20만 명이었으며, 이는 차이나 텔레콤 가입자 수의 약 2%였다. 그리고 1999년에는 차이나 유니콤의 이동통신 시장 점유율은 6%로, 이는 중국이동통신(中國移動通信, 이하 차이나 모바일(China Mobile))의 점유율인 94%와 비교되는 수치다. 페이징 서비스 시장에서는 차이나 텔레콤이 67%를 점유했고, 차이나 유니콤은 고작 3%를 점유했다.

차이나 유니콤의 경험은 정보통신 서비스 부문을 개방하려는 중국 정부의 노력이 어떠한지를 단적으로 보여준다. 겉으로만 보면 중국 정부가 정보통신 산업에서 일련의 구조조정 개혁을 통해 차이나 텔레콤의 독점을 폐지하려 노력한 듯 보인다. 그러나 실제로는 우전부와 연계한 독점기업들에 의해 정보통신 부문이 계속 지배되었다. 우전부는 1998년에 정보산업부로 바뀌었다. 1998년에 차이나 텔레콤은 정보통신부에서 분리되었고, 1999년에는 차이나 텔레콤(유선전화), 차이나 모바일(이동전화) 등 4개의 독립적인 국유기업으로 재편되었다. 이 과정에서 차이나 텔레콤의 일부 자산이 차이나 유니콤으로 이전되었다.

2000년에 중국 정부는 새로운 정보통신 회사인 차이나 넷콤(China

Netcom)의 설립을 승인하여, 인터넷 서비스를 공급하고 차이나 텔레콤과 경쟁하도록 했다. 차이나 넷콤은 4개의 국가소유 주주가 있었으며, 사모발행을 통해 골드만삭스(Goldman Sachs)와 뉴스코프(News Corp.)로부터 3억 2,500만 달러의 지분투자금을 확보했다. 2001년에 새로운 유선전화 사업체인 중국철통집단유한공사(中國鐵通集團有限公司, 이하 차이나 레일콤(China Railcom)}가 설립되었다.

2002년에 차이나 텔레콤이 두 부분으로 나뉘면서 정보통신 부문에서 가장 큰 구조 개편이 있었다. 그중 하나는 차이나 텔레콤이라는 회사명을 유지하면서, 동쪽 해안지역을 포함한 가장 부유한 21개 성에서 유선전화 네트워크를 장악한 것이었다. 이보다 덜 부유한 10개 성의 유선전화 서비스 분야는 지통 커뮤니케이션즈와 함께 차이나 넷콤에 병합되었다.

이 개편을 통해 독점적인 유선전화 서비스 사업이 복점으로 변경되었다. 2002년 기준으로 유선전화 시장점유율을 보면, 차이나 텔레콤은 1억 3,300만 명의 가입자(시장점유율 62.1%)를 보유하여 여전히 유선전화 서비스 분야에서 지배적인 점유율을 차지하고 있었고, 새로 병합된 차이나 넷콤은 7,700만 명의 가입자(시장점유율 36%)를 보유하고 있었다. 차이나 레일콤의 시장점유율은 1.4%에 그쳤다.

중국 정부는 유선전화 시장 진입이 여전히 폐쇄적이라고 생각했다. 차이나 텔레콤을 두 부분으로 나누었음에도 제대로 된 경쟁이 없었던 것이다. 이런 상황은 이동통신 시장도 다를 것이 없었다. 1999년에 차이나 텔레콤에서 분리된 차이나 모바일은 2002년에 1,510억 위안의 수익을 올리면서 시장의 77.3%를 장악하고 있었고, 차이나 유니콤의 시장점유율은 22.7%였다.

개혁 기간 내내 중국 정부는 중국 내 사영기업이 정보통신 부문에 참여하는 것을 막았고, 외국 투자자들의 참여 또한 성공적으로 막아냈다. 외국 정보통신 기업들은 중국 시장을 공략하기 위해 노력했으나 결국 실패했다. 심지어 중국의 기업이 중국-외국 합작 벤처기업과 함께 정보통신 벤처기업을 설립함으로써 규제의 장벽을 피하려는 '중국인과 중국인-외국인 지분투자 모델'도 시간이 지나자 실패했음이 드러났다.

이러한 모델을 시도한 것이 차이나 유니콤의 경우였다. 21개의 외국인 투자자들(스프린트(Sprint), NTT(Nippon Telephone and Telegraph), 케이블 & 와이어리스(Cable & Wireless), 프랑스 텔레콤(France Telecom) 등의 다국적 통신기업들)이 중국 내 합작 벤처기업을 통해 차이나 유니콤에 13억 달러를 투자했다. 그러나 1999년 후반에 중국 정부의 압력으로 차이나 유니콤은 일방적으로 외국 투자자들이 매우 낮은 가격으로 그들의 투자 지분을 포기하도록 했다. 중국의 WTO 가입 협상이 진행되는 과정에서 중국의 주요 교역국인 미국과 EU는 중국이 정보통신 서비스 부문을 개방하도록 압력을 가했고, 결국 중국의 핵심적인 양보를 이끌어냈다.

중국의 WTO 가입협정에 따르면, 중국은 외국 경쟁사들에게 정보통신 시장을 단계적으로 개방하도록 되어 있었다. 외국인 기업들은 2005년까지 부가서비스 부문에서 50%까지 점유할 수 있고, 유선 및 이동통신 서비스 부문에서는 2007년까지 49%까지를 점유할 수 있도록 되어 있었다. 외국 기업들의 정보통신 시장 진입을 거부하는 중국의 강경한 입장은 WTO 협상을 결렬 직전까지 몰고 갔다. 이것은 국제적인 압력에도 불구하고 중국이 정보통신 부문을 계속 장악하려는 중국 정부의 속내를 내비친 것이다. 외국의 정보통신 업체들은 이러한 중국의 속내를 알고는 중국이 WTO에 가입하면서 양보한 사항을 더 이상 이용하지 않았던 것 같다. 중국이 WTO에 가입한 후 2년간 미국 기업인 AT&T가 지분 25%를 갖고 상하이시 정부와 ISP 벤처기업을 합작한 것이 유일했다.

중국 정부는 외국 경쟁사들이 자국의 정보통신 서비스 부문에 진입하는 것은 완강히 막으면서도, 해외 상장을 통해 자국 내 정보통신 국유기업에 대한 외국의 포트폴리오 투자(portfolio investment, 순투자라고도 하며 경영 참여 의도 없이 단순히 투자만 하는 것 - 옮긴이)를 끌어들이려 애썼다.

차이나 텔레콤(홍콩)은 1997년에 홍콩과 미국에서 기업공개(IPO, initial public offering)를 하여 42억 달러의 순이익을 냈다. 차이나 넷콤은 2000년에 미국 나스닥에 상장되었다. 차이나 유니콤은 2000년 닷컴 거품이 일던 시기에 기업공개를 통해 57억 달러라는 어마어마한 액수를 벌어들였다. 유선전화 사업자인 차이나 텔레콤은 2002년의 재편 이후 홍콩에서의 기업공개를 통해 보유 주식 20%를 처분했지만, 단지 16억 6,000만 달러의 수익만 올렸다. 외국 투자자들의 관심이 적었기 때문이었다. 2002년에 차이나 텔레콤이 재편되면서 새로 탄생한 차이나 넷콤은 2004년에 홍콩과 뉴욕에서 기업공개를 하여 20억 달러의 수익을 올린다는 계획을 세웠다.

중국은 정보통신 부문의 자유화를 시행한 지 10년이 지나도록 이 부문에 대한 국가의 독점적인 통제와 근본적인 지배 상황이 거의 변하지 않았다. 2002년의 중국은 6개의 정보통신 서비스 기업들(모두 국유기업이거나 국가의 통제를 받는 기업들)이 시장을 분할하고 있었다. 차이나 모바일은 1,509억 달러의 수익을 올리며 시장의 36.7%를 점유하고 있었고, 차이나 텔레콤은 1,363억 달러의 수익에 33.1%의 시장점유율, 차이나 넷콤은 676억 달러의 수익에 16.4%의 시장점유율을 차지하고 있었다. 이전 우전부에 속했던 이 3개 기업들이 여전히 86%의 시장점유율을 유지하고 있었던 것이다. 새로 출현한 2개 기업, 즉 차이나 유니콤과 차이나 레일콤은 각각 12.4%와 1.2%의 시장점유율을 차지하고 있었다.

정보통신 기업들에 대한 국가의 직접적인 지배는 낮은 성과를 낳았다. 국무원의 싱크탱크들은 국가의 소유와 직접적인 통제가 이들 기업들로 하여금 투자를 확대하고, 시장지배력을 추구하며, 내부자들의 소득을 향상시킬 것으로 판단했다. 이 기업들의 지나친 채무, 가격전쟁 등을 타기업과 경쟁하는 것으로 잘못 이해하고 있었다.

정보통신 부문에 대한 국가의 독점은 이 부문을 자유화하려는 경쟁에 관한 법안이 전인대를 통과하는 것도 막았다. 1998년에 개혁주의자들이 미국의 연방통신위원회(Federal Communications Commission)를 모델로 한 규제위원회를 설치하자는 정보통신법을 만들기 위해 건의했지만, 관련 부처의 강한 반대 때문에 입법화되지 못했다. 2003년 기준으로 이 법안은 지지부진한 상태다. 우전부를 계승한 정보산업부가 이 법안 작성을 책임지고 있기 때문에, 실질적인 개혁이 일어날 가능성은 희박하다.

중국 정부가 정보통신 부문을 독점하는 이유

정보통신 부문에 대한 국가의 지속적인 독점과 통제는 심각한 비효율성과 질 낮은 서비스를 낳았고, 새로운 기술의 개발도 저해했다. 공식적인 자료를 보면 이 부문에 대한 중국 정부의 엄청난 투자에 비해, 그 효과는 낮았음을 알 수 있다.

1990년대 후반에 중국의 정보통신 서비스 부문에 대한 투자와 그에 따른 순이익의 비율은 1:1.14였다. 이는 중국의 모든 부문의 평균인 1:3.3, 미국의 1:7.7과 비교되는 수치다. 이는 곧 중국 정보통신 부문의 효율성이 중국 전체 평균의 절반에 그치며, 미국의 정보통신 부문과 비교했을 때는 6배나 낮다는 뜻이다. 중국의 전송용량 활용도는 40% 이하인 데 비해, 국제 평균은 74%다. 정보통신 산업의 경영 또한 국제적인 기준으로 보면 잘 이루어지지 않았고, 이로 인해 최종 소비자들은 장비를 효율적으로 이용하지 못하고 높은 가격을 지불해야 했다.

차이나 텔레콤의 비경쟁적인 행위는 중국의 인터넷 성장도 저해했다. 다른 나라들에서의 정보통신 분야의 성과와 경쟁을 비교해보면, 경제체제를 전환하는 대부분의 거대한 개발도상국들에 비해 중국이 크게 뒤처져 있음을 알 수 있다. 세계경제포럼(World Economic Forum)이 2002년에 82개국의 정보통신 산업 부문에 대해 조사한 것을 보면, 중국은 경쟁력, 기반시설의 품질, 서비스 요금 면에서 조사 대상국들 중 밑에서 세 번째, 혹은 네 번째 그룹에 속했다.

정보통신 부문에서의 험난했던 개혁의 역사는 점진주의가 가진 한계점을 보여주는 또 다른 사례다. 국가의 독점으로 인해 정보통신 서비스 부문은 지속적인 성장을 하긴 했지만, 그와 더불어 경쟁이 억제되고 효율성이 약화되었다. 이런 결과는 지대보호를 정권의 권력 유지와 연계시켜보면 보다 이해하기 쉽다. 국가가 정보통신 부문을 계속 독점하는 것에는 그럴 수밖에 없는 이유가 몇 가지 있다.

첫째, 곡물수매 체계와 마찬가지로 정보통신 부문은 발전도상의 권위주의 정권이 절대 양보할 수 없는 소중한 기간산업이라는 특징이 있다. 이는 필수산업이며, 사회를 통제할 수 있는 정권의 역량에 직접적인 영향을 미친다. 이러한 전략적인 중요성 때문에 정보통신 서비스 부문을 개방하여 경쟁시키는 것이 더 어려운 것이다.

둘째, 정보통신 서비스 부문 자체가 거대한 정실주의의 온상이며 지대를 생산할 수 있는 원천이다. 정보통신 서비스 부문은 많은 인력을 고용하고, 방대한 자본을 투자하며, 독점적인 지대를 얻을 수 있기 때문이다. 국가가 직접적인 지배를 함으로써 정권은 지지를 확보하고, 지지자들에게 그에 대한 보상을 할 수 있는 것이다(중국의 정보통신 국유기업들의 수익이 낮다는 것은 내부자들에 의해 지대가 소멸되었다는 의미가 될 수 있다). 물론 차이나 유니콤의 사례에서 보듯이, 국가와 연계를 맺은 새로운 경쟁자가 등장하면 관료주의의 영향력과 기존 독점자(우전부의 차이나 텔레콤)의 지대를 위협하기 때문에 일시적으로 독점적인 시장 상황을 뒤흔들 수 있다.

그러나 국가 소유의 정보통신 자산을 표면적으로 '기업화' 하고 독점(1개의 국유기업)에서 복점(2개의 국유기업)으로 전환되었지만, 국가가 독점한다는 본질은 바뀌지 않았다. 기득권 세력들이 자신들의 지대를 성공적으로 지킨 것이다.

여기에서 한 가지 재미있는 의문이 생긴다. 중국 정부는 해외 주식시장 상장 및 WTO 가입 후의 잠재적인 직접 투자를 통해 외국인들의 정보통신 기업에 대한 소수 지분 보유는 허락하면서도, 어째서 자국의 사영기업들이 이 부문에 참여하는 것은 물론이고 심지어 정보통신 국유기업들에 대한 포트폴리오 투자마저도 허락하지 않는 것일까? 이에 대해서는 몇 가지 설명이 가능하다.

외국인들의 소수 지분은 이윤에 대한 기업의 지배구조에 변화를 줄 수는 있어도 정권에게는 정치적인 위협이 되지 않는다. 외국인들의 지분은 오히려 국유 자산을 더 그럴싸하게 보이도록 해준다. 해외 상장의 결과 중국의 정보통신 자산의 독점적 가치는 즉시 홍콩과 뉴욕에 상장된 정보통신 국유기업들의 주가에 반영되었다.

안타깝게도 자본시장에서 중국의 국유기업들이 고평가를 받는 것은 개혁에 또 하나의 장애가 된다. 주식시장이 국가 독점을 높게 평가하는 셈이기 때문에, 중국 정부는 국가의 자산을 보호한다는 명목으로 자신들의 독점을 정당화할 수 있다. 사실 중국 정보산업부와 차이나 텔레콤은 중국의 정보통신 기업들이 해외에 상장된 이후, 상장된 기업들의 주가를 높이기 위해 최소한 두 가지 조치를 취했다.

개혁이 가장 늦고 문제가 많은 금융 부문

중국의 주요 경제 부문들 중에서 금융은 개혁이 가장 적게 되고 문제가 많은 부문이다. 중국공산당이 지대를 보유하는 데 매우 중요한 다른 부문들과 마찬가지로, 금융 부문에서의 점진적인 개혁은 비효

율성을 줄이고 경쟁을 촉진하는 데 실패했고, 또한 어마어마한 부실
채권(NPL, nonperforming loan, 부실대출금과 부실지급보증액을 합친 것 -
옮긴이)이 쌓이도록 만들었다. 부실채권은 21세기에 중국 경제가 지
속적인 성장을 하는 데 심각한 위협이 되고 있다.

많은 면에서 중국의 금융개혁이 진전되지 않는 것은 이례적이다.
그 이유 중 하나는 중국이 개혁 기간 중에 유례없는 금융심화도
(financial deepening, 금융 자유화로 가는 수단)를 이루었기 때문이다.
GDP 대비 금융자산의 비율을 나타내는 금융심화도의 주요 지표는
1978년에 0.94에서 1998년에는 2.78로 상승했다. 이는 1990년대 초
반의 미국, 독일, 영국 등 대부분의 선진 금융시장보다 높은 수준이
었다. 또한 중국의 금융심화도는 신흥공업국들보다 높다.

또 다른 이유는 국가가 지배하는 중국의 금융 부문은 높은 수준의
부실채권, 만연한 부패, 낮은 효율성으로 인해 세계의 주요 경제대국
들 중 가장 취약한 구조를 갖고 있다는 것이다. 일반적인 회계 기준
으로 봤을 때, 중국의 주요 은행들은 이미 1990년대 중반에 파산한
셈이다. 중국 금융체제의 주요 기능은 민간 부문을 돕는 것이 아니라
가치를 떨어뜨리는 국유기업에 자금을 공급하는 것이다. 여기에서는
금융 부문에서의 점진적인 개혁의 역사를 살펴보고 그 결과를 평가
해본 다음, 점진적인 개혁이 실패한 요인이 무엇인지 분석해본다.

실패한 1979년 이후의 금융개혁

개혁 이전의 중국 금융체제는 단일한 것이었다. 중국인민은행
(People's Bank of China)이 국가 계획경제 하에서 중앙은행으로서의

구실과 상업은행으로서의 구실을 겸했던 것이다. 그러나 중국이 경제체제를 전환하기 시작하면서, 1979년부터 금융 부문의 개혁이 시험적으로 서서히 시작되었다. 그 해에 중국 정부는 특화된 은행 3개를 설립했다. 바로 중국농업은행(Agricultural Bank of China), 중국은행(Bank of China), 중국건설은행(China Construction Bank)이 그것이다. 1984년에는 중국공상은행(Industrial And Commercial Bank of China)이 설립되었다. 이러한 특화된 국유은행들은 중앙은행의 역할을 하는 중국인민은행과 함께 금융 중개자 역할을 하는 주요 제도였다.

1980년대와 1990년대 초반에 중국 정부는 금융체제를 다양화하는 추가적인 조치를 취했다. 국가가 연계한 공동지주 은행들, 즉 교통은행(Bank of Communications), 광둥발전은행(Guangdong Development Bank), 선전발전은행(Shenzhen Development Bank), 상하이푸동발전은행(Shanghai Pudong Development Bank), 초상은행(China Merchants Bank)이 생겨난 것이다. 이 은행들의 지분은 지방정부, 정부 부처, 국유기업들에 있었다. 또한 중국 정부는 매우 많은 농촌신용사(農村信用社), 도시신용사(都市信用社) 등의 비은행권 금융기관과 투자신탁회사들의 설립도 허가했다. 외국계 은행들도 제한적인 은행 업무를 하는 조건으로 중국 시장에 진출하는 것이 허용되었다.

그러나 이러한 조치들은 금융체제의 자유화나 발전에 별 영향을 끼치지 못했다. 1990년대 초반의 금융개혁 계획을 작성했던 중국 최고의 경제학자들은 당시 중국의 중앙은행이 제 기능을 하지 못하고 있으며, 통화정책 운영도 실패한 것으로 간주했다. 마찬가지로 특화된 은행들도 금융 중개자로서의 제 기능을 효과적으로 수행하지 못하고 있었다. 학자들은 중국의 금융시장이 혼란하다고 판단했다.

모든 면을 볼 때, 대대적인 금융개혁은 1994년이 되어서야 시작되었다. 1992~1993년의 경제 과열로 인해 중국 지도층들은 개혁되지 않은 금융 부문에 대한 위험성을 감지했고, 이로 인해 개혁이 시작된 것이다. 개혁안들에는 자유주의 경제학자들이 제시한 개혁안 대부분이 포함되었다. 대부분 1994년과 1995년에 도입된 개혁 수단들에는 인민은행법과 상업은행법의 공표를 통해 금융 부문에 대한 법적 토대 마련, 중앙은행으로서 중국인민은행의 역할 강화, 3개의 정책은행 설립, 4개의 특화된 국유은행들을 국유상업은행으로 전환하는 등의 내용들을 담고 있었다. 또한 은행 및 투자신탁회사에 대한 규제 강화, 1개의 민간은행 설립{1996년에 설립된 중국민생은행(China Minsheng Bank)}, 도시신용사를 시(市)상업은행으로 전환하는 등의 추가적인 개혁 조치도 취해졌다.

1997~1998년에 있었던 동아시아의 금융위기 때에는 취약한 금융제도가 위기를 불러온다는 비판 때문에 중국 정부는 추가적인 개혁 조치를 취했다. 이 조치로 보다 엄한 감독이 이루어졌고, 중국의 은행들이 대출 기준을 보다 엄격하게 적용하게 되었다. 중국인민은행은 1998년 1월에 4개의 국유상업은행에 대한 대출할당 통제정책을 폐지했다. 또한 중국재정부는 1998년에 4개 국유상업은행들의 자본 기반을 강화하기 위하여 2,700억 위안에 달하는 특별 국채를 발행했다. 2000년에는 4개의 국유상업은행들이 4개의 자산관리회사를 설립하여, 4개 국유상업은행들이 보유한 불량 자산 중 1조 4,000억 위안을 인수하도록 했다. 또한 운영을 간소화하기 위해 4개의 국유상

업은행들은 1997년에서 2000년까지 13만 명의 직원을 감축하고 4만 개의 지점을 폐쇄했다.

이런 조치를 통해 비록 큰 금융위기는 방지할 수 있었지만, 국유상업은행들의 성과를 개선하지는 못했다. 금융 부문에서의 자산의 질은 계속 악화되었다. 2002~2003년에 중국 지도층이 바뀌면서 금융개혁은 새로운 탄력을 받게 되었다. 모든 예금수취 기관들에 대한 감독을 강화하기 위해 2003년 4월에는 새로운 규제 기관인 중국은행업감독관리위원회가 설립되었다. 2003년 초에 새로운 중국 지도부는 개혁 전략을 변화시켜, 국유상업은행들을 합자회사로 전환한 다음 그 주식을 해외 및 자국 내 주식시장에 상장하여 기업지배구조를 개선하려 했다. 이 전략은 중국 정부가 비교적 부실채권이 적은 중국은행, 중국건설은행, 2개의 국유상업은행을 새로운 자본유입과 기업화의 대상으로 선정한 2003년 말에 실행되었다.

이 전략의 일부로 중국이 보유한 외환 중 450억 달러가 중국은행과 중국건설은행의 기본자본(core capital)으로 전환되었다. 또한 중국 재정부는 이 두 은행에 대한 3,000억 위안의 채무를 탕감해줬다. 이를 통해 중국 정부는 은행들이 기업지배 구조를 개선하고 보다 높은 성과를 내도록 했다. 해외에 상장된 다른 독점 국유기업들처럼, 중국은행과 중국건설은행은 외국의 전략적인 투자자들을 받아들였다. 서구의 2개 거대 은행인 도이체 방크(Duetsche Bank)와 시티그룹(Citigroup)이 중국건설은행의 지분에 관심을 보였다.

국유상업은행들의 긴급구제에만 GDP의 약 20% 해당하는 총 2조 3,000억 위안이 필요했다. 그러나 금융 부문의 부실채권을 모두 탕감하는 데에는 이보다 훨씬 더 많은 금액이 필요할 것이다. 중국 정부의 금융 부문 운영방식에 대한 대대적인 변화가 없는 단순한 자본 유입과 주식시장 상장은 정부의 직접적인 통제를 받는 국유상업은행들이 허수아비에 지나지 않는다는 본질을 변화시키지 못할 것이다.

중국의 금융개혁 노력에 대한 전반적인 평가는 부정적이다. 그것은 주로 개혁안들이 경쟁력 강화, 효율성 개선, 부실채권 감소에 실패했기 때문이다. 국가가 지배하는 중국의 금융 부문은 저축이 가장 생산적인 부문에 쓰이도록 하는 본연의 역할을 다하지 못했다. 금융권의 대출은 각 성의 경제성장에 부정적인 영향을 끼쳤다. 대출금이 국유기업을 유지하는 데 들어갔기 때문이었다. IMF의 연구에 따르면 국가가 지배하는 중국의 금융기관들은 금융 자원을 생산적인 자산으로 만드는 데 효율적이지 못한 것으로 나타났다.

중국에서 가장 효율적이고 빠른 성장을 한 사영기업, 또는 빠른 성장을 이룬 성(省)들은 성장을 위한 재원을 확보하는 데 국유 금융권을 이용하지 않았고, 비국유 재원을 이용하여 빠른 성장을 이룩했다. 국유은행들의 영향력이 보다 약하여 금융 부문이 보다 다양한 성들에서는 성장률이 보다 높았다. 정부가 통제하는 금리정책 때문에 대출금리에는 리스크가 반영되지 않는다. 이는 중국의 거시경제를 불안정하게 만들고 있다. 중국 정부가 1980년대에 대출을 억제하여 경착륙을 유도하긴 했지만, 국유기업에 대한 보조금(대출 증가)은 경제에 거품이 일 때 지나친 투자를 유발하기 때문이다. 금융개혁은 중국의 자본시장 통합에도 실패했다.

국유상업은행들의 문제는 부실채권

금융 부문에서 중국 정부가 취한 개혁 수단들을 평가하려면 세 가지 조건을 적용해봐야 한다. 첫째는 그러한 개혁 수단들이 금융 부문에 대한 국가의 통제와 간섭을 줄였는가의 여부다. 둘째는 그러한 개혁 수단들이 경쟁을 증가시켰는가의 여부고, 셋째는 금융 부문의 성과를 향상시켰는가 하는 점이다. 안타깝게도 중국의 금융개혁은 이 세 가지 모두를 충족시키는 데 실패했다.

중국 정부의 개혁 수단들은 금융 부문에 대한 국가의 통제와 간섭을 줄이는 데 실패했다. 이것은 금융기관들의 지분 구조를 보면 알 수 있다. 완전히 국유화된 4개의 지배적인 국유상업은행들 외에도, 사실상 다른 모든 합자은행들이 국가와 연계된 기관과 지방정부가 소유하고 있다. 새로 설립된 시(市)상업은행들도 지방정부와 국유기업들이 소유하며 통제하고 있다. 명목상으로는 농부들이 소유하는 것으로 되어 있는 농촌신용사들조차 지방정부가 운영하고 있다. 금융 부문에 대해 국가가 완전히 독점하고 있는 것이다.

진정한 민간 금융기관은 중국민생은행이 유일하다. 그러나 2003년 기준으로 민생은행의 자산은 300억 달러로, 그 규모가 비교적 작다. 2003년에는 중국 정부가 추가로 민간은행의 설립을 허가할 수도 있다는 징후가 있었다. 2004년에는 지방정부가 통제하지 않는 민간 농촌상업은행을 설립하는 것이 논의되기도 했다.

금융 부문의 중국 내 사영기업들과 비교할 때, 외국 은행들은 이들보다 약간 더 선전했을 뿐이다. 1990년에 외국 은행들이 중국에 지점과 대표사무소를 열 수 있도록 허용되긴 했지만, 금융거래와 외국인 투자 기업에 대한 서비스 이상의 활동은 광범위하게 금지되었다.
1997년에 외환을 운영하는 173개 외국 은행들 중 단 9개만이 위안화
운영이 허용되었다. 외국 은행들은 380억 달러의 자산(중국 내 국유상
업은행 자산의 약 3%)과 270억 달러의 대출금을 보유하고 있었다.
2002년의 상황도 근본적으로 다를 것이 없었다.

중국 내 외국 은행들이 보유한 자산은 중국 내 전체 은행의 1%에
지나지 않았다. 합자를 통해 중국 내 금융 부문에 참여하는 것도 금
지되어 있었다. 소수의 외국 금융기관들만이 몇몇 소규모 합자은행
(민생은행 포함)에 대한 지분투자가 허용되었을 뿐이었다. 2003년 말
까지 중국에는 중국-외국 합자은행이 단 7개만 있었다.

국가가 금융 부문을 지배함으로써 발생하는 가장 즉각적이고 중
요한 영향은 금리에 대한 중국 정부의 엄격한 통제다. 개혁 기간 대
부분 동안 중국 정부는 대출금리와 예금금리를 엄격하게 통제했고,
금융 자유화의 속도는 크게 떨어졌다. 2002년부터 특정한 형태의 금
융거래에 대해서는 제한적으로 탄력적인 운용이 허용되었지만, 이
것이 금융시장에는 그다지 영향을 끼치지 못했다. 예를 들어 중국 정
부는 은행들 간의 시장에서는 대출금리를 자유로이 하도록 허용했으
며, 외환 예금금리도 완전히 자유화되었다. 그러나 모든 은행들의 예
금금리는 중국인민은행이 정한 기준을 따라야 했다. 대출시장의
80% 이상을 차지하는 국유상업은행들과 11개 합자 상업은행들의 대
출금리 또한 중국인민은행이 정한 것을 따라야 했다.

중국의 금융개혁은 경쟁성 측면에서도 실패했다. 1979년 이후 취
해진 조치들은 금융시장의 근본적이고 구조적인 변화를 일으키지 못

했고, 국유상업은행들의 지배적인 위치는 전혀 바뀌지 않았기 때문이다. 1986년에 4개의 국유상업은행들은 중국 내 전체 예금의 83%, 대주잔고의 90%를 보유하고 있었다. 하지만 다른 금융기관들이 출현하게 되자 2003년까지 이 은행들의 점유율은 크게 떨어져, 예금의 65%, 대주잔고의 66%를 보유하게 되었다.

그러나 금융시장에서의 이들의 지배력은 전혀 변하지 않았다. 국유상업은행들이 시장점유율을 지킬 수 있었던 것은 소유주인 국가가 경쟁을 막기 위해 규제를 했기 때문이다. 예금시장을 예로 들면, 중국 정부는 국유상업은행들에 대한 보증을 한다. 국유기업들은 자신들에게 대출을 해준 국유상업은행에만 자금을 예치할 수 있다. 결론적으로 말해, 대출과 예금에 대한 고정금리 제도가 국유상업은행들보다 더 나은 이자를 제공하여 국유상업은행들에 도전하려는 경쟁을 막은 것이다.

금융 부문에서의 경쟁을 억제하는 것은 경제 원리를 거스르는 것이다. 성과와 관련된 모든 자료를 보면, 새로운 시장 진입자들(합자은행, 민생은행, 외국 은행들)이 보다 효율적인 운영을 하며 뛰어난 성과를 냈다. 합자은행들은 자산과 순이익 면에서 국유상업은행들보다 6배 이상의 수익을 올렸다.

1994년부터 1998년까지, 자산과 자본에 대한 이들의 수익은 국유상업은행들보다 10배가 높았다. 이들이 보유한 자산은 질적으로도 뛰어났다. 2003년 6월에 11개 합자은행들이 보유한 부실채권은 9.3%에 그쳤는 데 비해, 4개 국유상업은행들의 부실채권 비율은 21.4%였다. 도시신용사를 계승한 시상업은행들도 국유상업은행들보다 낮은

비율의 부실채권을 보유하고 있었다. 농촌신용사들만이 국유상업은
행들보다 높은 비율의 부실채권(30%)을 보유하고 있었다. 2002년에
민생은행의 부실채권 비율은 단 1.74%에 지나지 않았고, 외국 은행
들이 보유한 부실채권 비율은 4.3%였다.

　민생은행과 외국 은행 등이 더 큰 수익을 올릴 수 있었던 가장 중
요한 요인은 이들이 채무 불이행을 할 확률이 적은 비국유 기업들에
게 국유상업은행들보다 더 많은 대출을 해준 것이었다. 1998년을 예
로 들면, 중국공상은행의 대출 중 45%가 수익을 내지 못하는 중소규
모 국유기업들에 해준 것이었고, 중국-외국 합자기업과 사영기업에
대한 대출은 29%에 그쳤다. 합자은행들의 전체 대출 중 사영기업에
대한 대출 비율은 비교적 낮았지만, 국유상업은행들의 사영기업에
대한 대출 비율보다는 평균적으로 약 2배가 높았다. 중국민생은행의
중소기업과 사영기업에 대한 대출 비율은 60%였는 데 비해, 국유상
업은행들과 합자은행들은 거의 모든 대출의 대상이 국유기업들이었
다. 1990년대 중반에 국유상업은행들의 대출 중 95%와 합자은행의
대출 중 92%가 국유기업들에 해준 것이었다. 이런 상황은 2000년에
도 개선되지 않았다. 예를 들어 사영기업들이 가장 활성화된 장쑤성
(江蘇省)과 저장성(浙江省) 두 곳에서 대출의 약 5%만이 향진기업을
포함한 사영기업에 해준 것이었다.

　개발도상국들 중 민간 부문에 대한 대출에 가장 차별적인 국가가
바로 중국이다. 1999년에 세계은행이 78개국을 대상으로 한 조사를
보면, 민간 부문에 대한 은행 대출에서 중국은 밑에서 15위를 기록했
다. 이는 아이티, 가나, 시리아, 르완다, 알제리, 니제르, 수단 등의 국

가들에만 앞선 것이었다. 대출을 받을 수 있는 기회가 적은 사영기업들은 내부금융(자기금융)에 의지하게 되고, 이는 기업의 성장을 방해했다. 2000년에 저장성과 장쑤성의 중소기업, 그중에서도 주로 사영기업과 향진기업에 대한 한 연구를 보면, 이 기업들의 자본 중 24%만이 은행 대출이었다.

마지막으로, 중국의 금융개혁은 금융 성과 측면에서도 실패했다. 중국의 지배적인 국유상업은행들은 세계에서 가장 큰 규모에 속한다. 그러나 국제적인 기준으로 보면 1990년대에 자산에 대한 수익 비율이 0.3~0.9로, 최악의 성과를 내는 것으로 나타났다. 자본과 대손충당금을 기준으로 측정해보면, 국유상업은행들은 대차대조표상으로 취약성을 드러냈다. 1990년대에 국유상업은행들의 자기자본비율은 바젤은행감독위원회가 권고하는 8%보다 훨씬 낮았다. 2001년에 4개 국유상업은행들의 평균 자기자본비율은 4.95에 그쳤고, 이는 바젤위원회가 신흥시장의 은행들에게 권고하는 기준의 절반에 이르는 수준이다.

그러나 국유상업은행들(그리고 중국의 금융기관들)이 가진 가장 큰 문제는 어마어마한 부실채권이다. 비록 중국 정부가 1998년에서 2001년 사이에 부실채권을 줄이기 위해 국유상업은행들에 2,000억 달러를 증자했지만, 부실채권 비율은 여전히 높았다. 이는 주로 보다 체계적인 개혁 없이 자본 증자만 이루어졌고, 부실채권이 대량으로 발생되었기 때문이다. 예를 들어 1999년에 공식적인 부실채권 비율은 25%였는데, 1조 4,000억 위안의 부실채권 이전이 완료되어 국유상업은행들의 자산이 크게 증가한 2002년에도 부실채권 비율은 여전히 25%였다.

이런 와중에도 4개의 국유상업들은 1998년에서 2002년 사이에 1조 7,000억 위안의 부실 대출을 했다. 2003년에 나온 공식 자료를 보면, 2003년 9월 기준으로 4개 국유상업은행들의 부실채권 비율은 21.38%였고, 모든 주요 금융기관들의 부실채권 비율은 18.74%였다. 그러나 스탠더드앤드푸어스(Standard & Poors, 이하 S&P)는 2003년에 중국 금융기관들의 실제 부실채권 비율은 약 45%일 것이라 추정했다. 이는 중국의 공식적인 발표보다 2배가 높은 수치다. S&P는 또한 부실채권 회수 비율은 단 20%일 것으로 추정했으며, 중국의 금융 부문이 엄밀히 말해 파산한 상태라고 진단했다. S&P는 부실채권 비율을 5%로 낮추는 데 적어도 15년이 걸릴 것으로 예상했다.

부실한 관리와 부정부패

정치적인 목적의 대출 이외에도, 부실한 관리와 경영 또한 중국 은행들의 성과를 악화시키는 주범이다. 국제적인 기준으로 보면, 중국의 은행들은 내부 통제에 취약하다. 예를 들어 2003년 중국 은행들의 내부감사 인원은 전체 직원의 단 1%에 지나지 않았다. 이는 서구 은행들의 5%라는 수치에 비교되는 것이다. 책임감 또한 거의 존재하지 않는다. 2002년에 은행직원들을 대상으로 한 설문조사를 보면, 20%가 잘못된 판단으로 부실대출을 해도 아무런 책임 추궁을 당하지 않는다고 답했다. 또한 46%는 "부실대출인지를 밝히기 위한 아무런 노력도 하지 않기 때문에 부실대출에 대한 책임을 지지 않는다"고 답했다.

연구가들은 1980년대와 1990년대에 금융기관의 내부자들이 체계적으로 횡령과 남용을 저지른다는 점을 발견했다. 중국은행장과 중국건설은행장을 포함한 다수의 고위간부들이 부정부패 때문에 구속되었다. 2003년과 2004년에는 중국은행 홍콩 지사의 최고위 임원 5명 중 4명이 비리 혐의로 체포되었다. 여기에는 지사장인 류진바오(劉金寶)도 포함되었다. 류진바오는 조사 과정에서 뇌물 받았을 뿐만 아니라 4,100만 위안이 넘는 기금을 횡령한 것으로 드러났다. 횡령액수가 가장 큰 경우는 중국은행의 카이핑(開平), 광둥 지점의 책임자가 1997년부터 2002년까지 4억 8,300만 위안을 훔친 것이었다.

금융기관의 비리와 관련된 금액은 엄청나다. 1999년 국가심계처(國家審計署)가 행한 감사에서 중국공상은행의 4,600개 지점과 중국건설은행의 1,700개 지점에서 4,000억 위안이 잘못 사용된 것으로 나타났다. 2001년 농업개발은행에 대한 또 다른 감사에서 1995~2000년 사이 농업개발은행 본점이 사용처가 불분명한 운영비용을 메우기 위해 불법적으로 5,700만 위안을 빼돌린 것으로 드러났다. 또한 1996~1999년에는 8억 위안을 횡령하여 주식에 투자했으며, 그 이익금을 내부자들이 착복한 것으로 나타났다. 2002년 중국건설은행 광저우 지점에 대한 감사에서도 만연한 비리와 규정위반 사항들이 적발되었다.

부실한 관리, 부정부패, 규정위반 등은 위험성이 많은 대출, 특히 부동산 개발자들에 대한 대출로 이어졌다. 중국인민은행이 2002년에 행한 자체 조사를 보면, 2001년 6월부터 2002월 9월까지 부동산 관련 대출 1,468억 위안 중에서 350억 위안(약 25%)이 규정을 위반한 대출이었다.

중국의 저명한 재정경제학자 2명이 2002~2003년에 시행한 연구를 보면, 중국 은행들의 비리가 얼마나 큰지 알 수 있다. 중국인민은행의 연구국장인 시에핑(謝平)과 그의 동료인 루레이(陸磊)는 2002년에 29개 도시에서 은행직원, 기업 관리자, 농부, 사영기업가 3,561명을 대상으로 조사를 진행했다. '금융기관 종사자들이 자신들의 권한을 이용하여 비리를 저지르는가? 라는 질문에 응답자의 37%가 그러한 관행이 '일반적'이라고 답했고, 45.2%는 이러한 비리가 '매우 자주' 발생한다고 응답했다. 또한 45%는 대출을 받는 데 '추가적인 비용'을 들여 '성의 표시'를 해야 한다고 응답했다. 기업들은 평균적으로 대출금의 3.9%를 뇌물로 제공해야 했고, 추가로 4.9%를 은행과의 관계를 유지하는 데 들여야 했다. 농부들의 경우는 대출을 받을 때 대출금의 5.9%가 뇌물로 들어가고, 은행과의 관계를 유지하는 데 추가로 대출금의 2.9%를 써야 하는 것으로 나타났다.

기업과 농부가 대출을 받는 데 드는 비용과 은행과의 관계를 개선하는 데 드는 비용(뇌물)을 합하면 둘 다 8.8%로 일치한다는 점은 주목할 만하다. 명목상의 은행 대출 이자와 이 8.8%의 뇌물을 합한 것이 은행으로부터 대출을 받는 실질적인 금리가 되며, 이는 민간 신용시장의 이자와 비슷한 수준이다(사채시장의 이자는 은행의 이자보다 약 10% 높다). 이는 곧 기업과 농부가 실질적으로 대출을 받는 비용이 높다는 것을 뜻한다. 사실상 이 조사에서 은행원들의 수입을 결정하는 것은 그들의 성과가 아니라, 대출을 결정하는 권한과 고객과의 관계임이 드러났다. 따라서 은행의 고위직 책임자나 대출담당자들의 수입은 매우 높았다. 조사 대상 응답자들은 은행 책임자가 뇌물로 받는 금액이 전체 수입 중 48%를 차지하고, 대출담당자의 경우는 31%일 것으로 추정했다.

금융 통제를 절대 포기하지 않는 중국 정부

돌이켜보면 중국 정부가 금융 부문 개혁을 뒤늦게 시작하고, 그에 대한 비용이 많이 들었음에도 개혁에 성공하지 못한 것은 전혀 놀라울 것이 없다. 곡물수매 제도와 정보통신 서비스와 마찬가지로, 금융 부문도 중국 정부가 포기할 수 없는 '기간산업'이다. 사실 자본을 배분하는 금융 부문의 중요한 역할 및 자본이 개발도상국에서 가장 중요한 자원인 점 등을 생각해볼 때, 금융 부문은 중국공산당이 정실주의와 지지기반을 유지하는 데 있어 그 어느 것보다 훨씬 더 중요한 부문이다. 그 어떤 경제 조직이나 네트워크도 자원 배분이나 정치적 지지기반을 확보하는 데 있어 170만 명의 직원, 15만 개의 지점, 1조 위안의 자금을 가진 4개의 국유상업은행들을 당할 수 없다. 이런 이유로 중국공산당이 경제체제 전환 초기에 진정한 자유화와 탈국가화를 통해 금융 부문에 대한 통제를 포기하는 것은 정치적으로 큰 위험일 것이다.

정권의 정치적 생존이 최우선이었기 때문에, 금융 부문을 개혁하려는 중국 정부의 전략은 전반적인 경제자유화 과정을 국가가 통제하는 데 초점이 맞춰졌다. 이러한 통제는 중국 내 사영기업 및 외국 은행들의 경쟁 참여 저지, 개혁 기간 동안 국가가 관계된 여러 금융 기관들 중에서 특히 국유상업은행들에게 사실상의 독점 허용 등을 통해 유지되었다. 이런 점에서 국유상업은행들의 독점을 보호하려는 중국 정부와 다른 (신규) 경쟁자들이 정보통신 서비스 시장을 점유하지 못하도록 집요하게 노력한 중국우전부 사이에는 놀랄 만큼 비슷한 점들이 있다.

이런 현상에는 분명 관료정치가 존재한다. 우전부(우전부에서 분리된 차이나 텔레콤과 차이나 모바일 포함)와 같은 기존 독점세력과 4개의 국유상업은행들은 정권 내에서 관료주의적인 영향력을 구가하며, 자신들의 특권적 위치가 새로운 시장 진입자들에 의해 위협받기를 원치 않는다. 그러나 이것만으로는 또 다른 의문에 대한 해답이 되지 못한다. 이러한 관료주의적인 영역싸움에서 승자와 패자를 결정하는 것은 공산당 최고위층들이다. 최고위층들은 정보통신과 금융 부문의 자유화와 경쟁을 통해 효율성이 개선될 수 있고, 이를 통해 얻을 수 있는 이점들을 잘 알고 있다. 그런데도 어째서 이처럼 독점을 폐지하지 않는 것일까?

그것은 아마도 새로운 시장 진입자들이 현재의 정실주의를 구조적으로 흔들고, 중요한 자원을 배분하는 공산당의 역량을 약화시킬지 모른다는 두려움 때문일 것이다. 중국공산당 자체가 고도로 권력이 중앙집권화되었다는 점을 주목해야 한다. 중앙집권화된 정치구조에서는 중앙집권화된 의사결정 구조가 이상적이다. 중국의 경우, 진정한 탈국가화가 없는 경쟁은 보다 분권화된 경제로 이어질 수 있다. 비록 중국이 재정과 행정을 분권화하는 점진적 개혁을 단행하긴 했지만, 중국 정부가 어쩔 수 없이 재정 분야를 점진적으로 분권화했다가 1994년부터 다시 재정 시스템을 중앙집권화했다는 점을 주목해야 한다.

재미있는 것은, 재정분권이 중앙정부의 대출에 대한 통제를 유지하도록 했다는 점이다. 재정 세입이 감소하는 반면 금융 부문에서의 저축인구는 급격히 증가하는 상황에서, 중앙 당국자들이 금융 부문에 대한 통제를 강화하는 것은 당연한 일이었다. 재정분권에 이어 금융 시스템까지 분권화하는 조치는 대출을 통제하는 중앙정부의 능력을 약화시키고, 잠재적으로 정치적 영향력을 크게 약화시키기 때문이다.

금융 부문에서의 지대보호와 내부자들에 의한 지대소멸은 곧 개혁되지 않은 금융 시스템을 유지하는 데 많은 비용이 든다는 것을 뜻한다. 금융 부문의 비효율성과 지대소멸이 복합되어 전체적인 재정 시스템의 안정을 위협하고, 정부는 이에 대한 조취를 취하지 않을 수 없게 된다. 중국의 경우, 금융 부문의 악화를 늦추기 위해 정부가 점진적인 개혁을 도입하지 않을 수 없었다. 국유기업들의 재정 성과가 급격히 악화되던 1990년대 초에 일련의 조치가 조속히 필요했다. 1992~1993년의 경제 과열과 개혁주의자들의 지도자이며 부총리였던 주룽지(朱鎔基)가 경제 관련 결정권을 효과적으로 인수하면서, 1994~1995년에 개혁방안들이 채택되었다.

그러나 이러한 점진적인 개혁안들은 별다른 성과를 내지 못했다. 중앙은행의 역할 강화가 빠져 있던 당시 개혁안들은 경쟁을 촉진하지 못했고, 국유은행들을 진정한 상업은행으로 바꾸지도 못했다. 이 당시 채택된 개혁안들 중 어떤 것도 대출에 대한 국가의 독점을 종식시키려는 의도가 없었고, 지대를 배분하는 정권의 능력에 위협이 되는 것도 없었다. 이러한 부분적인 개혁의 결과는 이미 예상되는 것들이었다. 즉 금융 시스템은 여전히 국가의 통제를 받으며 정치권의 허수아비에 지나지 않았고, 자산의 악화는 가속화되었다.

이러한 부분적인 개혁이 시행된 지 10년도 안 되어 중국 정부는 허약한 금융 시스템을 유지하기 위해 보유 외화를 쏟아 부었다. 흥미롭게도 2004년 초에 있었던 은행들에 대한 긴급구제책을 보면, 중국 정부는 금융 부문에 대한 통제를 포기할 생각이 전혀 없었다. 자본 투입, 기업화, 주식시장 상장 이후에도 중국 정부는 이전 국유상업은행들의 재편 과정에서 여전히 많은 지분을 보유하려 했다. 중국 내 사영기업들이 금융 부문에 참여하는 데는 여전히 많은 장벽이 있다. 중국의 WTO 가입도 외국 은행들의 중국 시장 진출을 방해하는 장애를 제거하는 데는 큰 영향을 끼치지 못할 것이다. 달리 말하면, 중국공산당은 아무리 큰 비용이 들더라도 공산당의 안전과 불가분의 관계를 맺고 있는 금융 부문을 반드시 지키려는 것으로 보인다.

점진주의로 인한 정치적 비용

점진주의를 옹호하는 사람들은 점진적 개혁을 평가할 때 부분적인 개혁과 실패, 그리고 그 실패가 전반적인 개혁 과정에 끼치는 영향력을 간과하거나 경시하는 경향이 있다. 중국의 경우 이러한 부분적인 개혁과 실패는 2보 전진 1보 후퇴라는 위에서 아래로의 개혁이 갖는 특징 대부분을 드러냈다. 이러한 개혁안들이 채택되었던 시대적 배경 속에서 각각의 개혁안을 세밀히 들여다보면 이 개혁안들이 긍정적이고 진취적인 것으로 보일 수도 있다. 비록 잔여 지대(residual rent)와 기회비용 측면에서 이러한 개혁에 많은 비용이 들기는 하지만, 중국 지도부는 개혁안을 채택함으로써 잠재적으로 얻을 수 있는 이익이 개혁에 드는 비용보다 더 많다고 판단했던 것이다. 그리고 사실 모든 것을 감안할 때 점진적인 개혁이 개혁을 아예 하지 않는 것보다는 낫다.

그러나 경제개혁은 경로 의존적이다. 즉 부분적인 개혁 때문에 의사결정권자들이 특정한 경로에만 갇히게 되고, 부분적인 개혁의 실패로 인해 향후 발생하는 비용을 어떻게 해야 하는지에 대한 선택에 제한을 받게 된다. 결함이 있는 개혁 방안들은 그것이 실패할 경우 큰 대가를 지불해야 한다. 이는 기득권에 대한 반대뿐만 아니라 개혁가들의 평판 측면에서도 그렇다. 사실 개혁가들은 자신들의 정치적 위치를 유지하려면 이처럼 평판에 흠이 가는 상황이 자주 발생해서는 안 된다.

또한 이러한 부분적인 개혁에는 비용이 매우 많이 발생하거나 당초 예상을 초과하는데도, 그런 개혁으로 인한 이점은 당초 기대했던 것보다 매우 적거나 심지어 아예 아무런 이점도 얻지 못하는 경우도 있다. 점진적 개혁 단계들이 효율성을 향상시킬 것이라 추정하기는 쉽다. 그러나 각각의 점진적 개혁 단계는 이해당사자들 사이에서 신중히 타협된 정책들이며, 경제적 비효율성을 지속시키는 타협안들을 담고 있다. 합리적인 상황 하에서는 부분적인 개혁안이라도 효율성이 보다 향상될 수 있다. 그러나 기존의 비효율적인 측면은 정치적인 보호를 받는다. 따라서 그러한 비효율성을 유지하기 위한 비용은 매우 높아지거나, 부분적인 개혁을 통해 효율성을 향상시켜 얻는 수익보다 많아지게 된다.

이에 해당되는 가장 좋은 사례는 아마도 중국이 1980년대에 국유기업들을 개혁하면서 도입한 속칭 계약제일 것이다. 이 제도는 농가책임제를 모델로 한 것으로, 원래는 계약제를 통해 국유기업 경리(책임자)들에게 기업의 성과를 향상시킬 수 있는 동기를 부여할 수 있을 것으로 생각했다. 이는 국유기업 경리들에게 특정한 목표를 제시하고, 목표의 초과달성에 대해서는 자율권을 부여하는 것이었다. 그러나 그 결과 자산박탈 현상이 일어났고, 장기적으로는 오히려 기업의 성과가 악화되었다. 국유기업의 내부자들은 기업의 실적과 자산의 질을 악화시키면서, 자신들의 봉급을 극대화하기 위해 단기적인 성과를 올리는 데만 매달렸다. 결국 이 계약제는 1990년대 초에 완전히 폐지되었다.

중국의 경제는 얼마나 시장화되었나?

경제체제 전환기에 시장의 힘이 경제활동에 얼마나 영향을 미치는지를 측정하는 것은 개혁의 성공을 측정하는 데 있어 중요한 방법이다. 중국의 점진적인 접근법이 이룬 성과를 평가할 때 매우 중요한 잣대는 경제의 시장화다. 중국의 학자들은 1990년대 후반 중국 경제의 시장화 정도가 전체로 봤을 때 약 50%라고 평가했다. 이는 곧 체제전환이 약 절반 정도 이루어졌다는 뜻이다. 그러나 지역과 분야에 따라 시장화 정도는 다양하다. 중국의 공식적인 보고서를 보면 시장화 정도는 재화(commodity)가 보다 높고, 생산에 투입되는 요소(factor)는 비교적 낮으며, 금융 부문이 가장 낮다. 또한 동부의 해안지역이 서부지역보다 시장화 정도가 높다. 여기에서는 중국이 점진적 경제개혁을 도입한 지 25년이 지난 시점에서 얼마나 시장화를 이루었는지, 다양한 경제지표를 이용하여 평가해볼 것이다.

생산과 고용에서 국유기업이 차지하는 비율

국유기업에 대한 국가의 직접적인 소유가 기업의 경제활동을 통제하거나 영향을 미친다는 점에서, 국유기업들이 경제 생산을 얼마나 점유하는가는 시장화 정도를 측정하는 중요한 잣대가 된다. 국유기업의 생산 점유율이 높을수록 시장화 정도는 떨어지며, 그 반대일 경우 시장화 정도는 높아진다. 이 관점으로 보면 중국의 시장화 정도는 크게 향상되었다고 말할 수 있다. 예를 들어 공식적인 수치를 보면, 2001년에 국유기업들(국가가 대주주인 기업 포함)의 산업 생산량 점유율은 44%로, 이는 1985년에 비해 20%가 하락한 수치였다. 국유기업의 고용 비중 또한 비슷하게 감소했다. 1985년에 전체 산업 노동력 중 국유기업에 근무하는 비율은 68%였으나, 2001년에는 그 비율이 48%로 떨어졌다.

그러나 시장화가 비록 급격히 이루어졌다고는 해도, 이러한 수치는 중국의 주요 경제 분야에서 여전히 국가가 중요한 존재임을 나타낸다. 특히 정보통신, 금융, 에너지, 발전, 민간항공, 철도운송 등 핵심적인 분야에서 중국 정부는 여전히 독점, 또는 독점에 가까운 지위를 유지하고 있다. 이러한 중요 부문들에 대한 통제는 중국 정부로

하여금 경제활동에 큰 영향을 끼치도록 하며 시장을 왜곡시킨다. 이는 국유기업이 산업 생산에서 차지하는 점유율에 비해 훨씬 더 큰 영향을 끼치는 것이다.

시장화 정도가 가장 낮은 금융 부문

대부분의 경제학자들은 중국의 재화시장이 요소시장(기업이 공급자가 아닌 수요자로 참여하는 시장 - 옮긴이)보다 훨씬 자유화되었다는 것에 동의한다. 재화의 가격을 국가가 정하는 비율도 크게 감소되었다. 개혁 초기에는 총액 면으로 볼 때, 농산물 가격의 93%, 산업생산 자재 가격의 100%, 소매 상품 가격의 97%를 국가가 정했다. 토머스 로스키에 따르면 1990년대 중반에는 소매 상품 가격의 93%, 농산물 가격의 79%, 생산자재 가격의 81%가 시장의 힘에 의해 결정되었다. 2000년 중국 정부의 공식 연구보고서는 농산물 가격의 90%, 생산재 가격의 86%를 시장이 결정한다고 주장했다. 그러나 이 수치는 중국 정부가 물가를 통제한다는 사실을 축소하기 위해 부풀려졌을 가능성이 있다. 중국의 한 경제학자는 석탄, 철강, 철도운송, 원유, 전기를 포함한 여러 재화와 서비스의 물가를 정하는 데 중국 정부가 큰 영향력을 행사한다고 주장했다. 그 결과 1990년대 중반에 완전히 시장에 의해 물가가 정해진 비율은 약 60%에 그쳤다.

요소시장에서는 국가가 확고한 통제를 유지하고 있다. 한 연구에서는 1990년대 중반 노동시장의 시장화 수준이 30% 이하라고 추정했다. 이는 중국 정부가 노동시장을 규제하기 때문이었는데, 특히 농촌의 노동인구가 도시로 유입되는 것을 규제했기 때문이었다. 그러

나 시장화 수준을 이보다 높게 추정하는 연구결과들도 있다(65~70%
범위). 중국 정부는 토지에 대한 국가의 소유 및 토지 취득에 관한 규
제를 통해서 부동산시장에 대한 지배도 유지하고 있다. 이와 유사하
게, 중국 정부가 소유권 이전에 엄격한 제한을 두기 때문에 중국에서
는 기업경영권 시장도 출현하지 못하고 있다. 또한 지적재산권 보호
의 취약성 때문에 기술시장의 발전도 매우 느리다.

중국의 금융 부문이 시장화 정도가 가장 낮다는 것에는 이론이 없
다. 심지어 중국의 국가계획위원회마저도 1990년대 중반 자체 평가
에서 금융 부문의 시장화 수준이 28%라고 밝혔다. 로스키의 연구를
봐도 중국의 자본시장이 가장 자유화가 덜 된 분야임을 알 수 있다.
이러한 사실들은 중국 정부가 대형 은행 및 금융기관들을 직접적으
로 지배하고 자본에 대한 접근을 철저히 통제한다는 사실에 비추어
볼 때 전혀 놀라울 것이 없다.

경제활동에 대한 낮은 시장화로 인해 발생하는 왜곡된 결과는 매
우 커 보인다. 로스키는 투자에 대한 중국 정부의 통제 때문에 중국
의 거시경제 성향이 시장경제가 아닌 계획경제의 패턴을 띤다고 주
장한다. 로스키가 시기에 따라 변동이 심한 중국 경제에 대해 연구한
것을 보면, 중국 경제는 1분기에는 성과가 크게 하락했다가 4분기가
되면 크게 성장하는 등 분기별로 그 성과가 매우 심하게 변한다. 중
국의 경제성장은 대부분 투자에 의한 것이고, 중국 정부는 대부분의
투자자본에 대해 통제를 하고 있다. 따라서 로스키는 이러한 변동이
심한 현상이 중국 정부가 경제에 큰 영향을 끼치는 명백한 증거라고
생각한다.

또한 시장화 정도는 지역에 따라서도 큰 차이를 보인다. 예를 들어 중국의 경제학자들이 추정한 시장화 정도를 보면, 시장경제로의 진행을 추정할 수 있는 지표로 점수를 매겼을 때 시장화가 가장 높은 지역과 가장 낮은 지역은 3~4배의 차이를 보였다. 판강(樊綱)이 2000년에 주도한 연구에서는 광둥성이 가장 시장화가 높은 지역인 것으로 나타났다(10점 만점에 8.41점). 그리고 저장성(8.32), 푸젠성(8.10), 장쑤성(7.90), 산둥성(7.15)이 그 뒤를 이었다. 이와 비교하여 가장 시장화가 덜 된 5개 지역은 신장성(3.15), 칭하이성(青海省, 3.40), 닝샤(寧夏, 4.02), 산시성(陝西省, 4.15), 산시성(山西省, 4.53)이었다. 이 연구 결과는 앞서 살펴본 것처럼, 동부의 해안지역이 중부 농업지역보다 시장화 정도가 높고, 서부지역은 중부지방보다 시장화 정도가 낮다는 것이 사실임을 재확인시켜 준다.

지역 보호주의와 중복 투자

중국의 경제개혁 진행과정에서 가장 큰 비판을 받는 부분은 내수시장의 분열 및 왜곡 현상이다. 중국과 외국의 전문가들은 하나같이 시장의 분열 및 왜곡 현상의 원인을 지역 보호주의의 탓으로 돌린다. 지역 보호주의는 지방 당국이 무역과 투자를 가로막는 행정상의 장벽이다. 이러한 지역 보호주의가 개혁 기간에 등장한 것(일부 학자들은 개혁 이전에는 지역 보호주의가 없었다고 주장한다)은 다양한 요소들 때문인데, 분석가들은 그중에서도 행정의 분권화와 중국의 독특한 재정연방주의를 주된 요인으로 꼽는다. 재정연방주의는 지방정부로 하여금 기업의 소득을 세금을 통해 걷도록 해준다.

지역 보호주의는 허약한 사법체계로 인해 더 악화되고 있는데, 이는 지방의 정치 당국자들이 지역의 기업에 유리한 판결을 내리도록 법원을 압박하기 때문이다. 그 결과 지역 기업에 불리한 판결이 내려지거나 그것이 집행되는 경우는 거의 없다. 중국인민정치협상회의가 헤이룽장성의 법원을 조사한 경우를 예로 들면, 재판에서 패소할 것으로 예상되는 67개 지역 기업들을 위해 지역 당국이 법원에 특별 지침을 내린 경우가 있었다. 지역 당국이 이 기업들에게 불리한 판결을 내리지 말도록 법원에 직접적인 지시를 내린 것이다.

앨윈 영(Alwyn Young)의 실증적인 분석을 봐도 경제체제 전환기에 경제권이 지방정부로 이양된 것이 시장의 분열과 급격한 생산량 증가의 원인임을 알 수 있다. 중앙정부보다는 지방정부가 지방의 경제를 통제하는 것이 더 알맞기 때문에 전체적인 생산량은 증가하게 된다. 이는 중앙정부가 통제를 하지 않아서가 아니라 분권화 때문이다.

중국에서 시장의 분열은 산업의 중복 투자, 생산에 투입되는 요소의 비효율적인 분배, 지역 간의 무역전쟁, 지역 자급자족의 출현 등에서 명백히 드러나고 있다. 다른 경제학자들의 연구를 봐도 비효율성이 시장의 분열 요인임을 알 수 있다. 그중 한 연구에 따르면, 지역 내 기업들에 대한 자원의 비합리적 배분으로 인한 경제의 비효율성이 1980년대 중반부터 심화되기 시작했고, 이런 현상은 1990년대가 되어도 전혀 개선되지 않았다고 한다. 사실상 이는 시장 분열의 주된 결과다.

보다 자세히 살펴보면, 시장의 분열은 재화시장과 요소시장 둘 다에 영향을 끼친다. 재화시장에서는 지방정부가 다른 지역에서 만든

재화가 유입되는 것을 막고, 원자재가 지역 밖으로 유출되는 것을 막는다. 지역 당국은 수량 제한, 규제 장벽, 추가 부담금 부과 등 다양한 합법적·비합법적 수단을 동원한다. 예를 들어 18개 성이 다른 성에서 생산된 주류제품이 자신들의 지역에서 판매되지 못하도록 하거나 그 양을 제한하고 있다.

지역의 제품을 보호하기 위해 추가 비용을 부과하는 또 다른 놀라운 예는 자동차다. 다른 지역에서 생산된 자동차를 구매하는 소비자들은 자동차 등록과 검사에 추가 부담금을 내야 한다. 1998년에 자동차에 부과된 추가 부담금은 1,600억 위안이었는데, 이 중 약 절반이 승인되지 않았거나 불법적인 것이었다. 반면 같은 해 자동차 산업 분야에서 발생한 수익은 40억 위안에 그쳤다. 시장 분열과 지역 간의 무역이 느리게 성장하는 것 사이에는 연관성이 있다는 증거가 있다. 1985~1992년 사이 중국의 수출은 해마다 17%, 수입은 10% 성장했고, 같은 기간에 소매 판매는 연간 9%씩 성장했다. 그러나 성 간의 무역은 연간 4.8% 성장에 그쳤다.

시장의 분열은 요소시장에도 영향을 미친다. IMF의 연구를 보면, 중국의 자본시장이 크게 분열되어 있음을 알 수 있다. 1990년대 중국 내의 지역 간 자본의 이동성은 선진국들의 국가 간 자본의 이동성과 비슷했다. 노동시장에서는 지방정부가 지역 내 주민들을 타 지역에서 온 노동자들과의 경쟁으로부터 보호하기 위해, 지역 기업들이 지역 주민들을 우선적으로 채용하도록 압박한다. 또한 추가 부담금, 거류허가증 요구, 기술 자격증 요구 등을 통해 타 지역 출신 노동자들을 고용하는 데 부담을 느끼도록 만든다. 지역 내 자본시장 또한 분열되어 있는데, 이는 지역 당국이 자본의 이동과 기업경영권 이전을 방해하기 때문이다. 지역 당국은 항상 지역 자본이 외부로 유출되는 것은 제한하고, 타 지역 기업의 투자 및 지역 내 기업 인수를 막는다.

중국의 기업 중역들은 지역 보호주의가 광범위하게 퍼져 있다고 말한다. 2002년에 중국 국무원발전연구중심이 중국 전역의 기업 중역 3,539명을 대상으로 한 설문조사를 보면 지역 보호주의가 모든 성에서 만연하고 있었음을 알 수 있다. 응답자들은 타 지역 기업에 가장 차별적인 정책을 가진 곳으로 허난성, 상하이, 베이징을 꼽았고, 그 뒤를 후베이성, 산둥성, 허베이성, 후난성이 이었다.

지역 보호주의는 지역의 발전 정도와는 상관없었다. 가난한 내륙 농업지역도 보다 산업화된 해안지역만큼 차별적이었던 것이다. 이 조사에서 알 수 있는 또 다른 한 가지 사실은, 지역 보호주의가 기업들에게는 큰 부담이 된다는 것이었다. 응답자들 중 34%가 지역 보호주의 관행이 기업 운영에 '매우' 영향을 끼친다고 응답했고, 35%는 '상당히' 영향을 끼친다고 응답했다. 응답자 중 단지 1/3만이 지역 보호주의 관행이 기업 운영에 적게 영향을 끼치거나 거의 영향이 없다고 대답했다.

지역 보호주의는 보다 발전된 해안지역(상하이, 베이징, 산둥성 제외)의 기업들보다는 가난한 서부와 중부지역 기업들에 더 타격이 컸다. 여러 산업 분야들 중에서 가장 심각한 영향을 받는 것은 담배, 제약, 정유, 인쇄, 식품가공, 플라스틱, 전기기기 산업이었다. 가장 영향이 적은 분야는 직물과 의류, 인조섬유, 전자통신장비였다.

재미있는 것은 시장과 원자재를 다른 지방에 의존하는 국유기업들이 보다 규모가 작고 다른 지역에서 비즈니스를 거의 하지 않는 사영기업들보다 지역 보호주의로 인해 더 타격을 받는다는 것이었다. 지역 보호주의의 영향을 가장 적게 받는 기업은 외국인 투자(홍콩과 타이완 포함) 기업들이었는데, 이는 이런 기업들이 다른 기업들보다 수출입에서 국제시장에 더 많이 의존하기 때문인 것으로 보인다.

지역 시장의 분열은 커다란 시장의 왜곡과 비효율성을 낳는다. 특히 지방정부가 투자 활동에 관여하여, 이로 인해 제조설비가 중복 투자되고 수익이 제대로 발생하지 않는 경우는 더욱 그렇다. 지역의 산업구조를 분석한 한 연구에 따르면, 설비의 중복 투자가 중국 내 시장 분열의 핵심 특징인 것으로 나타났다. 예를 들어 1989년에 22개 성의 산업구조 90%가 중국 전체의 산업구조와 일치하는 것이었다. 1994년에는 13개 성의 산업구조 90%, 21개 성의 산업구조 80%가 중국 전체의 산업구조와 일치했다. 이 수치는 지역의 비교우위에 상관없이 거대한 중복 투자가 발생한다는 의미가 된다.

이런 현상은 대부분의 성들이 새로운 수요를 충족시키기 위해 자신들만의 설비를 계속 건설함에 따라 1990년대까지 지속되었다. 2001년 기준으로 23개 성에서 세탁기를, 29개 성에서 TV를, 23개 성에서 냉장고를 생산하고 있었고, 27개 성에서 자동차를 조립하고 있었다. 지방정부가 이러한 산업구조를 바꿀 수 있는 근본적인 동기가 없는 한, 중복 투자는 앞으로도 중국 경제의 구조적 특징으로 남을 것이다. 많은 성들이 자신들의 장기간 산업 목표를 설정하면서, 22개의 성이 자동차 제조를, 24개의 성이 전자산업을, 16개의 성이 기계 제조와 화학산업을, 14개의 성이 금속공학을 자신들의 기간산업으로 설정했다.

　중복 투자는 낮은 설비가동률로 이어진다. 1996년에 직물과 정유 산업의 설비가동률은 70%에 그쳤다. 공작기계, 구리가공, 담배, 증류 주류 부문의 설비가동률은 60%였고, 가전제품(TV, 냉장고, 세탁기) 부문은 30~50%에 그쳤다. 주요 산업제품 94개 품목 중 초과로 생산되는 제품은 61개였고, 설비가동률이 50% 이하인 것은 35개였다.

　공식적인 자료에서도 설비의 중복 투자가 규모의 경제에 손실을 가져온다는 사실이 드러난다. 이에 대한 가장 심각한 사례가 자동차 완제품 조립공장이다. 중국에는 자동차 완제품 조립공장이 1996년 기준으로 116개 있었고, 각 공장에서 매년 평균 1만 2,600대의 자동차를 생산했다. 매년 1만 대 이상을 생산하는 공장은 18개에 그쳤다. 또한 1990년대 후반에 제지공장은 6,000개가 있었고, 각 공장의 연간 생산량은 4,000톤이었다(이는 다른 나라 평균 생산량의 10% 이하다). 맥주공장은 800개가 있었는데, 이들 중 1/10만이 최소 생산량인 5만 톤을 생산했다.

　규모의 경제가 낮다는 또 다른 지표는 중국의 낮은 산업 집중도다. 산업 집중도는 산업에서 몇몇 대기업이 차지하는 점유율을 말한다. 시장의 분열 정도가 높을수록 산업 집중도는 떨어지고, 규모의 경제도 낮아진다. 중국의 경우, 공식적인 수치를 보면 산업 집중도가 다른 개발도상국과 선진국 모두와 비교했을 때 비정상적으로 낮았다. 1985년에 여러 분야의 대기업 100개의 산업 집중도는 평균 14%였다. 1990년에는 이것이 12%로 떨어졌고, 1995년에는 다시 16%로 소폭 상승했다. 1990년대 중반 39개 주요 산업 부문 중 18개 부문(제지, 목재, 음료 등)에서 각 부문의 8개 대기업의 시장점유율(판매량 기준)은 각기 10% 이하였다. 중국의 경제학자들이 중국 경제를 분석한 것을 보면, 낮은 집중도 때문에 중국 기업들의 기술 발전이 느린 것을 알 수 있다.

느리게 진행되는 경제자유화

중국이 국가사회주의 경제 국가들 중 가장 먼저 개혁에 착수한 것은 사실이지만, 중국의 시장경제 수립은 분명 느리게 진행되고 있다. 1996년에 발표된 세계은행의 연구를 보면, 중국의 경제 자유화는 급진적 개혁안을 채택한 동유럽 국가들(폴란드, 슬로베니아, 헝가리, 크로아티아, 체코공화국, 슬로바키아공화국)보다 크게 뒤처져 있다. 이 동유럽 국가들의 자유화 지수는 평균 6.9였으나, 중국의 자유화 지수는 5.5에 그쳤다. 2001년에 시행된 연구에서도 중국과 동유럽 국가들 간의 격차는 변하지 않았다.

프레이저 연구소(Fraser Institute)가 발표한 경제자유지수에서 중국은 크로아티아, 체코공화국, 에스토니아, 헝가리, 라트비아, 리투아니아, 폴란드, 슬로바키아공화국에 크게 뒤처졌으나, 러시아, 우크라이나, 알바니아, 불가리아, 루마니아 등 경제개혁이 느리게 진행되는 국가들과는 비슷했다. 또한 중국의 경제 자유화는 인도, 멕시코, 남아프리카, 필리핀, 브라질 등 거대 개발도상국들보다도 뒤떨어진 것으로 나타났다.

이상 살펴본 중국 경제의 시장화에 대한 사례연구와 분석들이 가

리키는 점은 하나다. 중국이 1979년 이후로 점진적인 개혁을 통해 생산량 측면에서는 큰 성장을 이루었지만, 점진적인 개혁으로 인해 발생한 눈에 보이지 않는 비용이 매우 크고 또한 과소평가되었다는 점이다. 물론 이것은 중국공산당의 입장에서는 정치적으로 큰 성공이었다. 점진적인 개혁이 당초 예상되었던 모든 정치적 이익을 자신들에게 가져다주었기 때문이다. 즉 점진적 개혁은 공산당의 생명을 연장했고, 정실주의를 유지하도록 해줬으며, 심지어 공산당의 권력을 공고히 할 더 많은 수단들을 제공했던 것이다.

그러나 경제 측면으로 봤을 때, 점진적 개혁은 4반세기 동안 중국의 가장 중요한 경제 부문들 중 일부에서만 효율성을 조금 올렸을 뿐이다. 그 대신 곡물수매, 금융 등의 중요한 부문들은 효율성이 약화되었다. 그 결과 두 가지 요소가 점진적 개혁이 지속되는 것을 위협하게 되었다. 첫째는 이러한 부문들(모든 부문이 국가 통제를 받는다)에서 엄청난 재정적자가 누적되고 있고, 이것이 경제 전반의 위기를 크게 가중시킨다는 점이다. 둘째는 지도층들이 (중요 부문들의 재정 상태가 악화되는 경우가 있다 해도) 전례 없이 이러한 중요 부문들에서 얻는 이익을 통제하는 데 의존하게 되어, 단기적인 조치들만 취하면서 과감한 개혁은 피하려 한다는 점이다.

점진적 개혁을 택한 구소련 국가들의 경험에서 알 수 있듯이, 점진적 개혁은 시간이 갈수록 어렵고 위기를 자초하기 때문에 결국에는 정치적으로나 경제적으로 탄력을 잃게 된다.

제4장

발전지향적 국가에서 약탈적 국가로

제1장에서 분권화된 약탈적 국가에 관한 이론을 살펴보면서 중국의 국가적 본질이 개혁 기간 동안 중요한 변화를 겪었고, 이로 인해 약탈적 국가가 출현했다고 이야기했다. 이번 장에서는 제1장에서 이야기한 분석적인 틀을 적용하여, 중국의 경제체제 전환기에 약탈적 국가가 출현한 이유에 대해 설명할 것이다. 그리고 분권화된 약탈적 국가가 가장 극단적인 형태로 나타나는 지방 마피아 국가(local mafia states)에 관한 설명으로 끝을 맺을 것이다.

분권화된 약탈적 국가로 변모하는 중국

국가 약탈이 분권화되는 근본적인 이유에는 네 가지 제도적 요소들이 있다. 즉 소유권의 분권화, 모니터링 역량의 약화, 새로운 탈출 옵션의 등장, 이념적 규범의 약화가 그것이다. 이제부터 이러한 제도적 변수들이 어떻게 1970년대 후반부터 중국을 분권화된 약탈적 국가로 변모시켰는지 살펴볼 것이다.

부정부패와 약탈의 분권화

분권화된 약탈적 국가에 대한 관점은 부정부패를 이해하는 데 유용한 분석도구를 제공한다. 중앙집권화된 약탈적 국가에서는 부정부패 또한 중앙집중화되는 경향이 있다. 따라서 정권의 최고위층들이 가장 부패하고, 또한 약탈한 부의 많은 부분을 차지한다. 그러나 분권화된 약탈적 국가에서는 부정부패가 분산되어 있다. 이러한 관점에서 보면, 부정부패가 분산되는 현상이 1978년 이후부터 발생했다는 배경 하에서 분권화된 약탈적 국가의 출현을 검토해야 한다.

1978년 이후의 부정부패 증가에 관해서는 폭넓은 연구가 이루어져 있고, 그에 관한 자료도 많다. 개혁 이전과 비교하여, 1978년 이후에는 비리 행위가 거의 모든 공공 부문과 모든 공직자들 사이에 퍼지면서, 부정부패가 급격히 증가하고 확산되는 경향을 보였다. 1990년대에 중국의 대중들을 대상으로 한 설문조사도 이런 사실을 반영하고 있다. 일반 대중들은 '가장 큰 관심사' 세 가지 중 하나로 공직자들의 비리를 꼽았던 것이다. 그러나 부정부패 정도와 범위를 추정할 수 있는 신뢰할 만한 자료는 거의 없다.

[표 4-1] 부정부패 사건 중 주요 건수의 증가, 1990~2002년(주석a)

연도	전체 부정부패 건수 중 거대 비리 비율(%)	전체 부정부패 건수 중 고위 공직자가 연루된 비율(%)	기소된 고위 공직자 수
1990	22.7	1.7	1,386
1992	40.6	1.0	652
1994	47.5	2.6	1,768
1996	57.1	3.6	2,461
1997	68.3	3.8	2,222
1998	31.7	4.9	1,674
1999	34.0	5.7	2,200
2002	42.8	6.1	2,925

출처: 〈중국법률연감〉

(주석a) 중국어로 다안(大案)인 '거대 비리'에서 '거대'라는 기준은 횡령 및 뇌물 금액이 1만 위안이 넘는 것을 뜻한다. 1998년부터는 이 기준이 5만 위안으로 상승했다. 고위 공직자들이 연루된 사건은 중국어로 야오안(要案)이며, 여기서 '고위'는 현, 또는 처(處, 대개 과(科)보다는 크고 국(局)보다는 작음 - 옮긴이) 이상의 공직자를 뜻한다.

중국 정부는 정치적 정당성을 잃을 수 있다는 두려움, 또는 부정부패를 근절하려는 노력이 비효율적이라는 사실이 밝혀질 것이라는 두려움 때문에 공직자들의 비리에 관한 구체적인 데이터를 발표하지 않고 있다. 그러나 부정부패를 수사하는 당국과 법원의 조사 및 기소 건수를 보면 부정부패의 정도를 짐작할 수 있다.

1993년에서 1999년까지 부정부패를 수사하는 여러 당국이 조사한 건수는 매년 9%씩 증가했다. 그리고 같은 기간에 부정부패 혐의로 조사를 받은 개인의 수는 매년 12%씩 증가했다. 비리 혐의로 기소된 개인의 수가 부정부패의 범위를 나타내고, 비리 금액이 부정부패의 수준을 나타내는 것이라면, 이와 관련된 공식적인 데이터는 부정부패의 범위와 수준이 꾸준히 증가하고 있음을 나타내고 있다(표 4-1 참조). 전체 부정부패 건수에서 '거대 비리(금액 기준)'로 규정할 수 있는 부정부패는 1990년에서 2002년까지 2배로 증가했다.

[표 4-1]은 부정부패의 범위(연루된 공직자 유형)가 크게 확장되었음을 보여주고 있다. 1990년대 초반에 모든 부정부패에서 고위 공직자(고위 공직자의 공식적인 정의는 현 또는 처 이상의 공직자를 뜻한다)가 연루된 사건의 비율은 약 2%였으나, 12년 후에는 그 점유율이 3배로 증가했다. 같은 기간에 기소된 고위 공직자의 수는 2배로 증가했다. 고위 공직자들이 저지르는 부정부패는 하위 공직자들의 비리에 비해 보다 은밀하다. 고위 공직자는 하위 공직자들의 행동을 모니터링해야 할 책무가 있지만, 부패한 고위 공직자는 이런 책무를 효과적으로 수행하지 못한다. 더욱 나쁜 것은 고위 공직자들의 부패한 관행을 보고 하위 공직자들도 같은 행동을 하도록 자극받을 수 있다는 것이다. 이럴 경우 부정부패는 급격히 늘어나게 된다.

지방 공직자, 또는 이바서우(一把手, 최고 책임자)들이 부패한 현상은 특히 주목할 만하다. 분권화된 약탈적 국가의 관점으로 보면, 지방 권력가들이 불법적으로라도 공권력을 남용하여 수익을 독점하려 마음먹을 경우 약탈이 분산화된다. 공식적으로는 국가의 재정권을 남용하는 이바서우들은 거의 없다. 그러나 이바서우들은 관할권 내에서 거의 변함없이 정치권력을 유지하면서 이를 남용하기 때문에, 독립적인 정치적 독점으로 인해 발생하는 대부분의 특혜를 누리고 있다.

1980년대에는 정치적 지배력을 갖추고 부패한 이바서우의 수가 상대적으로 적었다. 그러나 1990년대 초반부터 이바서우들의 권력이 크게 확대되었다. 이는 주로 중국공산당이 당을 보다 민주적으로 만들려던 개혁방안들이 실행되지 못했기 때문이었다. 1999년에 쓰촨성의 공산당원 1만 1,586명을 대상으로 한 설문조사에서 1/3이 지역 당 대표가 의사결정권을 독점하고 있다고 응답했다. 지방 권력자에게 권한이 집중되는 현상은 부패한 이바서우의 급격한 증가로 이어졌다.

허난성을 예로 들면, 1993년부터 2003년까지 허난성 검찰이 부정부패 혐의로 조사하고 처벌한 이바서우는 4,123명이었고 이들 중 40%가 국유기업의 최고 책임자들이었다. 이는 같은 기간에 횡령과 뇌물 혐의로 기소된 전체 사건의 12%에 해당하는 수치였다. 이바서우들의 탐욕 또한 점점 커지는 것으로 보인다. 1999년에 허난성에서 다안(거대 비리)의 52%에 이바서우들이 연루되었고, 2003년에는 다안의 75%에 이바서우들이 연루된 것으로 나타났다. 부정부패로 유명했던 선양 사건의 경우 선양시장과 중급법원, 검찰, 건설위원회, 재정국, 국가자산국, 세무국, 물가국 책임자들이 포함된 17명의 이바서우가 지역 범죄조직 우두머리를 보호하는 등 부정부패를 저지른 혐의로 유죄판결을 받았다.

국가 규모에 비례하는 부정부패

국가 규모는 국가 약탈의 수준을 결정하는 데 가장 중요한 요소다.

국가 규모가 클수록 이를 유지하기 위해 더 많은 세입이 요구된다. 대체적으로 국가 규모가 클수록 부정부패가 더 심해지는 경향이 있다. 이는 보다 많은 대리인(관료나 공직자)을 고용해야 하고, 이로 인해 보다 심각한 대리인 문제가 발생하기 때문이다(대리인이 많아지면 이들을 모니터링하고 통제하는 것이 더 어려워진다). 그러나 중국의 국가 규모를 추정하는 데는 두 가지 어려운 요소들이 있다. 첫째, 국가에 고용된 대리인들의 수와 관련된 공식적인 데이터를 거의 믿을 수 없고, 그 수를 축소해서 발표하는 경향이 있다. 둘째, 국가를 유지하는 데 드는 비용이 정확히 얼마인지를 측정하기가 거의 불가능하다.

국가의 규모를 가늠하는 방법들 중 하나는 국가에 고용된 대리인 수를 보는 것이다. 중국은 개혁 기간 동안 반복해서 대리인들의 수를 줄이려 노력했지만, 그 수는 매우 많으며 개혁 기간 동안 급격히 증가했다. 공식적인 자료를 보면, 정부 기관의 공직자와 피고용인(교사 및 병원과 같은 비영리 정부기관 종사자 포함) 수는 1953년에서 1978년까지 매년 평균 1.8%씩 증가했다. 그러나 1979년에서 1990년까지는 해마다 6.7%씩 성장했고, 이는 개혁 기간 이전에 비해 3배 이상 높은 수치다.

그러나 국가 대리인들을 분류하는 일관된 기준이 무엇인지, 그리고 국가에 의해 고용된 피고용인들을 얼마나 축소하여 발표하는지 알 수 있는 자료가 없기 때문에 이와 관련된 신빙성 있는 추산은 거의 할 수 없는 실정이다. 2000년 중국의 공무원의 수는 모든 공무원들을 합하면 4,000만 명 이상이었던 것으로 보인다. 2002년의 공식적인 자료를 보면 의사와 교사를 제외한 정부기관, 중국공산당 조직,

[표 4-2] 1990년 당 및 정부기관의 초과 공무원 수(단위 1,000명)(주석a)

정부 차원	승인된 공무원 및 피고용인 수	공무원 및 피고용인의 실제 수	초과된 공무원 및 피고용인 수	초과 비율(%)
성	269	315	46	17.3
전구	147	197	50	34.0
시	1,380	1,610	230	16.7
현	1,710	1,940	230	13.4
향과 구	1,362	3,500	2,140	157.1
합계	4,868	7,562	2,694	55.3

출처: 〈중앙기구편제위원회판공실(中央機構編制辦公室)〉, 〈중국행정개혁대추세(中國行政改革大趨勢)〉 (베이징: 경제과학출판사, 1993), 247, 411. 런샤오, 〈중국행정개혁(中國行政改革)〉 (항저우: 절강인민출판사, 1998), 242.
(주석a) 공안 및 사법 종사자들은 여기에 포함되지 않았다.

그 외 국가가 연루된 사회 조직에 고용된 공무원의 수는 1,075만 명이었다. 이는 1978년보다 2배 이상 많은 수치다. 이 공식적인 수치는 축소되어 발표되었을 가능성이 높고, 실제 공무원의 수는 이보다 훨씬 많을 것이다. 왜냐하면 지방정부가 대개 공무원 과잉 문제를 감추기 위해 자신들이 채용한 인원수를 축소하여 보고하는 경향이 있기 때문이다.

예를 들어 1990년에 가장 권위 있는 기관인 중앙편제위원회(中央編制委員會)가 배포한 자료에 따르면, 국가의 여러 차원에 채용된 공무원 수가 정부가 승인한 것보다 55%가 더 많은 것으로 나타났다(표 4-2 참조). 상황이 이런데도 공무원 과잉 문제는 1990년대에 오히려 더 심해졌다. 중국 정부가 행정운영을 축소할 수 없었기 때문이었다.

공무원 과잉 현상을 분권화된 약탈적 국가의 특성으로 설명할 수 있다는 점은 주목할 만하다. 중국의 경우 공무원 과잉은 국가의 가장 하위 차원인 구(區)와 향(鄕) 정부에서 가장 심각하다. 1990년에 구와 향보다 높은 차원의 정부{전구(專區, 성과 현 사이의 행정구역 - 옮긴이)는 제외}에는 평균적으로 15%의 공무원이 초과된 상태였고, 구와 향 정부의 공무원은 157%가 초과된 상태였다. 1990년에 초과된 공무원의 80%가 구와 향 정부의 공무원들이었다.

중국 국가, 특히 지방 차원의 국가 규모는 공식적인 수치가 나타내는 것보다 훨씬 더 클 수 있다. 예를 들어 대부분의 지방정부는 초과된 공무원에게 임금을 지급하기 위해 '이공대간(以工代幹, 노동자로 하여금 간부의 업무를 대리하도록 하는 것 - 옮긴이)'을 이용해왔다. 1991년에 600만 명의 공무원이 이공대간으로 채용되었다. 공식적인 임명체계를 통해 채용된 공무원들과 달리 이공대간으로 채용된 공무원들은 공식적인 직위가 없으며, 정부 공무원의 고용 인원수에 포함되지 않는다. 이들까지 공무원 수에 포함된다면 1991년 기준으로 성 정부 및 그 이하 차원의 정부(중앙정부는 제외)에 고용된 공무원 수는 1,350만 명(교사, 의사, 판사, 공안 제외)이었다. 이는 승인된 공무원 수보다 180%가 초과된 것이었다.

공무원 수가 많아지면서 1970년대 후반부터는 국가를 유지하는 비용이 상승하게 되었다. 행정비용이 국가 예산에서 차지하는 비율은 1978년에 5.3%였던 것이 2002년에는 18.6%로 껑충 뛰었다. 단순히 금액만으로 봤을 때 행정비용은 24년간 76배가 상승했고, 이는 매년 평균 318%가 상승한 것이었다(물가상승률을 적용하지 않은 경우).

이에 비해 같은 기간 동안 예산 세입은 매년 65%가 증가했다(물가상 승률을 적용하지 않은 경우). 행정비용의 증가 비율이 전체 예산 세입 의 증가 비율을 매년 11%씩 앞질렀다.

같은 기간에 행정예산에서 인건비가 차지하는 비중 또한 증가했 다. 1978년에 다양한 정부기관(공산당 포함) 종사자들의 인건비는 전 체 행정예산의 55%를 차지했고, 1998년에는 이 비율이 64%로 상승 했다. 행정비용이 증가하면서 사회투자와 가난구제 프로그램에 들어 가는 재정지출은 축소되었다. 예를 들어 1978년에 중국 정부는 예산 의 13.4%를 농업 부문에 배정했지만, 2001년에는 이것이 7.7%로 떨 어졌다. 1978년에 연구 및 개발에 배정된 예산은 전체 예산의 4.7%였 지만, 2002년에는 이것이 3.7%로 줄었다.

국가 공무원의 수가 축소되어 보고된다는 점을 감안해볼 때, 중국 국가를 유지하는 데 드는 실제 비용은 공식적인 데이터로 추정할 수 있는 것보다 훨씬 더 많을 수 있다. 다양한 출처를 통해 얻은 데이터 를 모아 추정해보면, 국가를 유지하는 데 드는 실제 비용에는 예산상 의 행정비용과 과잉 인력으로 인한 예산 외 행정비용이 모두 포함되 어야 한다.

신뢰할 수 없는 공식적인 자료들만 봐도 정부 공직자들을 유지하 는 데 엄청난 비용이 드는 것을 알 수 있다(임금, 수당, 유지비용). 중국 재정부가 1990년에 행정비용을 분석한 것에 따르면, 국가 행정기관 에 고용된 정부 공직자 1인당 인건비는 1년에 평균 5,000위안이었다. 중국재정부의 한 분석가는 국가 행정기관에 고용되는 인원 1인당 인 건비가 1996년 말에는 1만~2만 위안으로 상승할 것이고, 유지비, 주택 보조, 수당 등으로 1인당 1만 위안이 추가로 소요될 것이라 예상했다.

여기에는 정부 공직자들을 위한 유흥비와 다양한 특전은 포함되어 있지 않다. 공직자들의 유흥비와 유람(명목상으로는 시찰) 비용이 전체적으로 얼마나 되는지 계산하는 것은 불가능하다. 중국 정부가 공식적으로는 유흥과 유람에 공금을 쓰는 것을 금지하고 있기 때문에, 지방정부는 대개 다른 곳에 배정된 예산(자본투자, 교육, 의료, 가난구제 등)을 전용하여 유흥비와 유람 비용에 쓴다. 많은 사례들을 보면 지방 공직자들은 유흥비와 유람비용을 다양한(종종 불법적인) 추징금과 부과금을 통해 조성한 비자금으로 충당할 경우 그에 대한 보고조차 하지 않는 것으로 나타났다.

공무원의 과잉으로 인해 지방 당국들은 추징금과 간접세를 통해 예산 외 세입을 추가로 걷지 않을 수 없다. 그런데 이들 중 많은 수가 중앙정부가 불법이라고 규정한 것들이다. 중국의 공식적인 자료에 따르면 지방 당국들은 불법적으로 조성된 상당한 규모의 세입을 통제하고 있는 것으로 드러났다. 1990년대에 어떤 이는 불법적으로 거둔 세입이 GDP의 약 10%에 이른다고 추정하기도 했다. 이를 통해 지방정부들은 공무원 과잉 현상을 유지하고 있는 것이다. 이는 국가 규모가 커지는 것이 예산 외 세입의 증가와 관계가 있다는 증거가 된다. 이러한 종합적인 데이터 외에도 지방정부의 보고서만 봐도 공무원 과잉 현상을 유지하기 위해 예산 외 세입을 이용하는 것이 관행임을 알 수 있다.

약탈자들의 놀이터가 된 국유기업

중국의 경제개혁이 갖는 가장 중요한 특징은 국유 자산에 대한 통제권이 중앙정부에서 성·지방 당국으로 분권화되었다는 것이다. 국유 자산의 효율성을 개선하기 위한 의도로 시작된 통제권의 분권화는 중국에서 소유권 체계를 근본적으로 변화시켰다. 국유 자산에 대한 통제권의 분권화는 서서히 진행되었다. 1984년에 중앙정부는 국유기업의 통제권을 정부부처와 성 당국에서 국유기업들이 위치해 있는 주요 산업도시로 위임할 것을 결정했다. 그러나 중앙정부는 정보통신, 석유화학 산업, 공작기계, 발전, 석탄 생산과 같은 중요 부문의 거대 국유기업들에 대한 통제권은 계속 유지했다.

이 결정 이후 10년이 지나자 중앙정부는 기업 수로만 봤을 때 전체 국유기업의 5.4%를 통제하게 되었다(그러나 중앙정부가 통제하는 거대 국유기업들은 중국 산업생산의 34.8%를 차지하고 있었다). 통제권의 분권화는 분권화된 약탈의 원인이 되었다. 통제권의 분권화를 통해 지방 공직자와 국유기업의 관리자들은 독점과 정치적 간섭을 통해 만들어진 지대를 전용할 수 있는 기회가 더 많아지게 되었다. 분권화된 통제에 놓인 국유기업에 지역 약탈자들이 모여들였다. 이러한 약탈자에는 다양한 규제를 책임지는 사람과 세금을 징수하는 사람들이 포함되었다. 통제권이 분권화되기 전에는 이들은 중앙정부의 권력 때문에 국유 자산에 접근하지 못했다. 국유 자산을 통제할 수 있게 된 국유기업의 경리(책임자)들은 지역 대리인들(관료나 공직자)보다 정치적으로 권한이 약했기 때문에, 대리인들은 정치적인 처벌에 대한 두려움 없이 다양한 방법으로 국유기업에게 불법적인 금품을 요구할 수 있었다. 이에 따라 이들은 공공의 재산을 약탈하는 데 동참하게 되었다.

소유권의 분권화 경향은 1990년대에 중국 정부가 국가의 가장 중요한 자산인 토지에 대한 권한을 위임하면서 가속화되었다. 토지를 장기간 임대해줄 수 있는 권한을 갖게 된 국가 대리인들은 자신들의 지인들과 담합하여 계약함으로써 이득을 취할 수 있었다. 이러한 담합은 국가로서는 어마어마한 손실을 가져왔다. 처음 임대를 할 때 임차인이 쉽고 빠르게 큰 이득을 보도록 임대료를 매우 낮게 계약하기 때문이었다.

약탈되기 쉬운 예산 외 수입의 증가

개혁 기간 동안 중앙정부와 지방정부 간의 관계는 근본적으로 재편되었다. 이는 상당한 의사결정 권한을 지방정부에 이양하는 의도적인 정책 및 사회경제적 변화 때문이었다. 이론적으로 볼 때, 국가의 상위 차원에서 하위 차원으로의 의사결정 권한이 이양되는 것은 소유권의 분권화 중 일부로 여겨진다. 여러 변화들 중에서도 재정분권(세입 징수 권한이 베이징 중앙정부에서 성 정부로 이양되는 것)은 국가 소유권의 분권화에 대한 완벽에 가까운 사례에 해당한다. 이는 재정분권을 통해 하위 차원의 정부가 중앙정부의 세입을 일부 흡수하여 세입의 흐름에 대한 지방정부의 점유율이 더 높아지기 때문이다.

세입 징수 권한이 중앙정부에서 지방정부로 파격적으로 이양된 것은 마오쩌둥 이후 중국에서 약탈이 분권화되었다는 중요한 증거가 된다. 그러나 재정이 분권화되었다고 해서 반드시 분권화된 약탈이

[표 4-3] 1978~2002년 정부 세입

연도	예산상의 세입 (10억 위안)	GDP 점유율	예산 외의 세입 (10억 위안)	GDP 점유율	GDP 총 점유율
1978	113.2	31.5	34.7	9.6	40.8
1985	200.4	22.4	153	17.0	39.4
1990	293.7	15.8	270	14.5	30.3
1992	348	13.1	385	14.4	27.5
1994	521.8	11.2	186	4.0	15.2
1997	865	11.8	282	3.9	15.7
2000	1,339.5	15	382	2.9	17.9
2002	1,890	18	알 수 없음	알 수 없음	알 수 없음

출처: 〈중국통계연감 2003〉, 281, 288.

일어나는 것은 아니다. 분권화된 약탈의 조건에서 재정분권은 필요조건일 수는 있지만 충분조건은 아니기 때문이다. 대부분의 경우에 행정의 분권화(일상적인 여러 행정문제들에 관한 의사결정 권한을 이양하는 것)가 분권화된 약탈적 국가가 출현하는 보다 큰 원인이 된다. 게다가 중국의 경우에는 재정분권과 행정분권이라는 두 가지 요소가 결합되어 지방 당국이 약탈적 정책을 채택하는 동기가 되었다.

공식적인 데이터에 반영되어 있듯이, 재정분권은 중국의 재정 활동에 세 가지 심오한 변화를 초래했고, 그러한 변화의 결과는 1994년에 재정 시스템이 다시 중앙집권화된 이후에도 소폭 변화되었을 뿐 그대로 유지되고 있다.

첫째, 세입이 GDP에서 차지하는 비율이 급격히 하락했다(표 4-3

참조). 서류상으로는 예산 외 세입을 포함한 정부의 총 세입은 1978년에 GDP의 41%였던 것이 (1994년에 바닥을 친 후) 2000년에는 18%로 떨어졌다. 설사 정부의 세입을 예산상의 세입이나 예산 외의 세입 (1995년에 예산 외 세입은 GDP의 약 7.5%였던 것으로 추정된다)으로 따지지 않는다고 해도, 1990년대 말의 정부의 총 세입은 GDP의 25%였을 것으로 추정된다. 이는 40%가 하락한 수치다.

둘째, 총 세입에서 중앙정부가 차지하는 비율 또한 급격한 변화가 있었다. 지출에 대한 공식적인 데이터는 국가의 재정 역량을 측정하는 데 있어 보다 신뢰할 수 있는 자료다. 1994년 이전에는 중앙정부 세입의 상당 부분이 지방의 세입이었기 때문이다. 1994년 이전에는 지방정부가 세입을 걷은 후 이것을 중앙정부로 넘겼다. 지출에 대한 데이터를 보면 중앙정부의 재정 역량이 지난 20년간 크게 떨어졌음을 알 수 있다. 공공지출에서 중앙정부가 차지하는 비율은 1978년에 47.4%였던 것이 2000년에는 34.7%로 떨어졌다. 반면 지방정부의 점유율은 같은 기간에 52.6%에서 65.3%로 상승했다.

셋째, 예산 외 세입의 급격한 증가로 인해 중국의 재정은 (중앙정부와 성 정부를 모두 포함하여) 완전히 변모되었다. 역사적으로 정부의 총 세입에서 예산 외 세입이 차지하는 비율은 비교적 적은 편이었다. 예를 들어 1950년대에는 예산 외 세입이 예산상 세입의 10%에 지나지 않았고, 1960년대와 1970년대에는 20~30% 사이를 오갔다. 그러나 1980년대 이후부터 중국 정부가 예산 외 세입을 예산상의 세입으로 분류한 1993년 이전까지 예산 외 세입은 급격히 증가했다. 예산 외 세입 규모가 정점을 이루던 1990년대 초반에는 예산 외 세입이 예산상의 세입과 비슷한 규모가 되었다.

예산 외 세입의 급격한 증가 그 자체만을 분권화된 약탈의 특징이라고 단정 지어서는 안 된다. 그보다는 재정 시스템이 올바른 기능을 하지 못하는 징조로 봐야 한다. 그러나 중국의 상황이 독특하면서도 분권화된 약탈과 연계시킬 수 있는 점은 지방정부가 예산 외 세입의 많은 부분을 차지하고 있다는 것이다. 또한 지방정부가 예산 외 세입에 대한 의존도가 점점 커지고 있고, 그 세입을 마음껏 사용할 수 있다는 점도 그렇다. 예산 외 세입 징수에 관한 데이터를 보면, 1992년 이전에는 예산 외 세입의 절반 이상(55~66%)이 지방정부에 귀속되었다. 그러나 1993년에 예산 외 세입이 예산상의 세입으로 재분류되면서, 1994~2002년에는 거의 모든 예산 외 세입(75~95%)이 지방정부에 귀속되었다. 따라서 1990년대 후반의 예산 외 세입은 지방정부가 주로 추징금과 부담금으로 징수한 것들이었다.

예산 외 세입은 선호되는 약탈의 형태다. 그것은 두 가지 이유, 즉 재량성(discretion)과 불투명성(opacity) 때문이다. 대개 예산 외 세입은 지방 당국이 중앙정부의 감독을 받지 않고 마음대로 징수하고 사용한다. 중앙정부가 표면적으로는 이를 금지하고 있지만, 실질적으로 아무런 정치적 제약이 없기 때문에 지방 당국은 탐욕스럽게 예산 외 세입을 거두어들인다. 총액으로 봤을 때 이러한 불법적인 예산 외 세입 규모는 엄청나다. 중국 국가세무총국(國家稅務總局)은 그 금액이 1990년대 후반 중앙정부의 예산상 세입과 거의 비슷할 것이라 추정했다.

또한 예산 외 세입은 불투명하고 오용되기 쉽다. 1998년 이전에는 예산 외 세입의 절반이 특별히 지정된 재정 계좌(모니터링할 수 있도록 만들어진 계좌)에 입금되지 않은 채 사용되었다. 부정부패 중 많은 사례가 예산 외 세입을 전용한 경우다. 예산 외 세입은 사회복지와 공공의 프로젝트를 위해 사용되어야 하지만, 공식적인 데이터를 보면 국가를 유지하는 데 이용되고 있다. 예를 들어 1980년대에 행정비용으로 지출된 예산 외 세입은 전체 예산 외 세입 중 20%였는데 비해, 정규 예산은 10%가 지출되었다.

안드레이 슐라이퍼와 로버트 비시니가 지방의 세입 징수자들의 행태를 관찰한 바에 따르면, 독립적인 독점자인 이들 징수자들은 정부의 전체적인 세입 총액이 낮아지더라도 단기적으로 세입을 최대한 거둬들이려 한다. 중앙정부가 거둬들이는 세입이 지속적으로 감소하는 것에서 볼 수 있듯이, 분권화된 약탈은 중앙정부가 약탈한 것을 야금야금 가져간다. 중앙정부의 세입 총액이 25% 감소한 것도 이 때문일 가능성이 있다.

재미있는 것은 많은 사람들이 생각하는 것과는 달리, 중앙정부의 세입을 낮추면서까지 지방정부가 거둬들이는 세입이 증가하는 것이 지방정부의 재정을 개선시키지 못한다는 것이다. (정확히 얼마인지 측정기는 어렵지만) 그러한 세입의 상당 부분이 낭비되거나 횡령되기 때문에, 지방정부의 재정은 크게 악화되고 있다. 중국 재정부가 1990년대 중반에 7개의 성을 대상으로 한 재정 연구를 보면, 절반에서 3/4의 현 정부가 재정 적자를 겪고 있었고, 일상적인 행정 기능을 수행하는 데 있어 재정적으로 어려움을 겪고 있었다.

행정분권으로 감시를 받지 않는 지방정부

재정분권이 지방정부가 약탈적 정책을 채택하도록 동기를 제공했다면, 행정분권은 지방정부가 약탈적 국가로 변모할 수 있는 정치적 수단을 제공했다. 이론적으로 볼 때 정치적 책임을 지지 않는 행정분권은 분권화된 약탈적 국가가 출현할 수 있는 조건들을 만들어낸다. 이런 상황에서 막대한 재량권을 행사하는 지방 공직자들은 상위 기관의 감시를 거의 받지 않게 되고, 대중의 견제와 감시에도 무감각해진다.

그러나 중국의 경우 행정분권과 그로 인한 결과는 올바로 탐구되지 못하고 있다. 행정분권을 측정할 수단들을 행정분권으로 인한 지방정부의 행동 변화와 연계시키기 어렵기 때문이다. 중국의 재정분권은 이에 관한 문서자료들이 많이 있어서 양적 조사(quantitative research) 수단들을 통해 분석할 수 있는 것과 달리, 행정분권은 유사한 방법으로 분석하는 것이 쉽지 않다. 그러나 간부들에 대한 관리·감독 및 일상적인 경제와 관련된 의사결정 권한 이양에 생긴 변화를 검토해보면 행정분권 및 분권화된 약탈 사이에 어떤 연관이 있는지 알 수 있을 것이다.

매관매직의 만연은 약탈적 국가의 특징

국가의 대리인들을 통제하는 능력에 영향을 끼치는 행정분권 수단들 중에서 간부들에 대한 관리·감독을 장악하는 것만큼 영향을 끼치는 것은 거의 없다. 중국에서 간부들에 대한 관리·감독이란 정부 공직자들을 채용, 승진, 모니터링하는 것을 뜻한다. 1970년대 후반부터 간부들을 채용, 승진, 모니터링하는 행정적 권한은 보다 낮은 차원의 정부 공직자들에게 분권화되어, 그러한 권한을 이양 받은 지방 공직자들에 집중되어 있었다. 관료제 속에서 감독자와 감독을 받는 대리인들 사이의 수직적인 관계가 훨씬 좁아짐에 따라, 이러한 권한 이양은 국가 대리인들을 관리·감독하는 데 있어서 정보 불균형이라는 전통적인 문제를 크게 악화시켰다.

핵심 공직자(대개 시 및 현의 공산당 서기, 또는 이바서우)들은 관리·감독을 받는 대리인들의 업무와 관련된 정보를 독점하게 되었다. 이런 상황은 관리·감독을 제대로 받지 않는 중국 공산당 관료들이 지방의 정치력을 독점하는 결과를 낳는다. 그에 따라 지방 공직자들은 약탈적 정책을 채택하는 데 아무런 저항을 받지 않게 된다.

그러나 중국의 지방들이 처한 상황이 다양한 점을 고려할 때, 행정 분권의 결과는 지역마다 다양하게 나타났다. 해안지역을 위시한 몇몇 지역에서는 이러한 행정분권이 무제한적인 약탈로 이어지지는 않았다. 오히려 행정분권을 통해 보다 탄력 있고 실험적인 개혁정책들이 실행되는 데 일조했다. 대부분의 내륙지방을 위시한 다른 지역들에서는 간부들에 대한 관리·감독 권한의 분권화가 지방 공직자들의 다양한 탈선, 특히 불법적인 매관매직, 광범위한 정실인사, 범죄조직과의 결탁 등의 원인이 되었다.

매관매직 행위는 특히 주목할 가치가 있다. 매관매직은 보통 하위 공직자들이 연관되는 경우가 많다. 하위 공직자들이 상관에게 승진, 또는 원하는 관직의 임명 대가로 뇌물을 바치는 경우가 많기 때문이다. 매관매직은 1980년대에는 드물었으나 1990년대에 들어 널리 퍼졌다. 매관매직의 만연은 분권화된 약탈적 국가가 갖는 특징이기도 하다. 분권화된 약탈적 국가에서는 지방의 권력자가 독립적인 독점자가 되어, 하위 공직자가 바친 뇌물의 일부를 자신에게 바치는 사람들에게 독점권의 일부를 떼어준다. 부패한 공직자(주로 이바서우)들에 관한 보고서를 보더라도 이런 사실이 입증된다.

2004년 초에 중국공산당 중앙조직부는 그러한 사례 4건을 발표한 적이 있다. 그중 하나는 지린성의 한 현에서 당 서기로 있던 리톄청(李鐵成)에 관한 것이었다. 그는 1990년대 후반에 임명과 승진을 대가로 110명으로부터 143만 위안의 뇌물을 받았다. 임명을 미끼로 받은 금액은 평균 1만 3,000위안이었다. 두 번째 사례는 1990년대 후반에 60만 위안(1인당 평균 2만 위안)을 받고 30명의 공직자를 임명 및 승진시킨 랴오닝성의 한 현의 당 책임자였다. 세 번째 사례는 1900년대 후반에 안후이성의 한 현의 당 책임자가 평균 2만 위안씩을 받고 15명을 임명한 것이었다. 마지막 네 번째는 하이난성 현의 당 서기가 평균 4만 9,000위안씩을 받고 13명을 임명한 것이었다.

이 사례를 비롯해 매관매직 사례에서 주목해야 할 것은, 지방 관료들이 분권화된 약탈로 인해 발생하는 경제 상황에 대해 상세히 이해하고 있으며, 이를 통해 경제적 이득을 취하려 한다는 점이다. 평균적인 현 공직자의 1년 월급에 해당하는 금액을 뇌물의 형태로 투자함으로써, 이들은 뇌물을 받을 수 있는 정부 관직에 임명되어 자신들이 투자한 금액을 신속히 되찾을 수 있다고 기대한다. 대부분의 경우 그러한 투자는 그만한 수익성을 내지만, 그만큼 국가와 대중은 큰 손실을 입는 것이다.

중국의 현실은 도둑정치의 축소판

중국의 경제개혁이 갖는 또 다른 중요한 특징은 일상적인 경제활동과 관련된 의사결정이 분권화되었다는 것이다. 그러한 의사결정 권한에는 사업허가, 프로젝트 승인, 정부의 계약, 토지임대, 자원(특히 자본)의 분배, 상업활동 규제 등이 포함된다. 또한 공적자금 사용에 대한 재량권 및 물가통제도 여기에 포함된다. 사실 국가가 지배적인 역할을 하는 경제에서 의사결정 권한에는 일정한 절차가 없다.

경제에 관한 의사결정 권한을 가진 사람은 지대의 양과 그 지대를 누가 차지할지에 대해 결정한다. 지대에 관한 결정 권한이 중앙집권화된 정치체계에서는 정치 지도자가 지지를 얻으려는 사람들에게 지대가 돌아간다. 이는 1970년대에 남아메리카의 관료주의-권위주의적 정권들이 그랬던 것과 같다. 도둑정치(kleptocracy) 정권에서는 지대의 수혜자가 최고 지도자의 가족이거나 친구들일 가능성이 매우 높다. 수하르토 정권의 인도네시아와 마르코스 정권의 필리핀이 좋은 예다.

그러나 지방의 정치 권력자가 지대의 분배 권한을 갖는 분권화된 시스템에서는 지대에 대한 대가로 뇌물을 바치는 이들에게 지대가 할당된다. 지방의 정치 권력자는 자신에게 들어오는 뇌물 액수만을 기준으로 지대를 받을 사람을 선택한다. 그러나 중국에서는 지방 통치자들이 끈끈한 유대관계를 가진 정실주의적 특성이 있기 때문에 이런 현상이 예외가 될 수 있다. 중국에서의 현실은 도둑정치의 축소판이라 할 수 있다.

일상적인 경제와 관련된 의사결정 권한 이양 및 그에 따른 지방의 도둑정치 정부의 형성은 분권화된 약탈적 국가의 성장과 운영에 직접적인 연관성이 있다. 지방 관료들이 지대를 결정하고 할당하는 능력을 이용하여 사사로운 이익을 챙기기 때문에, 그러한 능력은 지방 관료들의 약탈 역량이 된다. 지대 추구자들의 인맥에서 제외된 소비자 및 지역 사업가들은 이러한 약탈의 희생자가 된다. 이들은 어쩔 수 없이 서비스와 재화에 대해 보다 높은 가격, 사용료, 세금을 지불해야 하기 때문이다.

비효율적인 공직자 모니터링 체계

국가가 국가의 대리인들을 모니터링하고 징계하는 역량이 약화되는 것은 분권화된 약탈이 발생하는 데 있어 매우 중요한 제도상의 변수다. 중국의 경우 이러한 이론이 정확히 들어맞는다. 보다 구체적으로 살펴보자면, 국가의 모니터링 역량이 약화된 원인에는 몇 가지 요소들이 있다.

첫째, 앞에서 논의했듯이 1980년대 초반에 시행된 행정을 분권화하는 의도적인 정책을 통해 임명권과 모니터링 권한의 상당 부분이 중앙정부에서 지방정부로 이양되었다. 한 연구에 따르면, 이 분권화 정책 이후 중앙정부가 직접적으로 모니터링한 공직자는 7,000명에 지나지 않은 것으로 나타났다. 행정 모니터링의 분권화가 낳은 파급효과는 컸다. 중앙정부로부터 이양된 새로운 행정권을 갖고 아무런 제재도 받지 않게 된 지방의 정치 권력가들은 자신들만의 영지(fiefdom)를 세우고 독점적인 권한을 획득할 수 있었다. 발표된 보고서들을 보면, 이러한 권한은 늘 남용되어 지방 권력자들은 매관매직에서 범죄조직과의 결탁에 이르기까지 다양한 위법을 저질렀다.

둘째, 국가의 모니터링 역량의 약화는 마오쩌둥 시대의 특징이었던 대중들에 대한 공포 분위기 조성이 끝남과 동시에 발생했다. 개혁 이전의 중국에서는 공개적, 또는 비공개적인 비판을 통해 큰 권한을 행사할 수 있는 일반 시민들이 국가 대리인들을 모니터링하고 감시할 수 있었다. 또한 대중들에게 공포 분위기를 조성함으로써 생기는 결과에 매료된 마오쩌둥은 주기적으로 대중적인 정치 캠페인을 벌였다. 이 캠페인 기간 동안 시민들은 공직자들의 부패를 폭로하도록 선동되었고, 부패한 공직자들은 잔혹한 처벌을 받았다.

마오쩌둥 시대에 지방 공직자들에 대한 대중들의 모니터링은 보다 쉽게 이루어지기도 했는데, 이는 부정부패로 인한 이익을 소비하거나 숨길 수 있는 수단이 부족했기 때문이었다. 중국이 외부세계와 단절되어 있었기에 불법적으로 취득한 부를 해외로 빼낼 수 있는 공직자들이 거의 없었던 것이다. 계획경제 하의 소비재 부족과 서비스 산업의 미발달로 인해 과소비가 실질적으로 힘들었고, 과소비는 원치 않는 관심을 끌 수 있었다. 따라서 공직자들은 과도한 위험을 감수하지 않고는 자신들이 부당하게 취한 이득을 축적하거나 쓰는 것이 어려웠기 때문에 보다 심각한 형태의 비리 행위에 연루되지 않으려 했다.

마오쩌둥 이후 시대에는 대중들에 대한 공포 분위기 조성 및 정치 캠페인이 종식되었고, 대중들에 의한 모니터링도 끝이 났다. 외부 세계와의 교류와 사용할 수 있는 소비재 및 서비스의 증가로 인해 부패한 공직자들은 보다 쉽고 위험 없이 부정하게 취한 이득을 축적하고 소비할 수 있게 되었다. 마오쩌둥 이후의 정권이 비용이 많이 들고 과격한 대중들에 대한 공포 분위기 조성 및 정치 캠페인에 의한 모니터링을 언론과 시민단체에 의한 모니터링으로 대체했었다면, 중국 정부는 대리인들에 의한 부정부패를 보다 효과적으로 통제할 수 있는 수단을 얻었을 것이다.

그러나 시장친화적인 경제정책에도 불구하고, 중국공산당은 정부 대리인들의 행동을 감시하는 언론의 역할을 왜곡하면서, 자유주의적인 지식인들과 언론을 탄압하는 데 집중했다. 이와 유사하게, 시민사회세력이 출현하여 정치적 변화가 초래될 것을 두려워한 중국 정부는 시민단체의 성장과 정치적 영향력을 제한하고 있다. 1990년대 초의 중국 내 시민단체들에 대한 한 연구를 보면, 이들 중 공익단체로 분류할 수 있는 단체는 거의 없었다. 또한 부정부패와의 싸움에서도 시민사회의 역할은 실질적으로 존재하지 않는다.

중국 정권의 관료주의적 위계질서 내에서 정부 공직자들에 대한 모니터링 메커니즘은 결함과 비효율성을 동시에 안고 있다. 예를 들어 중국공산당 내의 가장 중요한 반부정부패 조직은 중앙기율(紀律)검사위원회다. 그러나 중앙기율검사위원회는 독립적이지 못하며, 이 조직의 서기는 당 서기(이바서우)에 종속된다. 다른 지방 공직자들 또한 중앙기율검사위원회를 책임지는 당 관료보다 직위가 높다. 이러한 제도적 서열은 중앙기율검사위원회의 효율성을 크게 약화시킨다. 중앙정부에는 여러 성 정부의 간부들을 모니터링할 수 있는 효율적인 제도적 메커니즘이 없는 것으로 보인다. 중국공산당의 중앙기율검사위원회와 중앙조직부는 성 정부 공직자들의 성과와 업무를 평가하는 데 있어 그때그때 임시로 사찰팀을 꾸려 파견하는 데 의존하고 있다.

1996년부터 시작된 이런 사찰 행태는 그 사찰 결과에 의구심을 갖게 만든다. 이러한 사찰팀이 은퇴한 고위 공직자들로 구성되어 있고, 이들에게는 해당 지역에 대한 지식이 거의 없이 스스로의 힘으로 사찰 업무를 진행해야 하기 때문이다. 이들의 행동과 정보원은 이들이 평가해야 할 지방 성의 지도층이 쉽게 통제할 수 있다. 1개의 사찰팀이 1개의 성을 사찰하는 데는 4~5개월이 걸리기 때문에 매년 사찰을 받는 성은 소수에 지나지 않는다. 2003년을 예로 들면, 5개의 사찰팀이 10개 성으로 파견되었을 뿐이다. 한 사찰팀의 책임자는 성의 지도층이 사찰팀에게 잘못된 정보를 제공하는 것이 일상화되어 있다고 공개적으로 불평한 바 있다. 이런 상황은 중앙정부에서 파견된 사찰팀이 성 공직자들의 부정부패를 밝히는 것을 거의 불가능하게 만든다. 매년 16~17명의 성 지도층 인사(일선 성의 공직자들 중 약 2%)가 부정부패 혐의로 처벌을 받지만, 이들 중 사찰팀에 의해 비리가 밝혀진 경우는 거의 없다.

심지어 중국공산당 내부인사들도 모니터링 체계가 올바로 기능하지 못하는 것을 공개적으로 인정한다. 산시성(山西省)의 공산당 조직부가 1999년에 당 관료들을 대상으로 실시한 설문조사에서, 응답자들 중 약 10%만이 지도층에 대한 모니터링의 효과가 '좋거나 매우 좋다'고 대답했다. 64%는 '그저 그렇다'고 대답했고, 23%는 '거의 없다'고 대답했다. 1999년에 쓰촨성에서 실시된 비슷한 설문조사에서는 응답자의 42%가 '느슨한 관리·감독과 모니터링'이 지역 부정부패의 가장 중요한 요인이라고 대답했다.

정보의 불균형이 갖는 장점을 이용하는 국가 대리인들은 비효율적인 모니터링으로 인해 권한을 남용하고 부정부패를 저지른다. 다양한 기관에 대한 정부의 감사 결과에서 알 수 있듯이, 공산당 및 정부 공직자들 사이에서는 공공 자원을 오용하는 사례가 만연하고 있다. 예를 들어 2003년에 국가심계서(國家審計署, 감사원에 해당 - 옮긴이)는 3만 6,000명의 간부들을 감사하고 670억 위안이 잘못 사용되었음을 밝혀냈다. 후베이성 한 곳만 해도 2003년에 1,151명의 공직자에 대한 감사에서 잘못 사용하거나 낭비, 손실한 정부 예산이 47억 위안인 것으로 나타났다.

부정부패를 키우는 관대한 처벌

세간의 이목을 끄는 범죄자들에 대한 사형판결이 자주 내려지는 상황에도 불구하고, 비효율적인 모니터링 체계는 부정부패를 저지른 공직자들에 대한 처벌이 올바로 이루어지지 못하는 상황을 동반한다. 비효율적인 모니터링과 비효율적인 처벌이 합쳐지면 필연적으로 분권화된 약탈이 발생하는 제도적 환경이 만들어진다.

중국의 경우 부정부패를 저지른 공직자 처벌에 대한 자료를 보면, 부정부패를 저지른 공직자들을 관대하게 다루는 것이 공직자들의 비리가 증가는 원인일 수도 있음을 알 수 있다. 부정부패를 저지른 개인에 대한 낮은 수사비율과 이들에 대한 낮은 처벌 가능성이 많은 공직자들로 하여금 비리를 저지르도록 만든다. 처벌받을 위험성은 적고 비리를 저질러서 얻을 수 있는 이득은 크기 때문이다. 보다 중요한 것은 부패한 대리인들이 결탁하여 서로를 보호한다는 것이다.

부정부패 제보의 1/4만 수사

부정부패를 규제하려는 정부의 노력에 관한 공식적인 수치들을 보면, 부정부패 사건의 약 80%가 대중이 제보하는 정보로 인해 밝혀진 것이었다. 그러나 중앙기율검사위원회가 1996년에 일반 대중들을 대상으로 한 설문조사를 보면, 응답자의 58%는 부정부패 행위에 대해 당국에 제보를 해도 아무런 조치가 취해지지 않는다고 대답했다. 그리고 응답자의 2/3는 신고를 당한 공직자로부터 보복을 당한다고 대답했다. 부패한 공직자들을 기소한 데이터를 봐도 이 설문조사가 신빙성이 있음을 알 수 있다.

1993~1997년에 검찰이 횡령, 뇌물, 권한 남용 등 부정부패 행위에 대해 대중으로부터 접수한 제보는 163만 7,302건이었다. 검찰은 이 제보들 중 약 절반(84만 1,233건)에 대해서만 관심을 갖고 공식적인 접수를 했다. 이 중에서 검찰이 공식적인 수사를 한 부정부패 행위는 38만 7,353건에 지나지 않았다. 즉 검찰이 공식적으로 접수한 제보들 중 약 46%에 대해서만 수사를 한 것이다. 이는 대중들의 전체 제보건 중 약 1/4에 대해서만 공식적인 수사를 했다는 의미가 되며, 게다가 이들 사건들이 모두 기소된 것도 아니었다.

부정부패 혐의자들에 대한 초기 처분 역시 비교적 관대하다. 이는 1991년 중국 감찰부(監察部)가 발표한 데이터를 보면 잘 드러난다. 그 해 감찰부는 16만 8,124건의 부정부패 사건을 접수했다. 이들 중 3만 2,236건(19.2%)은 혐의자들로부터 '경위서'를 제출받은 후 사건이 종결되었고, 1만 4,900건(8.8%)은 혐의자들에 대한 '비판과 교육' 이후에 종결되었다. 1만 1,021건(6.6%)은 다른 정부부처로 이첩되었고, 5만 7,678건(32.1%)은 규정에 없는 방법으로 폐기되었다. 감찰부가 공식적인 수사를 의뢰한 것은 31.2%(5만 2,389건)에 지나지 않았다. 또한 자세히 살펴보면 고위 공직자일수록 처벌이 가벼운 것을 알 수 있다. 부정부패 혐의를 받은 공직자들 중 향 정부 공직자들은 21.4%가 공식적인 수사를 받은 반면, 청(廳)과 국(局) 이상의 공직자들은 겨우 4.5%만이 공식적인 수사를 받았다. 부정부패를 저지른 공직자들 중 '경위서'를 제출한 후 사건이 종결된 비율은 청과 국 공직자들의 경우 약 절반 정도였으나, 향 정부 공직자의 경우에는 그 비율이 21%였다.

게다가 1990년대에는 부정부패를 규제하려는 전반적인 노력이 약화되었다. 1990년대에 부정부패 수사에 관한 공식적인 데이터를 보면, 검찰의 부정부패 '접수' 건수와 '수사' 건수 모두 크게 낮아졌다. 1990년부터 1999년까지 '접수'된 부정부패 건수는 41%가 하락했고, 수사 비율(접수된 부정부패 건수 중 공식적인 수사를 한 비율)은 50%에서 37%로 하락했다. 수사 비율이 2002년에 들어 다시 50%로 올라가진 했지만, 2002년의 수사 건수(4만 3,258건)는 1990년의 수사 건수(8만 8,595)에 비해 절반 이하였다. 같은 기간에 검찰의 직원 수가 28.5% 늘어난 점(1990년에 17만 6,028명, 1999년에는 22만 6,157명)을 고려해볼 때, 부정부패 접수 건수가 급격히 떨어진 것은 검찰의 역량 부족 때문이라고 볼 수 없다. 그보다는 부정부패를 규제하려는 노력이 약화된 탓이라고 할 수 있다.

부패한 공직자에 대한 솜방망이 처벌

중앙기율검사위원회가 제공하는 부정부패에 관한 데이터를 분석해보면, 1990년대에는 부정부패를 저지른 공직자가 처벌을 받을 가능성이 매우 낮았고, 실질적인 목적 때문에 거의 처벌을 받지 않았던 것을 알 수 있다. 1997년의 중앙기율검사위원회의 연구보고서를 보면, 부정부패를 저지른 공직자들에 대한 형사처분 정도가 경미했다는 사실이 드러난다.

이 보고서에 따르면 중앙기율검사위원회는 매년 평균 14만 1,000건의 부정부패 혐의를 수사하고 사건을 종결했지만, 부정부패를 저지른 것으로 밝혀진 중국공산당 당원 대부분(약 82%)은 실질적인 행정상, 또는 재정상의 처벌 없이 상징적인 질책만 당했다. 이 보고서가 다룬 6년간(1992~1997년) 부정부패를 저질러서 중국공산당에서 축출된 당원은 소수(18%)에 불과했다. 그 이전인 1980년대 초반 이후부터 이처럼 당에서 축출되는 비율은 계속 감소했다. 옌쑨(Yan Sun)의 연구에 따르면, 그 비율은 1982~1986년에는 23.4%였던 것이 1987~1992년에는 21%로 하락했다.

부정부패를 저지른 공산당원이 형사 기소되는 비율 또한 매우 낮다. 부정부패를 저지른 것으로 드러난 모든 공산당 당원 중 단 5.6%(1990년대 후반 기준으로 1년 평균 약 8,000명)만이 기소되었다. 2004년에는 그 비율이 2.9%로 떨어져, 징계를 받은 17만 850명의 공산당 관료와 당원 중 겨우 4,915명만이 사법당국에 기소 의뢰되었다. 같은 기간(1990년대 후반)에 뇌물, 횡령, 공금의 불법 유용 혐의로 기소된 사람은 1년 평균 9만 5,000명이었다. 이는 곧 부정부패 혐의로

[표 4-4] 부패한 공직자들에 대한 처벌, 1993~1998년

직위	중국공산당에 의한 징계	검찰에 의한 수사	법원의 유죄 판결	징계 처분자 중 법원에서 유죄 판결을 받은 비율(%)
성	87	15	9	10.3
전구/청	2,205	616	201	9.1
현/처	26,609	11,712	1,705	6.4
합계	28,901	12,343	1,915	6.6

출처: 중국공산당 중앙조직부 자료.

기소되는 개인 10명 중 1명만이 중국공산당 당원이라는 뜻이다.

중국공산당 중앙조직부가 내놓은 또 다른 자료에서도 중국 당국이 부패한 공직자들을 임의대로 관대하게 다루고 있음을 알 수 있다. 전체적으로 봤을 때 부정부패 혐의가 입증된 공직자의 6.6%만이 유죄 선고를 받았다. 직위가 높을수록 형사처분을 받을 가능성이 높긴 하지만([표 4-4] 참조), 이 비율을 보면 중국 공직자들이 부정부패에 연루되더라도 처벌 받을 위험이 매우 낮다는 것을 알 수 있다.

2002년에 등장한 중국의 새로운 지도부가 공직자들의 부정부패에 대해 보다 엄한 처벌을 하겠다고 공언했지만, 그 이후에도 부패한 공직자들에 대한 관대한 처분은 변하지 않았다. 2002년 12월에서 2003년 11월까지 중국공산당 내의 반부정부패 기구는 17만 2,571건의 부정부패 사건을 수사하여 17만 4,580명의 당 관료와 당원들을 징계했다. 여기에는 현의 당원 6,043명, 국(局)의 공직자 411명, 성의 간부 21명이 포함되었다. 그러나 징계를 받은 17만 명 이상의 간부들 중

당에서 축출되어 사법당국으로 기소 의뢰된 인원은 8,691명(5%)에 지나지 않았다.

개혁개방에 따라 늘어나는 탈출옵션

새로운 탈출옵션의 등장은 국가의 대리인들이 국가 자산을 사적으로 이용하여 부당한 이익을 챙기는 변수가 되었다. 다른 상황이 모두 같을 경우, 탈출옵션을 이용할 수 있는 것은 대리인들이 투자를 만회하기 위해 약탈할 수 있는 시간을 감소시키고, 미래의 소득이 줄어들 확률을 증가시키며, 대리인들이 더 많은 약탈을 하는 동기가 된다. 중국의 경우를 보면 이러한 가설이 들어맞는다.

마오쩌둥 시대의 폐쇄적인 체제에서는 국가 대리인들이 사용할 탈출옵션이 거의 없었으나, 마오쩌둥 이후 경제가 개방되면서 탈출옵션은 크게 늘어났다. 더구나 중국의 간부 운영 체계에는 두 가지 제도적 특징이 있다. 첫 번째는 거의 모든 공직자가 60세가 되면 의무적으로 은퇴해야 한다는 것이다(장관과 성장은 제외). 원래 공산당과 국가 기관에 젊은 피를 공급하기 위해 시행된 이 제도는 공직자들이 자신들의 정치적 투자를 만회할 수 있는 기간을 크게 줄였다(이것은 주로 개인이 승진하는 데는 많은 세월이 걸리기 때문이다). 두 번째는 1990년부터 시행된 간부들의 순환근무다. 지방에 정치 거물이 자리잡는 것을 막기 위한 수단으로 중국 정권은 현, 전구, 성 정부 공직자들을 빈번하게 순환근무하도록 하고 있다.

그러나 이 제도로 인해 의도치 않았던 결과가 생겼다. 그것은 바로 순환근무를 하는 공직자들이 글자 그대로 유랑형 도적(roving bandit)

으로 변모된 것이다. 그 결과 중국 공직자들에게는 생각지도 않던 탈출옵션이 생기게 되었고, 이로 인해 이들은 자신들이 정치적으로 투자한 것을 보다 빨리 돈으로 뽑아낼 수 있게 되었다.

중국의 경제개혁과 외부 세계로의 개방 또한 중국공산당과 정부 인사들에게 새로운 탈출옵션을 제공하게 되었다. 이들은 국가 자산의 동시다발적인 민영화와 이전 국가 소유였던 사업을 차지함으로써 자본을 취득하고, 가족들이 운영하는 회사가 정부 계약과 은행 대출을 따내도록 함으로써 대리로 기업을 운영할 수 있었다. 또한 정부가 소유한 기업의 중역으로 임명되거나, 불법적으로 축적한 부를 해외 계좌나 기업으로 빼돌릴 수도 있었다. 모든 면을 볼 때, 이러한 탈출 행태는 1990년대에 가속화되었다. 1992년 덩샤오핑의 남순강화 이후 가속화된 경제 자유화는 탈출옵션을 취할 수 있는 새로운 기회들을 만들어냈다.

중국 지도부가 소련의 몰락을 통해 얻은 교훈 중의 하나는 자신들에게 탈출전략(exit strategy, 이는 원래 대부분 출구전략으로 번역되며 탈출전략으로 번역되는 경우는 드물지만, 탈출옵션과의 일관성을 위해 탈출전략으로 옮겼다 - 옮긴이)과 안전장치(insurance policy)가 있어야 한다는 것이었다. 이 교훈은 많은 지도층 인사들이 대거 국가 자산을 민영화하고 사영기업을 설립하는 행태로 이어졌다. 1980년대에 기업가가 된 사영기업 소유주들을 대상으로 한 설문조사를 보면, 응답자의 상당수(60%)가 1980년대에는 농부, 노동자, 일반 시민이었다고 대답했다. 다시 말하면 평범한 모험가들이었다는 것이다. 그러나 2002년에 실시된 설문조사에서는 620만 명의 사영기업가 중 거의 2/3가 이전에 국유기업 중역이었거나 공직자였다고 응답했다. 이는 매우 많은 공직자들(거의 400만 명)이 1990년대에 민간 부문으로 탈출했음을 의미한다.

앞의 것들과는 다소 형태가 다른 탈출옵션이 있는데, 그것은 바로 더블디핑(double-dipping)이다. 이는 공직자가 정부와 깊은 유대관계가 있는 기업의 중역을 겸하는 것을 말한다. 공식적인 언론보도를 보면, 많은 공직자들이 이런 행태를 취하고 있다. 그 대표적인 것이 가난한 안후이성의 우후시(蕪湖市)의 사례다. 우후시 당 공직자들 중 많은 수가 공직과 기업의 중역을 겸하고 있었다. 우후시 당위 서기는 지역 자동차회사의 이사회 의장이었고, 지역 세무국장은 우후시 정부가 거금을 투자한 부동산투자회사의 부총지배인이었다. 우후시의 모든 기업의 고위 중역들이 우후시 공직자들이었다. 그중에는 지역 토지관리국 부국장도 있었는데, 그에게는 상업적 목적의 토지를 할당하는 권한이 있었다.

이와 비슷한 사례는 다른 지역에서도 많이 보고되었다. 난징시에서는 부시장이 지역 공업단지 이사회 의장이었고, 구(區) 당위 서기는 부동산개발회사의 회장이었다. 또한 난징시 도시개발국장은 지역 부동산투자회사의 회장이었다. 2004년 초반 베이징의 경우에는 처(處)급 이상의 부처 공직자 400여 명이 기업 중역을 겸하고 있었다. 같은 해 충칭에서는 1,122명의 공직자가 기업 중역직에서 강제로 물러났다.

중국과 외부 세계의 상업적인 유대관계가 증가하면서, 중국의 내부자들은 쉽게 탈출구를 찾을 수 있게 되었다. 투자를 자유화하는 법률과 재정자립도의 증가로 국유기업과 지방정부는 상당한 규모의 투자를 외국에 할 수 있게 되었고, 이에 따라 이들은 표면상 합법적으로 사적인 사업거래를 하고 불법적인 자금을 빼돌릴 수 있게 되었다. 여행과 이민에 대한 규제가 완화되면서 공직자들은 자신의 배우자와 자녀를 유학이나 이민을 보낼 수 있게 되었다. 많은 경우, 해외로 간 정부 공직자들의 친족과 자녀들은 역외 회사(offshore company)를 차리거나 명목상 국가 소유인 외국 자회사를 경영한다. 이런 회사들은 모두 부정축재 자금을 빼돌리는 창고가 된다.

정부 지도층을 위한 발행물에 따르면 내부자들은 전형적으로 세 가지 과정을 택하는 것으로 나와 있다. 우선 공직자들은 권력을 이용하여 직계 가족의 해외 영주권이나 비자를 얻고, 후에 이들은 해외에서 회사를 차린다. 그러면 공직자들은 가족이 운영하는 외국 회사나 역외 은행계좌로 돈을 송금한다. 이러한 탈출구가 안전하게 자리 잡으면, 공직자들도 중국에서 빠져나간다. 이 경우 비리가 알려져서 공직자가 체포되기 직전에 외국으로 도망치는 경우가 종종 있다.

대표적인 사례가 구이저우성(貴州省)의 교통청장이었던 루완리(盧萬裏)의 경우였다. 그는 재직 시절 뇌물과 불법적인 거래로 6,000만 위안을 축적했다. 그는 2002년 비리 사실이 폭로되기 전에 자신의 부인과 자녀들을 해외로 도피시켰고, 그 자신도 가짜 여권을 이용하여 피지로 도망쳤다. 원저우시(溫州市) 부시장을 역임한 후 저장성 건설국 부국장으로 있던 양슈주(楊秀珠)가 축재한 금액은 이보다 훨씬 더 많았다. 양슈주는 경찰에 체포되기 전에 2억 5,300만 위안을 갖고 가족과 함께 중국에서 도망쳤다.

공직자들이 갖고 도망치는 금액만큼이나 이러한 탈출구를 찾는 공직자의 수는 상당하다. 중국공안부는 500명 이상의 부패한 공직자가 중국에서 도망쳤으며, 이들이 빼돌린 금액은 700억 위안 이상(1인당 평균 1억 4,000만 위안)이라고 2004년 5월 공개적으로 발표했다. 2004년 12월 또 다른 언론보도에서는 4,000명의 부패한 공직자들이 500억 위안 이상의 자금을 갖고 해외로 도피했다고 주장했다.

외국으로 도피한 공직자들 중 가장 고위직 인물이었던 사람은 중국공산당 윈난성 서기, 지린성 성장, 국가전력공사 총경리를 역임한 가오옌(高嚴)이었다. 그는 국가전력공사 총경리직을 수행하던 2002년 9월에 호주로 도피했다. 그의 도피 이후 이뤄진 국가전력공사에 대한 정부 감사에서, 가오옌의 재임기간 동안 국가전력공사의 재정적 손실은 78억 위안에 이르는 것으로 나타났다. 이 손실액의 절반 가까이는 가오옌의 불법적이고 독단적인 결정 때문이었다. 공식적인 수사 결과는 "가오옌이 당과 조국을 배신했으며, 부패하고 퇴폐적인 생활습관에 물들었다"고 결론짓고 있다. 또한 "그는 어마어마한 국가 재산을 훔쳤으며, 엄청난 국가 자산의 손실에 대해 책임을 져야만 한다"고 명시하고 있다.

부패한 공직자와 범죄자들이 횡령한 자금을 갖고 해외로 도피하는 문제는 너무나 심각해서, 중국공안부는 이들이 빼돌린 자금을 회수하고 이들을 본국으로 송환하는 것을 최우선 순위로 두고 있다. 중국공안부는 1998년에서 2003년까지 해외로 도피한 개인 및 공직자 230명을 본국으로 송환하는 데 성공했다고 보고했다. 총액 규모로 봤을 때, 중국 정부 내부자들이 해외로 빼돌린 금액은 공식적으로 발표된 것보다 훨씬 더 많을 것이다. 국가외환관리국(國家外彙管理局) 자료를 인용한 중국 내 경제학자들의 연구를 보면, 1997년에서 1999년 사이 자본도피 금액은 평균 177억 달러에 이르는 것으로 추정하고 있다.

이상의 분석들은 두 가지 점을 암시하고 있다. 첫째, 중국 정부 내부자들은 자신들이 정치적으로 투자한 만큼 약탈할 수 있는 기회에서 제외된다는 두려움이 점점 커지기 때문에, 탈출구를 찾으려는 움직임은 보다 가속화된다. 이는 새로운 탈출옵션의 등장이 분권화된 약탈을 보다 많이 추구하도록 만든다는 의미다. 둘째, 안전한 탈출옵션을 가진 중국 정부 내부자들은 미래에 대한 불안감이 크게 줄기 때문에 정권을 지키려는 동기가 부족해지게 된다. 탈출옵션을 통해 자신들이 빠져나갈 안전장치가 있기 때문이다. 그 결과 정권은 더욱 불안정해지고 위기를 견딜 수 있는 능력이 약화된다.

흥미를 잃어가는 공산주의 이념

많은 학자들은 마오쩌둥 이후의 중국에서 공산주의 이념이 갖는 위력이 점점 약화되고 있음을 목격하고 있다. 중국공산당이 개혁 기간 동안 무수히 많은 '개조' 운동에 착수하여 공산당의 쇄신을 꾀한 것은 이념적 가치가 약화되었음을 말해주는 것이다. 이념이 약화된 원인은 간단하다. 마오쩌둥 이후의 정치적 해금과 친시장적 경제개혁으로 인해 주요 동기 요인이 공산주의 이념에서 경제적 인센티브로 대체될 필요가 있었기 때문이다.

다른 공산주의 국가들의 사례를 보면, 대중들을 이끌기 위해서 카리스마가 있는 지도자를 이념적으로 우상화한다. 그 지도자가 죽으면 그에 대한 개인화된 이념적 우상화도 끝이 난다. 그러면 공산당이 그런 이념을 다시 세우고 만들어내려 노력해도, 이념이 갖는 호소력은 필연적으로 약화될 수밖에 없다.

가치관에 대한 설문조사 결과를 보면, 지도층이나 일반 시민들 모두에게 낡은 공산주의 이념이 더 이상 매력적이지 않음을 알 수 있다. 1990년대 후반에 7,000명이 넘는 중국공산당 중간간부들을 대상으로 한 설문조사를 보면, 응답자의 절반이 '공산주의가 실제와 너무나 동떨어져 있다'고 생각하고 있었다. 1997년 전구(專區)와 현 공직자 7,330명을 대상으로 한 이 설문조사에서, 응답자의 11%가 공산당의 목표에 대해 회의적이었고, 23%는 '공산주의가 현실과 너무나 동떨어져 있다'고 생각하고 있었다. 또한 응답자의 26%는 지역 공직자들 중 다수가 공산당의 기본 정책이 100년 이상 유지되지 못할 것으로 생각한다고 대답했다.

1999년에 쓰촨성 공산당위원회가 1만 1,586명의 당원들을 대상으로 한 설문조사에서는 응답자의 61%가 쓰촨성 공직자들이 해외여행을 할 시간은 있으면서도 '업무가 너무 많다'는 이유로 '공산주의 이념 공부'에 시간을 할애하지 않는다고 대답했다. 응답자의 2/3는 쓰촨성 공직자들에게 '정치적 인식'과 '정치적 판단력'이 부족하다고 생각하고 있었다. 단 16%만이 쓰촨성 공직자들이 의사결정을 하는 데 있어서 '국가의 이익'을 최우선적으로 할 것이라 응답했고, 44%는 '쓰촨성 당 지도부의 기강이 해이하다'고 생각하고 있었다.

1997년에 쓰촨성의 당원 약 1만 4,000명을 대상으로 한 설문조사를 보면, '전구와 현 차원 공직자들의 특성 중 가장 충격적인 것은 마르크주의와 레닌주의에 대한 이론적인 지식이 너무나 얕은 것' 이었다. 45세 이하의 처(處)급 공직자 439명을 대상으로 실시된 정치 및 이념 시험에서 이들 중 128명이 단 1개의 문제도 제대로 맞추지 못했다. 이들 중에는 덩샤오핑의 4대 기본원칙이 무엇인지 모르는 사람도 있었다. 앞의 설문조사에서 응답자의 30%는 젊은 공직자들이 '이념과 가치관에 무관심' 한 것에 불만을 갖고 있었다. 24%는 젊은 공직자들이 '당과 정부가 요구하는 규율 의식이 부족' 하며, 34%는 이들에게 '진실성과 절제력이 결여되어 있다' 고 생각하고 있었다.

공산주의 이념에 대한 믿음의 상실은 설문조사뿐만 아니라 비리를 저지른 공직자들의 진술에서도 나타난다. 공직자들의 비리를 다룬 언론보도를 보면, 부정부패를 저지른 공직자들은 공산주의 대한 신념이 거의 없었고, 종교나 미신을 따른 것으로 드러났다.

부정부패 행위로 사형 유예 판결을 받은 허베이성의 상무부성장 충푸쿠이(叢福奎)는 자신의 정치적 미래에 대해 점쟁이와 정기적인 상담을 했다. 또한 자신이 받은 뇌물의 상당 부분을 시주하며 불교 사원을 후원하기도 했다. 하이난성 현의 공상행정관리국(工商行政管理局) 국장이었던 한 공직자는 자신의 집안에 불단(佛壇)을 차리기도 했다. 그는 인사임명 문제를 논의하기 위한 당의 회의에는 한 번도 참석하지 않았다고 한다. 그 대신 임명이 내정된 사람에게 자신의 집에 설치된 불단 앞에서 종교의식을 하도록 요구했고, 그 후에야 그 사람의 임명을 승인했다. 부정부패 혐의로 사형판결을 받은 선양시 중급법원장 자융샹(Jia Yongxiang)은 풍수가에게 3만 위안을 주고, 새로운 건물로 법원이 이전할 길일을 뽑아줄 것을 요청했다.

40만 위안 이상의 뇌물을 받은 광둥성 칭위안현(淸遠縣) 공안국장은 공안국 정문이 풍수상으로 흉하게 지어진 것에 불안감을 느꼈고, 비리를 저지른 자신의 전임자가 구속된 것이 이 때문이라고 생각했다. 그래서 그는 풍수가에게 상담한 후, 그의 조언에 따라 정문을 새로 짓도록 했다(그러나 이런 조치는 부패척결 운동으로부터 그를 보호해주지 못한 듯하다).

점쟁이와의 관계를 유지하는 것은 후난성 고위 지도부들 사이에서 널리 퍼진 관습이었다. 중요한 기반시설 프로젝트 승인 책임자인 후난성 비서처(秘書處) 부처장은 자신의 권한을 이용하여 지역 사찰에 200만 위안을 지원했다. 이 사찰의 승려 중 하나가 자신의 승진에 관해 정확한 예언을 몇 번 했기 때문이었다. 창더시(常德市) 부시장은 자신의 정치적 미래에 관해 점을 치는 대가로 35만 위안을 지불했다. 많은 지도층 인사들 중에는 새로운 직책, 주택 건설, 자동차 구입 등 자신의 일을 결정하기 전에 점쟁이에게 상담하는 습관을 가진 사람도 있었다.

서로 결탁한 부정부패의 꾸준한 증가

국가 대리인들을 감시하고 정치적 책임을 강화하는 제도적 메커니즘이 붕괴되면 정부 공직자들이 서로 결탁하여 부정부패를 저지르게 된다. 분권화된 약탈적 국가가 극단적인 형태로 나타나는 것이 지방 마피아 국가며, 그런 지방 마피아 국가와 밀접한 연관이 있는 것이 국가 대리인들 간의 결탁이다. 따라서 중국 관료조직 내에서의 공직자들의 결탁은 지방 마피아 국가가 성장하는 한 원인이 된다.

여러 면에서 볼 때, 공직자들의 결탁은 1980년대에는 흔치 않은 것이었다. 이 기간에 밝혀진 주요 부정부패 사건에 관한 보고서를 보면, 대부분의 비리가 한 개인이 단독으로 저지른 것이었다. 그러나 1990년대에는 부정부패 및 다른 범죄 행위에서 공직자들의 결탁이 점점 흔한 현상이 되었다. 1990년대에 세간의 관심을 끌었던 많은 부정부패 사건을 감독했던 중국공산당 중앙기율검사위원회 부서기인 류리잉(Liu Liying)에 따르면, 1990년대의 부정부패에서 가장 걱정스러웠던 측면은 공직자들 간의 결탁이었다. 류리잉은 공직자들이 '이익에 관한 동맹'을 맺었기 때문에 부정부패, 심지어는 서로 결탁하여 범죄까지 저지른다고 봤다. 이 때문에 여러 사람이 서로 결탁하여 부정부패를 저지르는 경우가 급격히 증가했다. 한 인터뷰에서 류리잉은 2001년에 선양시 고위 공직자 104명이 주요 부정부패 사건에 연루되어 기소되었고, 그로 인해 시장은 해임되고 상무부시장은 처형되었다고 폭로했다.

또 다른 악명 높은 사건도 있었다. 헤이룽장성의 고위 공직자 5명(부성장, 헤이룽장성 인민대표대회 부주석, 헤이룽장성 고급법원장, 헤이룽장성 검찰청장, 중국공산당 헤이룽장성 위원회 비서)이 부정부패에 연루된 것이 드러난 후 2004년 10월에 모두 해임되었다. 이들이 해임되기에 앞서, 헤이룽장성 전임 성장 톈펑산(田鳳山)과 중국공산당 헤이룽장성 조직부 부장 한구이즈(韓桂之)가 당과 정부 관직을 돈을 받고 판 혐의로 체포되었다.

허베이성에서는 국가세무국 국장인 리전(Li Zhen)에 대한 수사에서 160명의 고위 공직자들이 같은 부정부패 사건에 연루된 것이 밝혀졌다. 중국농업은행 헤이룽장성 부지점장의 부정부패 사건에서는 70명 이상이 연루되어 있었다. 매관매직의 대가로 520만 위안의 뇌물을 받은 헤이룽장성 쑤이화시(綏化市) 당 서기 마더(馬德)를 조사하는 과정에서는 260명의 공직자가 연루된 것이 밝혀졌다. 여기에는 10개 현 등의 이바서우 50명이 포함되어 있었다. 안후이성에서는 부성장인 왕화이중(王懷忠)이 조사를 받는 과정에서 160명 이상의 공직자가 자신의 부정부패 행위에 연루되었다고 진술했다. 가난에 시달리는 지린성의 한 현에서 약 7년간 당 서기를 지냈던 리톄청(李鐵成)의 경우, 검사들은 162명의 현 공직자들이 승진을 대가로 그에게 뇌물을 바친 것을 밝혀냈다. 이들 중에는 현 인민대표대회 수장, 법집행을 담당하는 당위 부서기, 상무부현장, 2명의 당위 부서기, 5명의 부현장, 현의 재정국장, 노동국장 등이 포함되어 있었다. 이 사건은 다소 극단적이긴 하지만, 당-국가의 구조가 서로 결탁한 공직자들에 의해 어떻게 잠식당하는지를 생생하게 잘 보여주는 사례라고 할 수 있다.

부정부패를 단속하는 중국 당국이 전체 부정부패 사건에서 다수가 결탁한 사건이 차지하는 점유율에 관한 자료를 밝히고 있진 않지만, 광저우, 후베이성, 푸젠성, 산둥성, 장쑤성이 공개한 정보를 보면 다수가 서로 결탁한 부정부패는 널리 퍼진 듯 보인다. 2001년 광저우에서 횡령과 뇌물수수로 기소된 사건의 65%가 여러 명이 서로 결탁한 사건이었다. 같은 해 후베이성의 경우는 40%였고, 2002년 푸젠성의 경우는 30%였다. 산둥성 신타이시(新泰市) 검찰은 1998년에서 2000년 사이 조사한 부정부패 사건 중 30%가 다수가 연루된 사건이었다고 밝혔다. 장쑤성 난퉁시(南通市) 검찰이 수집한 자료를 보면, 1990년대 후반에 다수가 서로 결탁한 부정부패가 꾸준히 증가했음을 알 수 있다. 난퉁시 검찰이 기소한 다수가 연루된 부정부패 사건은 1999년에 9건, 2000년에 15건, 2001년에는 25건이었다. 한 사건에 연루된 개인의 수는 평균 4명이었고, 피의자의 2/3가 간부들이었다. 다수가 공모한 사건 모두에 간부들이 연루되어 있었다.

공직자들의 결탁이 빚어내는 최악의 상황은 지방 마피아 국가의 탄생이다. 이는 지방정부 관할권 내에서 정부 요직의 공직자가 범죄자들과 긴밀한 동맹을 맺는 것이다. 지방정부에 범죄자들이 어느 정도로 침투했는지는 알려지지 않고 있다. 중국공안부 조직범죄 소탕반(다헤이반(打黑辦)) 책임자는 2003년 7월에 이런 현상이 널리 퍼졌음을 인정했다. 몇몇 지역에서 지방정부 조직이 나약하고 혼란에 빠져 있으며, 사회 통제력을 상실했다는 것이었다. 그는 또한 이런 상황은 농촌의 향(鄕)에서 악의 세력이 세력을 확장할 기회를 제공하며, 이런 지역에서는 지방정부가 거의 붕괴된 것과 마찬가지라고 토로했다. 또한 몇몇 지방정부들은 악의 세력들로 하여금 관할권 내에서 활개를 치도록 하고, 이들이 지방정부를 통제하고 지방 행정에 불법적으로 간섭하도록 하며, 법과 질서를 담당하는 지경에까지 이르렀다고 말했다. 이어서 그는 이런 지역은 법이 상실되고 통제가 불가능하게 되어, 악의 세력들이 공공연히 정부와 법집행 기관에 대항한다고 말했다.

범죄조직과 부패한 관료들의 결탁은 농촌지역에만 국한된 것은 아닌 듯 보인다. 중국 최고인민검찰원의 보고에 따르면, 2001년에서 2002년 사이 최고인민검찰원이 범죄조직을 보호한 혐의로 기소한 공직자는 557명이었다. 이러한 지방 마피아 국가의 대표적인 사례는 1990년대 후반 선양시의 경우였다. 선양시의 17개 기관(선양시 중급 법원, 검찰원, 세무국, 국가자산국 등)의 거의 모든 공직자들이 지역 범죄조직 우두머리인 류융(劉湧)으로부터 뇌물을 받았다. 뇌물은 금품 강탈, 살인, 폭행, 사기 등 류융의 범죄행위를 보호해준 대가였다. 헤이룽장성 정부 또한 마피아 국가로 전락한 듯 보인다. 앞에서 언급한 대로, 헤이룽장성 최고위 관료 9명이 집단적 부정부패에 연루되었기 때문이다. 지방 마피아 국가의 세 번째 사례는 푸저우시(福州市)의 경우다. 푸저우시에서는 범죄조직 우두머리인 천카이(陳凱)가 마약밀매, 도박, 매춘 등 여러 범죄행위에 중요 직책에 있는 공직자 91명과 결탁한 것으로 드러났다. 이 중에는 푸저우시 당위 부서기, 공안국장 등이 있었다.

폭력과 명백한 범죄행위가 강성(剛性) 지방 마피아 국가를 규정하는 특징들 중 일부이고 중국에 그런 지방 마피아 국가들도 있긴 하지만, 중국의 많은 지방정부들은 폭력과 조직범죄자의 연루가 없기 때문에 연성(軟性) 마피아 국가에 해당한다고 볼 수 있다. 샤먼시(廈門市) 공직자 200명 이상이 연루된 위안화 밀수사건이 이런 경우에 속한다. 또한 지역 당위 서기들이 수백 건의 매관을 저지른 지린성 창위현(靖宇縣)과 헤이룽장성 쑤이화시의 경우도 그렇다. 이 사건들의 경우에 건전하지 않은 사업가와 지역 공직자들이 최우선적으로 관심을 둔 것은 사적인 이익의 극대화일 뿐, 시민들에게 공포를 주는 것은 아니었다.

지방 마피아 국가들의 작용방식을 보다 잘 이해하려면 부록(313페이지)을 참조하기 바란다. 부록에는 세간의 관심을 끌었던 17개 성에서 발생한 50건의 부정부패 사례를 다루고 있다. 이 사례들 모두가 지방 마피아 국가가 갖는 두 가지 핵심적인 성격을 그대로 보여주고 있다. 그것은 바로 범죄조직과의 연루, 중요 직책에 있는 공직자들의 결탁이다. 부록에서 다룬 사례들 중 약 절반 정도가 강성 마피아 국가의 특징을 보여준다. 즉 24개 사례에서 지방 공직자들이 범죄조직을 비호했던 것이다. 후난성이 가장 많았고(7건), 광둥성(6건)과 푸젠성(6건)이 그 뒤를 이었다.

서구와 마찬가지로 중국의 범죄조직들도 부동산, 건설회사, 광산, 운송회사, 지역 농산물 시장, 백화점 등의 사업을 운영했다. 이들은 정치적인 보호 아래 이득을 독점하여 챙겼고, 경쟁자와 소비자들을 위협했으며, 라이벌 범죄조직과 싸움을 벌여 세력을 확장했다. 최고인민검찰원이 제공하는 자료에 따르면, 2001년부터 2002년까지 불법적인 경제활동을 벌인 범죄조직을 비호한 혐의로 기소된 공직자는 모두 99명이었다. 이 기간에 '시장의 경제질서를 위반한' 주요 범죄사건은 265건이었고, 이 중에서 공직자들의 비호를 받은 사건은 약 1/4이었다. 앞서 언급한 강성 마피아 국가의 특징을 지닌 24개 사례들 중 18개 사례에는 당 서기, 현장(縣長), 공안국장, 당 정법(政法)위원회 서기 등이 연루되어 있었다.

연성 지방 마피아 국가의 형태에는 두 가지가 있다. 첫 번째 유형은 지방정부에 근무하는 공직자 다수가 결탁하여 밀수, 집단적인 뇌물수수 등의 경제범죄를 저지르는 경우다. 부록에서 다룬 50건의 사례들 중, 지방정부 지도층이 저지른 조직적인 대규모 밀수는 6건, 집단적인 뇌물수수는 10건이었다. 이러한 불법적인 행위에서 공직자들이 결탁하는 규모가 너무 크기 때문에, 이런 공직자들이 있는 지방정부는 실질적으로 불법적인 범죄를 저지르는 사업체와 다름없다. 앞에서 이야기한 샤먼시 밀수사건이 그런 극단적인 경우다. 부록에서 다룬 사례만 보면 첫 번째 유형의 지방 마피아 국가는 부유한 지역일수록 더 많이 발생하는 것 같다. 그 이유는 아마도 이런 지역에서 공직자들이 결탁하여 불법을 저지르는 것이 범죄조직과 연합하는 위험을 감수하는 것보다 훨씬 더 큰 이익을 얻을 수 있기 때문인 것 같다.

두 번째 유형은 정부 관직을 사고파는 것이다. 부록에서 제시된 50건의 사례들 중에서 이런 경우는 전부 8건이며, 1,000개 이상의 관직이 거래되었다. 가장 심한 사례는 헤이룽장성 정부의 경우였다. 2004년에 중앙정부는 관직을 사고판 이유로 8명의 헤이룽장성 최고위 관료들을 해임했다.

이런 사례들을 보면, 많은 공직자들이 뇌물수수 등의 부정부패 행위를 통해 서로 결탁할 때 연성 마피아 국가가 출현한다. 여기서 우리가 생각해야 할 요소는 두 가지다. 첫째, 승진 등을 위해 뇌물을 쓰는 것은 일종의 투자이기 때문에, 그런 공직자는 자신이 투자한 것 이상을 뽑아내려 한다. 따라서 자신의 사적인 이득을 극대화하기 위해 보다 적극적인 수단들을 이용하며, 그에 따라 분권화된 약탈이 심화된다. 둘째, 수많은 공직자들이 관직을 사고파는 과정에서 부정한 방법을 저지르기 때문에 이들은 부패한 행위를 감추고 서로를 보호하기 위해 결탁할 동기를 갖게 된다.

지방 마피아 국가가 출현하게 되면 해당 지역의 관리 상황은 급격히 악화된다. 많은 사례들에서 지방정부가 범죄조직을 보호하여, 이로 인해 범죄조직이 그 지역 경제와 정치에 침투하고 있음을 보여주고 있다. 범죄조직들은 지방정부의 비호 아래 부동산, 광산, 운송, 농산물, 건설, 고리대금업 등을 장악함으로써 막대한 경제적, 정치적 특권을 누린다. 예를 들어 공식적인 언론보도에서도 연줄이 좋은 범죄조직 우두머리는 부동산 거래에서 큰 혜택을 받는 것을 알 수 있다. 그중 한 예가 선양시에서 있었다.

선양시 상무부시장인 마샹둥(馬向東)이 범죄조직 우두머리인 류융으로부터 10만 달러의 뇌물을 받았고, 그 후 선양시 정부는 류융에게 2만 4,000㎡의 알짜배기 땅을 무상으로 불하했다. 범죄조직 우두머리와 당 공직자의 부패한 거래 사례는 이것만이 아니다. 2000년에 선양시 정부와 다롄시(大連市) 정부는 비슷한 넓이의 땅을 임대했는데, 임대료로 선양시 정부가 받은 금액은 7,000만 위안이었는 데 비해 다롄시 정부는 17억 위안을 임대료로 받았다.

달리 말하면, 두 도시의 토지가 같은 값임을 가정할 때, 선양시에서 토지를 임차하는 데 드는 비용의 96%가 지역 당 책임자와 범죄자를 포함한 그의 친구들에게 갔다는 뜻이다. 이러한 특혜 사례는 다른 지역에서도 보고되었다. 앞서 160명 이상의 공직자가 연루된 부정부패 사건에서 언급되었던 안후이성 부성장 왕화이중은 보도에 따르

면, 알짜배기 토지를 거래하는 과정에서 자신의 친구들이 10억 위안
의 이득을 챙기도록 했다.

몇몇 사례를 보면, 좋은 위치에 있는 범죄자들은 심지어 중국의 금
융기관에까지 접근할 수 있는 것으로 나타났다. 예를 들어 후난성 롄
위안시(漣源市)에서는 그 지역의 범죄조직 우두머리인 탄허핑(Tan
Heping)이 롄위안시의 농촌신용사 부주임을 맡고 있었다. 그를 보호
해주는 시 정부 공직자들 중에서 정법위원회 당 서기, 공안국장, 법
원장, 검찰원장 등은 모두 탄허핑의 범죄행위에 깊이 연루되어 있었
다. 이들의 행각은 2001년에 적발되었다.

일부 지역에서 범죄자와 지역 지도부가 연합하는 것은 지방 마피
아 국가가 확고히 자리를 잡도록 했다. 범죄조직 우두머리들은 자신
의 기업과 내부거래를 통해 지역 공직자들에게 뇌물을 바칠 수 있는
자금을 마련했다. 그리고 뇌물을 통해 정부기관 내에서 승진을 했다.
일단 공직자들이 이처럼 뇌물을 받게 되면 이들은 범죄조직 우두머
리에 의해 좌지우지되었다. 범죄조직으로부터 돈을 받은 공직자들은
그 대가로 범죄조직의 우두머리가 정치적 품위와 권력을 얻을 수 있
도록 도왔다. 가장 전형적인 것은 범죄조직 우두머리를 지역 입법부,
또는 정부기관에 임명하는 것이었다.

선양시에서 가장 악명 높은 범죄조직 우두머리이면서 대기업 회
장이었던 류융은 선양시 인민대표대회 인민대표였다. 지린성 허룽시
(和龍市)의 범죄조직 우두머리인 구더청(Gu Decheng) 또한 허룽시 인
민대표대회의 인민대표였다. 지린성 창춘시(長春市)의 쌍웨춘(桑越
春)은 순자산 1억 2,000만 위안의 대기업을 소유하고 있었다. 쌍웨춘

은 그러한 자산을 바탕으로 당 지도부에 뇌물을 바쳐 1998년에는 전 인대 인민대표로 선출되기도 했다. 그는 2002년 10월에 범죄행위를 저지른 후 전인대에서 축출되었다.

저장성 원링시(溫嶺市)의 범죄조직 우두머리인 장웨이(張畏) 역시 대기업을 갖고 있었다. 그는 사형당하기 전에 4개의 공식 직함을 갖고 있었는데, 그 직함 중에는 후베이성 이두시(宜都市)의 정치협상회의 부주석도 있었다. 같은 조직원인 장웨이의 가족 중 한 명은 지역 광산과 장시성 첸산현 정부를 장악하면서, 당 서기와 향장을 겸임하기도 했다.

한 검공주임(檢控主任, government prosecutor)은 중국 감찰부 발행물에 기고한 글에서 이렇게 이야기하고 있다.

> "몇몇 성과 도시에서 범죄조직들은 현 정부와 시 정부에 침투해 있다. 그들은 정부 내에서 자신들의 대리인을 뽑아, 그와 함께 정부 지도자, 지방인대 인민대표자, 정치협상회의 의장 등을 임명하도록 조정한다."

이러한 범죄조직과 당 공직자들의 유대관계가 얼마나 자리 잡았는가에 따라 마피아 국가가 얼마나 유지되는지가 결정된다. 부록에 열거된 50건의 사례들을 보면, 이러한 강성 지방 마피아 국가는 소탕되기까지 짧게는 4년에서 길게는 12년까지 유지되었다.

중앙 당국은 주기적인 부정부패 및 범죄조직 소탕 활동을 통해 이러한 지방 마피아 국가를 소탕할 수 있는 능력을 유지한다. 그에 따라 부패한 공직자와 범죄자들의 결탁으로 인해 발생할 수 있는 공산당의 붕괴 위협을 해소하는 것이다. 그러나 지방 마피아 국가를 소탕하기 위해 중국 정부가 취하는 위에서 아래로의 접근법은 기껏해야 일시적인 해결책일 뿐이다. 이러한 접근법으로는 지방 마피아 국가의 출현을 조성하는 근본적인 상황에 대해서는 고민할 수 없기 때문이다.

지방 공직자들의 책임감을 매일매일 모니터링하고 강화할 공공 및 언론매체의 보다 많은 자율권이 없다면, 중앙 당국은 지방 공직자들을 감시할 효과적인 역량을 절대 얻을 수 없을 것이다. 지방 마피아 국가의 출현은 중국 일부 지역에서의 거버넌스가 악화되고 있다는 뜻이며, 지방 공직자들을 모니터링하고 감시하는 정권의 제도적 메커니즘이 와해되고 있음을 나타내는 것이다. 여론과 시민의 정치 참여에 따른 지방정부에 대한 통제가 없기 때문에 발생하는 이러한 제도적 메커니즘의 와해는 지역 공산당 지도자가 관할 지역을 자신의 왕국으로 둔갑시키도록 만든다. 부록에서 다루는 50건의 사례들 중에서 당 서기와 시장(또는 현장)이 연루된 사건이 절반이었다.

중국에서의 분권화된 약탈적 국가의 출현은 몇 가지 의구심을 갖게 한다. 약탈적 국가에서는 경제발전과 시장지향적 개혁이 독특한 상황을 만들어낼 수 있다. 독특한 상황이란 권위적인 지도부가 경제성장으로 인한 결실과 독재자로서의 특권을 상당히 오랫동안 누릴 수 있는 상황을 말한다. 따라서 경제발전과 시장지향적 개혁은 약탈을 일으키고, 권력을 유지하려는 지도부의 결심을 강화할 뿐이다. 이는 정권의 에너지를 소모시키고 정치적 기반을 잃게 할 다양한 형태의 분권화된 약탈은 용인하는 반면, 정권의 권력에 가장 위협이 될 반대파와 잠재적인 도전자들을 탄압하는 데 엄청난 자원과 노력을 쏟는 상황으로 이어질 수 있다. 이것이 제2장에서 이야기한 것처럼, 중국공산당이 사회적 도전에 대응하고 새로운 사회 지도층을 포섭하는 데는 비교적 성공했지만 정권의 내부적 부패에 관해서는 진지한 고민을 하지 않는 것처럼 보이는 이유다.

개혁 기간 동안 중국의 사회 전반이 타락한 것 또한 발전지향적인 신권위주의의 주요 가설에 대해 의구심을 갖게 만든다. 친시장 정책을 추구하는 독재정권은 지속적인 경제성장을 유지할 수 있기 때문이다. 신권위주의 옹호자들은 약탈적 국가로 인해 지속적인 경제성장이 위험할 수도 있다는 가능성을 (아예 간과하지는 않더라도) 애써 폄하하려 한다.

지도층을 견제하는 효과적인 정치적 제약이 없다면, 국가가 약탈적 정책 및 약탈 행위 도입에 대한 유혹을 물리치리란 보장이 없다. 중국의 경험은 독재국가가 분권화와 시장지향적 개혁이 진행되는 과정에서 어떻게 대리인들에 대한 통제력을 상실할 수 있는지에 대한 생생한 사례다. 경제개혁에 수반되는 민주화 개혁이 국가 대리인들에 의한 분권화된 약탈을 제지한다는 증거는 없지만, 신권위주의적인 통치자들, 특히 지방정부 통치자들의 권력에 대한 제도적 견제가 없다면 국가 약탈이 분권화될 위험성이 증가하게 된다.

분권화된 약탈적 국가로의 전환은 중국의 정치체계, 경제발전, 국가-사회 관계, 민주화 가능성에 깊은 영향을 끼칠 것이다. 분명한 것은 국가 대리인들이 약탈 행위를 통해 국가의 이익을 침해한다면, 중국의 국가적 역량이 계속 약화될 것이라는 점이다. 분권화된 약탈적 국가는 공공 서비스를 충분히 제공하지 못하고 재산권을 적절하게 보호하지 못하기 때문에, 지속적인 경제발전은 위험에 놓이게 된다. 보다 중요한 것은 국가 자산을 약탈하는 대리인들이 국가의 재정 건전도 자체를 직접적으로 위협한다는 점이다.

국가 대리인들의 약탈 행위는 필연적으로 평범한 시민들의 재산권과 시민권에 부정적인 영향을 끼치기 때문에, 국가-사회 관계에서도 갈등이 증폭될 우려가 있다. 평화적이고 점진적인 민주화로의 이행 또한 그 전망이 어둡다고 할 수 있다. 평화로운 민주화로의 이행을 위해서는 그에 맞게 사회, 경제, 정치 기반구조가 발전해야 하는데, 방금 언급한 부정적인 영향들이 그런 기반구조의 발전을 가로막기 때문이다. 정권의 체제전환이 여전히 가능성이 있지만, 만약 그런 상황이 발생할 경우 혼란과 갈등이 발생할 가능성이 높다.

제5장

통치력이 약해지는 중국공산당

뒤처진 정치개혁, 지대를 탐하는 무리들의 포진, 국가 약탈의 분권화, 이 세 가지가 결합되면 반드시 거버넌스가 악화된다. 중국 지도층이 이처럼 깊게 자리 잡은 구조적이고 제도적인 문제에 직면하는 것을 거부하는 한, 공산당의 정치적 독점을 유지하는 데 중요한 역할을 해온 경제발전도 탄력을 잃게 될 것이다. 약탈적 국가로 전락한 발전지향적 권위주의 국가(수하르토의 인도네시아가 가장 대표적인 사례다)에서, 높은 경제성장률은 권위주의 정권이 가진 취약한 정치적 기반을 감출 수 있다. 정권에 대한 국제사회의 신뢰를 가늠하는 척도가 되는 경제적 풍요와 해외 자본의 유입은 지도층들로 하여금 안정감을 느끼도록 하며, 정치개혁에 대한 동기를 약화시킨다.

중국도 예외는 아니다. 1970년대 후반 이후의 지속적이고 높은 경제성장률은 지도층들로 하여금 경제성장이 대부분의 사회 및 정치 병폐에 만병통치약이 될 수 있다는 생각을 하게 만들었다. 따라서 경제성장은 왜곡된 결과를 낳았다. 즉 1990년대의 중국 지도부는 장기적인 성장을 유지하는 데 도움이 될 정치개혁을 이루기 위해 활성화된 경제를 이용하지 않았고, 그럴 필요성을 느끼지 못했다. 돌이켜보면, 의미 있는 정치개혁을 실행할 수 없었던 중국공산당의 무능력함 때문에 중국의 '거버넌스 결핍'이 급격히, 그리고 상당히 누적되었다. '거버넌스 결핍'이란 정부가 사회를 통치하는 데 있어서 가장 중요한 기능을 제대로 수행하지 못하는 것을 말한다.

거버넌스 결핍에는 국가역량 및 정치적 지지를 동원하는 정권의 능력 모두가 약화되는 것이 포함된다. 거버넌스 결핍은 필연적으로 정부가 기본적인 기능을 올바로 수행하지 못하는 결과를 낳기 때문에 거버넌스 결핍이 누적되면 장기적으로 정권의 존속이 위험해진다. 그러나 재정적자가 그렇듯이, 증가하는 거버넌스 결핍이 즉각적으로 어떤 부정적인 영향을 끼치는지 측정하기는 어렵다.

증가하는 거버넌스 결핍을 견뎌낼 수 있는 정권의 능력은 누적되는 예산 적자를 흡수할 수 있는 국가의 재정 능력과 비슷하다. 이론적으로는 거버넌스 결핍을 감내할 수 있는 정치체계의 능력이 예산 적자를 감내할 수 있는 능력보다 훨씬 더 커야 한다. 어떤 국가의 재정기관이든 예산 적자를 메우기 위해서는 국채를 발행하거나 돈을 더 찍어내서 높은 인플레이션이라는 위험을 감수해야 한다. 시장의 원칙을 고려할 때, 예산 적자를 감당할 수 있는 국가의 능력에는 한계가 있다.

이에 비해 수많은 개발도상국의 거버넌스가 형편없는 점에서 볼 수 있듯이, 거버넌스 결핍을 감내할 수 있는 사회적 역량은 매우 탄력적일 수 있다. 그럼에도 거버넌스 결핍은 중요한 문제다. 거버넌스 결핍의 누적은 국가와 정권의 역량을 계속 약화시키고, 그 결과 증가하는 거버넌스 결핍은 정치체계의 구조적 위험성을 증가시키는 원인이 된다. 그러한 위험성은 대개 현 정권의 정치적 안정에 영향을 거의 주지 못할 수도 있다. 그러나 이러한 위험성이 존재하고, 또 지속적으로 증가하는 것은 결국에는 정권의 회복력을 감소시키고 정권이 지속되는 데 위협이 된다.

이번 장에서는 먼저 중국에서 거버넌스 결핍이 증가하면서 나타나는 국가와 공산당의 정치동원(political mobilization) 역량 약화에 대해 설명하고, 이에 대한 분석을 한다. 그 다음에는 증가하는 거버넌스 결핍이 국가-사회 관계에 끼치는 정치적 영향을 살펴본다.

감소하고 있는 중국의 국가 역량

여러 개발도상국들 중에서 중국은 국가역량이 높은 나라로 인식되어왔다. 중국과 비슷한 경제력을 가진 나라들과 비교했을 때, 중국 정부는 의료, 교육, 공공 안전, 환경보호 등의 기본적인 서비스를 비교적 훌륭하게 공급해왔다. 사실 이처럼 중국에 대한 호의적인 평가

때문에 외국인 투자자들에게 중국에 대한 투자가 매력적으로 보였던 것이다. 그러나 중국을 국가역량이 매우 낮은 나라들과 비교하는 것은 두 가지 사항을 고려하지 않은 것이다. 즉 1) 중국의 국가역량이 경제개혁이 시작된 1970년 후반 이후 감소했는지 또는 증가했는지의 여부, 2) 중국과 다른 개발도상국들을 올바로 비교하는 방법은 무엇일지를 고려해야 한다.

만약 여러 증거를 통해 중국의 국가역량이 떨어지는 경향이 있다면, 체제전환이 지속될 수 있을지에 대해 우려해야 한다. 사실 정부 성과를 나타내는 여러 구체적인 지표를 자세히 들여다보면 중국의 국가역량은 지난 20년간 악화되고 있다. 몇몇 중요 분야에서 중국의 성과는 인도, 멕시코, 중국의 주변 동아시아국가들 등 인구가 많은 다른 개발도상국들에 비해 실질적으로 떨어져 있다.

국가의 역량 감소는 공공 안전, 교육, 의료, 환경보호, 법과 규정 집행 등 필수적인 공공 서비스를 제공하는 정부의 능력이 감소한 것에서 알 수 있다. 중국의 경우, 국가역량을 나타내는 이러한 지표들이 크게 떨어지고 있다는 숨길 수 없는 징후들이 매우 많다. 중국이 유례없는 경제적 풍요를 누리는 기간에 국가역량이 크게 떨어졌기 때문에 이는 특히 우려할 만하다. 경제가 발전될수록 정부 성과를 나타내는 핵심적인 지표들은 오히려 상승해야 하기 때문이다.

교통사고 사망률과 광산사고 사망률

정부 성과가 악화되었음을 나타내는 증거들 대부분은 평범한 것들이지만, 정부의 성과를 알 수 있는 데는 효과적이다. 교통사고 사망률을 그 예로 들어보자. 1975년에서 1998년 사이 교통사고 사망률(자동차 1만 대당 사망자 수)의 변화를 분석한 한 연구를 보면 이 기간에 사망자의 수가 243% 증가했다. 이는 전 세계에서 두 번째로 높은 것이었다. 교통사고 사망률의 증가가 자동차 수의 증가와 밀접한 연관이 있긴 하지만, 국가역량이 약한 나라일수록 사망률이 높은 경향이 있다. 2000년의 교통사고 사망자 수는 1985년에 비해 거의 2배로 증가했다(자동차 1만 대당 교통사고 사망자 수는 1985년에 34명, 2000년에는 58명). 2002년에 전체 교통사고 사망자 수는 10만 9,381명이었다.

다른 나라들의 1995년 자료와 비교해봐도 중국에서는 교통사고가 났을 경우 사망할 위험성이 다른 이웃국가들에 비해 훨씬 더 높았다. 1995년 기준으로 자동차 1만 대당 사망자 수는 중국이 26명, 인도는 24명, 인도네시아는 8명이었다. 중국은 통가(52명), 방글라데시(54명), 미얀마(36명), 몽골(30명)보다 나았을 뿐이었다. 교통사고 사망률만이 공공 안전을 책임지는 국가의 역량을 나타내는 것은 아니다. 허술한 규제로 인해 쥐약을 먹고 중태에 빠지거나 사망하는 사람이 매년 10만 명 이상이나 된다.

중국 내 산업현장의 안전에 관한 데이터에도 국가역량이 약화되었음이 드러난다. 중국의 산업현장은 개발도상국들의 산업현장 중에서 가장 위험하다고 할 수 있다. 1997년에 중화전국총공회(中華全國總工會)가 조사한 바에 따르면, 근로자들의 10%가 산업현장에서 부상을 당하는 것으로 나타났다. 2002년의 공식적인 자료를 보면, 그해 산업재해 및 광산사고는 총 1만 3,960건이었고, 이로 인한 사망자 수는 1만 4,924명이었다. 국제노동기구(ILO)가 1997년에 수집한 자료에서는 그해 중국 광산의 사망자(3,273명)가 인도 광산의 사망자(242명)보다 13배나 높은 것으로 나타났다. 2001년 기준으로 중국의 100만 미터톤(metric ton, 톤은 액체 등에 사용하는 용적에 따른 단위이며 미터톤은 고체 등에 사용하는 규격에 따른 단위다. 1미터톤은 1,000kg이다 - 옮긴이)의 석탄 생산량당 사망자 수는 7명으로 전 세계에서 가장 높은 사망률이었다. 인도의 경우는 0.9명이었다.

광산사고 사망자 대부분은 안전하지 못한 소규모의 개인 소유 광산에서 발생하며, 이런 광산 소유주들 중 많은 수가 지방정부 공직자들과 연줄이 닿아 있거나 이전에 중요한 직책을 맡은 공직자들이었다. 예를 들어 2002년 1월에서 5월까지 사망자가 발생한 석탄광산사고 사망자의 54%가 개인 소유 광산에서 발생한 것이었고, 사망자의 14%는 향 정부가 운영하는 석탄광산에서 발생했다. 강력한 협력자들이 안전하지 못한 개인 소유 광산을 돕고 있다. 즉 많은 지방 공직자들이 이런 광산에 투자를 하고, 자신들의 권한을 이용하여 그 광산을 비호한다. 장시성에서는 지역 범죄조직이 석탄광산 몇 개를 차지하고, 공안국장을 포함한 거의 모든 공직자들에게 뇌물을 써서 지방정부의 비호를 받은 경우도 있었다.

바닥 수준인 중국의 교육 분야 지출

중국 정부의 교육 기회 제공 능력 또한 다른 개발도상국들에 비해 낮다. 1990년대 후반 기준으로 중국은 교육에 GDP의 약 2%를 지출했는데, 중국의 교육 분야에 대한 지출은 저소득 국가들이 평균 3.4%를 지출하는 것과 비교할 때 상당히 낮은 편이다. 교육 분야에 대한 재정지출을 GDP 대비 비율로 환산한 유네스코(UNESCO)의 자료에 따르면, 중국은 인도, 멕시코, 필리핀보다 상당히 낮은 것으로 나타났다. 1998~2000년 사이, 교육 분야에 중국은 GDP의 2~2.1%를 지출한 반면, 인도는 3.2~4%, 멕시코는 4.2~4.4%, 필리핀은 4.2%, 브라질은 4.2~5.2%를 지출했다. 중국은 자신보다 훨씬 가난한 나라인 방글라데시(GDP의 2.4%)보다도 교육 분야에 대한 재정지출이 낮았다. 그 결과 1998년 기준으로 초등학교와 중학교에서 교육을 받을 수 있는 비율은 전국적으로 전체 해당 학생의 85%였고, 가난한 서부 지역은 40%에 그쳤다. 1990년대 후반 농촌지역에서는 해당 학생의 42%가 중학교에 진학하지 못했다. 남부 일부 지역에서는 그 비율이 30~50%였다.

2002년 유네스코의 연구에 따르면, 중국은 2015년까지 문맹을 퇴치한다는 유네스코의 목표를 달성하지 못할 것으로 보고 있다. UN 개발계획(UNDP)이 실행한 또 다른 연구에서는 수십만 명의 아동들이 죽음에 이른 것이 교육 분야에 대한 중국의 저투자 때문일 수도 있다고 언급했다. UNDP는 중국이 2002년에 1인당 소득이 중국의 1/3에 불과한 베트남 수준으로만 교육에 투자를 했어도 26만 4,500명의 아동이 죽음을 피할 수 있었을 것이라고 주장했다. 노벨상 수상자인 제임스 헤크먼(James Heckman)은 2002년에 중국의 인적 자본에 대한 투자 연구에서, 개혁 기간 동안 중국 정부는 학교교육에 대한 물적 투자를 선호하였고, 이로 인해 인적 자본에 대한 투자는 낮았다고 결론지었다.

교육 분야에 대한 전체 지출에서 중국 중앙정부가 담당하는 비율은 극히 적다. 예를 들어 1999년 교육 분야에 대한 총지출은 3,349억 위안이었는데 중앙정부는 이 중 13%만을 담당했다. 특히 의무교육 예산에서 중앙정부가 담당하는 비율은 지방정부들에 비해 극히 낮다. 향 정부가 전체 의무교육 예산의 78%, 현 정부는 9%, 성 정부는 11%를 담당하고, 중앙정부는 나머지 2%만을 담당할 뿐이다.

이처럼 전체 의무교육 예산에서 중앙정부의 낮은 담당 비율은 다른 나라와 확연히 비교된다. 예를 들어 1994년의 경우 멕시코의 전체 교육 예산 중 79%가 중앙정부가 담당한 것이었고, 한국의 경우는 94%를 중앙정부가 담당했다. OECD 국가들의 전체 교육 예산 중 중앙정부가 담당하는 비율은 평균 50%다. 또한 중국의 중앙정부가 지출하는 교육 예산은 보다 높은 과정의 교육에 몰려 있다. 즉 1999년에 중앙정부가 교육 분야에 지출한 예산의 94%가 보다 높은 과정의 교육에 투자한 것이었다. 1차와 2차 교육 분야를 합쳐 중앙정부가 지출한 것은 전체 교육 분야 예산 중 0.5%에 그쳤다. 다시 말해서 지방정부가 1차 및 2차 교육에 대해 모든 책임을 져야 한다는 것이다.

전반적으로 1990년대에 들어 교육 분야에서 필요한 전체 비용 중 국가가 담당하는 비율은 크게 감소했다. 교육 분야에서 필요한 전체 비용 중 국가가 담당한 비율은 1991년 62.8%였던 것이 1997년에는 53.6%로 떨어졌다. 나머지 부분은 수업료와 등록금을 인상함으로써 보충했는데, 이로 인해 교육을 받을 기회가 줄어들게 되었고 특히 보다 가난한 지역에서는 그 현상이 더욱 심화되었다. 한 연구에서는 중국 정부가 중학교에 필요한 전체 예산의 31%, 초등학교 예산의 24%, 유치원 교육 예산의 40%만 담당한다고 추정한다.

급격히 악화되고 있는 공공의료

중국의 공공의료 전달체계는 최근 들어 급격히 악화되고 있고, 이웃 국가들에 비해 크게 뒤떨어져 있다. 세계보건기구(WHO)의 〈세계 건강 보고서(World Health Report) 2000〉에서 중국의 전반적인 의료체계 성과는 1997년에 114위로, WHO 회원국들의 순위를 4그룹으로 분류할 경우 가장 하위 그룹에 속했다. 중국의 순위는 중국 정부보다 비효율적인 정부를 가진 국가로 여겨지는 인도(112위), 인도네시아(92위), 방글라데시(88위)보다도 낮았다.

국민들이 의료 혜택을 얼마나 평등하게 받을 수 있는가를 측정하는 '재정 기여도에서의 형평성' 항목에서 중국은 188위를 기록하여, 브라질(189위), 미얀마(190위), 시에라리온(191위) 등의 나라들보다 앞서는 데 그쳤다. 또한 '전반적인 목표 달성' 항목에서는 132위를 기록하여 인도네시아(106위), 인도(121위), 방글라데시(131위)에 뒤지는 것으로 나타났다. 의료서비스 제공 능력의 감소로 인한 피해는 특히 중국 농촌지역과 저개발 지역 사람들이 더 크게 입었다. 중국국무원 발전연구중심의 연구에 따르면, 1990년대에 전체 의료 분야 예산의 순수 증가분 중 14%만이 시골 지역에 배정되었고, 이 중 90%가 인사 및 행정에 사용되었다.

1970년대에는 기본적인 합작의료보건제도(合作醫療保健制度)를 통해 농촌지역의 90%가 의료 서비스를 받을 수 있었다. 1980년대 말이 되자 이 제도는 촌(村)의 5%에서만 유지되었다. 중국 정부가 1990년대에 합작의료보건제도 체계를 다시 세우려 노력했지만(적극적인 노력은 아니었다), 지방정부가 1980년대에 사영기업과 의사들에게 70만

개에 이르는 촌과 향의 병원을 매각한 후 거의 모든 병원이 민영화된 뒤였다. 농촌지역에서의 합작의료보건제도 붕괴는 정부의 의료 분야 재정지출에서 농촌지역이 푸대접을 받음으로써 더 악화되었다. 농촌 지역 인구가 중국 전체 인구의 70%를 차지하는데도 정부의 의료 분야 예산 중 15%만이 농촌지역에 배정된다. 1인당으로 계산해보면 농촌지역 거주자들은 도시 거주자가 누리는 의료 혜택의 1/3만 받는 셈이다.

개혁 이전의 합작의료보건제도는 민영화된 병원으로 대체되었다. 이들 중 많은 수가 수준 이하의 서비스를 제공한다. 2001년에 발표된 400개의 촌 병원들을 연구한 보고서를 보면, 2/3가 환자진료기록을 작성하지 않았고, 주사기와 바늘을 소독하는 병원은 절반에 불과했다. 또한 의사들은 의료교육 수준이 형편없었고, 많은 의사들이 무자격자들이었다. 한 기자는 자신이 방문한 수많은 병원들 중 40%가 무허가였다고 밝혔다.

그 결과 중국의 농촌지역은 의료서비스의 질과 접근성 모두가 급격히 떨어졌다. 1970년에 농촌지역 거주자의 85%가 의료보험에 가입되어 있었던 반면, 2003년에는 그 비율이 20% 미만으로 떨어졌다. 중국위생부(衛生部)가 실시한 1998년 국가위생복무(國家衛生服務, 국가 의료서비스 - 옮긴이) 설문조사에 따르면, 37%의 농부들이 아파도 치료받을 돈이 없으며, 입원해야 할 농부의 65%는 돈이 없어 입원을 거절당했다고 대답했다. 이보다 앞서 1993년에 실시된 비슷한 설문조사에서는 이 비율이 훨씬 더 높았다. 1993년 설문조사에서는 농촌지역 여성의 77%가 집에서 출산을 했으며, 농촌지역 아동들 중 건강

검진을 받아본 아동은 1/3에 불과한 것으로 나타났다. 그 후 10년이 지나도 농촌지역 거주자들의 의료서비스에 대한 접근성은 거의 개선되지 않았다. 2003년 국가위생복무 설문조사에서는 중국인의 49%가 아파도 병원에 갈 수 없으며, 입원해야 할 환자들 중 30%는 병원비가 없어 입원을 할 수 없는 것으로 나타났다.

의료서비스를 받을 형편이 못되는 농촌지역 거주자들은 종종 참혹한 결과를 맞는다. 중국의 농촌지역에서 질병은 가난에 빠지는 주된 원인이다. 허난성에서는 농촌 거주자의 40%가 병에 걸려 노동력을 상실한 후 살림살이가 빈곤선(poverty line, 최저 생활을 유지하는 데 필요한 소득 수준 - 옮긴이) 이하로 떨어졌다. 산시성(陝西省)에서는 그 비율이 50%, 지린성에서는 60%였다.

심지어 농촌지역보다 비교적 특혜를 받는 것으로 여겨지는 도시지역에서도 의료비가 급격히 상승하면서 의료서비스에 대한 접근성이 점차 떨어지고 있다. 중국위생부에 따르면, 1993년에 도시 거주자의 27%가 의료보험이 없는 것으로 나타났다. 2003년에 그 비율은 50% 이상으로 상승했고, 병에 걸린 도시지역 거주자의 14%는 병원 치료를 받을 능력이 없는 것으로 나타났다.

일부 전염성 질병에 감염되는 수준이 지속적으로 높은 것은 공공의료 기반체계가 악화되고 의료서비스에 접근할 수 있는 기회가 줄어들었기 때문일 수 있다. 예를 들어 1990년대 말을 기준으로 전체 인구의 10%가 A형 간염에 감염되어 있었고, 결핵에 걸린 사람은 500만 명이었다. 중국위생부의 보고서에는 2002년 기준으로 81만 명이 주혈흡충증(기생충에 의한 질병 중 하나 - 옮긴이)에 걸린 것으로 나와 있다.

중국은 에이즈에 대한 대비 또한 허술하다. 2002년 기준으로 중국 내 에이즈 감염자는 85만~200만 명인 것으로 추정되었다. 중국위생부에 따르면 2003년과 2004년에 에이즈 바이러스 감염 비율은 해마다 40%씩 증가했다. 이런 비율대로라면, 2010년에는 에이즈 감염자 수가 1,000만 명이 넘을 수 있다. 이처럼 에이즈 감염 비율이 높은데도, 1990년대에 에이즈 예방과 치료에 배정된 중국 정부의 예산은 매년 평균 1,500만 위안에 그쳤다. 비록 에이즈 관련 예산이 조금씩 증가하고는 있지만(2001년에는 1억 위안이 책정되었다), 에이즈 예방과 치료를 위해서는 여전히 불충분하다.

중국의 에이즈 감염 비율 증가와 중국 정부의 미적지근한 태도에 놀란 UN은 2002년에 〈HIV/에이즈: 중국의 커다란 위기(HIV/AIDS: China's Titanic Peril)〉라는 보고서를 발행했다. 이 보고서는 중국이 공공의료와 인간에게 커다란 재앙이 닥칠 상황 직전에 있다고 경고했다. 그리고 중국 내에서 에이즈가 확산된 요인으로 '정부의 불충분한 정치적 책무 및 지도력, 공개적이지 못한 에이즈 대처, 인적 및 재정적 자원의 부족, 효율적인 정책의 부재, 정책 환경 조성의 부재, 낮은 거버넌스' 등을 꼽았다.

경제발전을 위협하는 환경의 악화

중국의 국가역량 약화는 환경이 갈수록 악화되는 현상에도 나타난다. 환경의 악화는 경제발전이 지속되는 것을 위협한다. 공식적인 보고서에는 중국 토지의 1/3이 토양침식을 겪고 있다고 나와 있다.

그 결과 매년 약 670㎢의 농지가 유실되고 있다. 주요 수로에도 토사가 쌓여 막히고 있다. 예를 들어 약 15억 톤의 흙, 모래, 자갈이 양쯔강 상류로 흘러들어 쌓여 있다. 중국 당국은 이것이 1998년에 있었던 엄청난 홍수 때문이라고 말한 바 있다. 토양침식으로 인해 이미 200억 톤 이상의 토사가 쌓인 저수지들이 위협받고 있다. 매년 약 2,500㎢의 토지가 사막화되고 있으며, 이로 인한 직접적인 경제적 손실은 540억 위안에 이른다. 또한 사막의 확장은 황사의 발생빈도와 강도를 크게 증가시켰고, 이런 황사는 중국 북부를 강타한다. 산성비는 중국 국토의 30%를 오염시켰다.

오폐수의 80%가 아무런 처리 없이 방류됨으로써 호수의 3/4, (길이로 따졌을 때) 강의 약 절반이 오염되어 있다. 2003년 초에 국가환경보호총국(國家環境保護總局) 국장은 중국의 주요 강 740곳을 검사한 결과 이 중 29%만이 마실 수 있는 수질이었다고 밝혔다. 2003년에는 중국에서 가장 중요한 강인 양쯔강의 60%가 다양한 정도로 오염된 것으로 나타났다. 매년 200억 톤의 오폐수(중국 전체 오폐수의 40%)가 양쯔강으로 방류된다. 또한 118개 주요 도시의 지하수 중 2/3가 매우 심하게 오염되어 있다. 수질오염 하나만으로 중국이 매년 치르는 비용은 GDP의 1.46~2.84%에 이른다. 국제적인 기준으로 보면, 중국은 물 소비에서도 가장 비효율적인 국가들 중 하나다. 중국의 물 소비는 선진국 평균보다 15배나 높으며(일본의 35배, 프랑스의 25배), 인도와 파키스탄보다도 높다.

환경의 악화는 거대한 경제적 손실을 직접적으로 야기한다. 1990년대 중반에 세계은행은 중국이 오염으로 인해 매년 치르는 비용이

GDP의 7.7%일 것으로 추정했다. 매년 2,000만 톤 이상의 이산화황(석탄을 태우는 과정에서 발생)이 대기로 방출되는데, 이것만으로 중국이 매년 치르는 비용은 GDP의 2%다. 중국의 국가환경보호총국은 1999년에 338개 도시에서 대기오염도를 측정한 결과, 공기가 '좋다'고 여길 수 있는 도시는 1/3에 불과했다고 밝혔다. 1999년에 세계에서 공기가 가장 많이 오염된 도시 10곳 중 7개가 중국 내 도시였다.

개혁 이전에 건설된 중국의 농업 기반시설 또한 자금의 부족 때문에 악화되고 있다. 1970년대에 중국 정부가 전체 기반시설에 배정한 예산 중 농업 기반시설에 투자된 것은 18%였으나, 1980년대에는 6%로 떨어졌다. 이로 인해 관개시설이 특히 큰 타격을 입었다. 1990년대 중반에 중국 전역의 저수지 8만 4,300 곳 중 1/3이 농업용수로 쓰이기에 '부적합하고 위험' 한 것으로 분류되었다. 중국 저수지의 총 저수량은 30~50%가 낮아졌고, 이로 인해 홍수 및 가뭄에 대비할 수 있는 능력이 급격히 떨어졌다.

자연재해가 급속도로 규모가 커진 것도 환경의 악화로 인한 결과와 1980년대 이전에 지어진 농업 기반시설의 악화가 합쳐진 것이 원인일 수 있다. 1950년대에 자연재해로 인한 곡물 생산량의 손실률은 전체 곡물 생산량 대비 2.1%였던 것이 1990년대에는 5%로 2배 이상 증가했다. 곡물 생산량의 손실은 1990년대 들어 가속화되었다. 자연재해로 인한 연간 손실량이 1950년대에서 1980년대까지는 평균 500~600억 톤이었던 것이 1990년대 중반에는 1,200억 톤으로 2배 이상 증가했다.

재정 위기로 부채에 시달리는 농촌지역

전반적인 중국의 재정 역량 약화, 그리고 특히 농촌지역에서의 재정 위기는 공공서비스를 제공하는 정부의 능력을 크게 약화시켰다. 또한 재정 시스템이 올바로 작용하지 못한 부정적인 영향은 지방 공직자들의 불순한 정치적 동기로 인해 더 심화되었다. 지방 공직자들은 사회적으로는 수익이 적으면서 자신들의 개인적인 이득을 최대화할 수 있는 프로젝트에 한정된 자원을 쏟아 부었다. 그로 인해 환경보호, 교육, 공공의료 등 사회적 수익이 높은 프로젝트와 서비스는 무시되었다.

중국의 재정 문제는 지금까지 광범위하게 연구되어왔다. 중국 재정 시스템의 성과에 관한 공식적인 데이터로 측정할 경우, 중국 정부의 세금징수 역량은 크게 약화된 것처럼 보인다. 징수된 세금이 1978년에는 GDP의 31%였던 것이 1999년에는 14%로 떨어졌기 때문이다. 그러나 사실은 사뭇 다르다. 지난 20년간 중국 정부의 총 세입액은 GDP의 30% 수준을 계속 유지해오고 있다.

중국의 재정 역량 약화는 그리 대단하지 않은 수준일지 모른다. 앞의 제4장에서 살펴보았듯이, 변한 것은 정부의 세입 상당 부분이 다른 곳으로 빠져나간다는 것이다. 정부가 거둬들이지만 중앙정부로 귀속되지 않는 다양한 형태의 세입에 의해 예산상의 세수(稅收)가 잠식당한다. 이러한 예산 외 세입은 예산상의 세수를 최대의 경우 2배 정도 초과하기도 한다. 예를 들어 1995년과 1996년에 예산상의 세수는 GDP의 약 11%였던 반면, 예산 외 세입은 GDP의 약 20%였다.

재정 시스템이 올바로 작용하지 못함에 따른 우선적인 수혜자는 성 정부와 시 정부들이다. 재정 시스템의 기능장애로 인해 성 정부와 시 정부가 일반적인 세금의 영역 밖에서 다른 세입을 징수할 수 있기 때문이다. 심지어 중앙정부의 재정 역량을 강화하기 위한 수단으로 여겨지는 1994년의 재정개혁 이후에도, 성 정부와 시 정부는 예산 외 세입 점유율을 올릴 수 있었다. 정부 기금(예산 외 세입) 점유율 변화에 대한 한 연구에 따르면, 1994~2000년 사이 지방정부의 점유율은 16.8%에서 28.8%로 상승함으로써 매년 2%씩 상승했다. 반면 같은 기간에 중앙정부의 점유율은 55.7%에서 52.2%로 약간 하락했다. 중앙정부는 세입 하락으로 인해 사회 공공서비스에 투자할 능력이 줄어들었다.

그 결과 중앙정부는 재정을 부담할 수 없는 사회 공공서비스를 지방정부가 제공하도록 명령함으로써, 점점 비지원 명령(unfunded mandate, 중앙정부가 어떤 일을 하도록 명령하지만 재정적 지원은 하지 않는 것 - 옮긴이)에 의존하게 되었다. 그러나 지방정부들에게는 그런 서비스를 제공할 동기가 거의 없다. 그런 서비스를 제공함으로써 얻을 수 있는 정치적 이득이 높은 성장률을 유지할 수 있음을 과시하는 전시성 프로젝트에 그 자원을 투자함으로써 얻을 수 있는 이득보다 적기 때문이다.

1980~1998년 사이 5개 성(지린성, 허베이성, 신장성, 칭하이성, 산둥성)의 예산 분배 변화에 대한 한 연구에 따르면, 이 기간에 5개 성의 농업생산에 배정된 예산은 총 예산의 7.54%에서 2.15%로 떨어졌다. 또한 농업, 삼림 관리, 하천 관리에 배정된 예산 또한 7.58%에서 4.21%로 떨어졌다. 반면 같은 기간에 주요 도시 중심가의 미관을 꾸

미는 도시 유지에 배정된 예산은 2배로 상승했다. 지방 공직자들은 단기적인 높은 성장률을 달성하거나 눈에 보이는 다른 성과를 올림으로써 승진될 확률이 높기 때문에, 예산 외 세입은 교육, 의료, 환경 개선에는 별 도움이 되지 않는 지역 산업시설 건설 등의 프로젝트에 사용되는 경향이 있다.

정부 공직자들이 예산 외 세입을 선호하는 데는 또 다른 이유도 있다. 예산 외 세입을 징수하고 사용하는 데 일반적인 예산 규정이 적용되지 않기 때문에, 공직자들이 거의 완전한 재량권을 갖게 된다. 그에 따라 세입의 남용과 부정부패가 만연해 있다. 예산 외 기금의 상당 부분이 비자금으로 조성되어 정부 공직자들이 이를 마음대로 사용한다. 재정부 장관에 따르면, 비자금을 조사한 결과 조사 대상의 모든 비자금이 조성 과정에서 횡령과 부정부패가 연관되어 있었다. 1999년 6월에 발표된 자료를 보면, 국가심계서는 960억 위안에 이르는 비자금과 불법적인 지출 내역을 적발했다고 밝혔다. 이는 1998년 총 세수의 10%에 해당하는 금액이었다.

이처럼 재정 시스템이 제대로 기능하지 못하면서 생긴 심각한 결과들 중 하나는 많은 현과 향의 재정이 붕괴 직전의 위기를 맞는 것이다. 특히 이런 현상은 허난성, 안후이성, 후난성, 후베이성, 장시성, 허베이성처럼 인구가 많고 농업을 기반으로 하는 내륙에 위치한 성들에서 더욱 심하다. 중국의 2,400개 현과 4만 6,000개 향이 일상적인 정부 서비스의 대부분을 공급하는데도, 이들이 징수하는 세금은 정부 총 세입의 20%에 불과할 정도로 징세 기반이 미약하다. 1999년에 중국 전국의 현들이 징수할 수 있었던 세입은 전체 지출되는 예산의 2/3에 불과했다. 현의 약 40%는 징수할 수 있는 세입이 지출되는 예산의 절반에 그쳤다.

향 정부의 재정 상태는 훨씬 더 심각하다. 향 정부가 해당 지역에서 대부분의 공공 서비스(이 중 가장 예산이 많이 드는 분야는 교육이다)를 책임지도록 명령을 받긴 했지만, 향 정부는 실질적인 징수 기반이 없고 농부들로부터 세입을 거둬들여야만 한다. 세입 징수 과정은 대부분 비효율적이고 강제적인 징수 시스템을 통해 이루어진다. 농촌 지역 정부의 부채를 다룬 대부분의 연구들은 부채 문제가 수면 위로 떠오른 시점으로 1990년대 중반을 꼽는다. 1980년대와 1990년대 초반까지는 부채가 농촌지역 재정에서 심각한 문제가 되지 않았다. 부채가 문제가 된 데는 여러 원인이 있지만, 그중에서도 가장 중요한 원인이었던 것은 1994년의 세무개혁이었다.

이 개혁은 당초 중앙정부의 재정 역량을 강화할 의도로 시행되었지만, 이로 인해 정치적으로 가장 약한 향 정부와 촌 정부는 가장 큰 부담을 떠안게 되었다. 자신들의 세입을 향과 촌 정부에 양도하기 싫었던 성 정부와 시 정부는 전례 없이 높은 세입 목표액을 정하여 향과 촌 정부가 이를 달성하도록 했고, 심지어 목표를 달성하지 못할 경우 향과 촌 정부의 공직자들을 해고하겠다는 협박까지 했다. 그 결과 향과 촌 정부는 공공 서비스를 감축하고, 세금과 공공요금을 인상하지 않을 수 없었다. 농부들은 세금은 오르면서 오히려 공공 서비스는 악화되는 모습을 보면서 불만이 커졌고, 조세 저항이 발생했다. 한 연구에 따르면 조세 저항은 지방정부의 재정 역량이 약화되는 주요 요인이었다. 미납된 세금과 공과금은 촌 정부 전체 부채의 1/3이나 되었다.

1990년대 후반에 향과 촌 정부의 재정 위기 규모는 중국농업부가 실시한 연구들 중 하나를 보면 알 수 있다. 이 연구를 보면, 1998년 말 기준으로 90%의 향 정부와 83%의 촌 정부가 심각한 부채를 안고 있었고, 이들 정부의 부채 총액은 3,259억 위안이었다. 향 정부들의 부채 총액은 1,776억 위안으로, 1개 향 정부당 평균 400만 위안의 부채를 안고 있었다. 촌 정부들의 부채 총액은 1,483억 위안으로, 각 촌 정부는 평균 21만 위안의 부채를 갖고 있었다. 이 액수는 1999년에 17.5%, 2000년에는 11% 상승했다. 이는 곧 2000년에 향과 촌 정부 전체가 안고 있던 부채가 4,230억 위안이었다는 뜻이며, 이 액수는 1999년 농업 분야 GDP의 30% 가까이 되는 것이었다. 중국재정부에서 농촌지역 정부들의 부채에 관한 연구팀의 한 수석연구원은 2004년 말 기준으로 향과 촌 정부의 부채 총액이 6,000억에서 1조 위안일 것으로 추정했다. 이는 GDP의 10% 가까이 되는 액수였다.

농촌지역 대부분은 부채를 안고 있었다. 자산 대비 부채 비율은 동쪽의 해안지역이 26%, 중부 농업지역이 42%, 가난한 서부지역은 24%였다. 각 성 정부의 부채에 관한 언론보도에서도 농업기반의 큰 성들이 재정적으로 압박을 받고 있음이 드러난다. 2000년에 후난성의 향 정부들을 대상으로 한 조사에서는 향 정부의 88%가 부채를 안고 있었고, 부채 총액은 85억 위안이었다. 이는 후난성 전체 세입의 약 절반에 해당하는 액수였다. 허난성 향 정부들의 부채 총액은 허난성 전체 재정 세입의 40%에 해당하는 90억 위안이었다. 그리고 거의 모든 향 정부가 임금을 체불하고 있었다. 1998년 안후이성의 경우,

향과 촌 정부의 부채는 연간 세입보다 3배나 많았다.

중국 농촌지역 정부들의 부채가 급격히 누적된 데는 몇 가지 요인이 있다. 중국농업부가 실시한 한 조사에 따르면 향진(鄕鎭)기업에 대한 투자 실패가 부채 누적의 가장 중요한 원인이었다. 향과 촌 정부의 부채 중 38%가 향진기업을 지원할 목적으로 빌린 것이었고, 18%는 기본적인 공공 서비스 제공 및 도로, 교량 등의 기반시설을 위한 것이었다.

중국의 일부 연구자들은 이러한 행태가 지방 관료들이 자신의 정치적 업적을 쌓기 위해 자원을 낭비하는 것이라고 비판한다. 이 연구자들은 특히 전시성 건설 프로젝트, 그중에서도 고속도로와 일반 도로 건설을 그러한 사례로 꼽았다. 농촌지역 정부의 부채 중 8% 가까이가 도로를 건설하기 위해 빌린 것이었다. 일상적인 상업 및 농업 운영을 지원하기 위해 빌린 돈은 부채 총액의 8%, 향과 촌 정부가 세금을 내기 위해 빌린 것이 4%, 지방 공직자들의 임금 지불을 위해 빌린 것이 5%였다.

안후이성에 있는 한 현의 사례가 그러한 대표적인 경우였다. 이 현의 경우 향진기업을 지원하기 위해 빌린 돈이 전체 부채의 37%였다. 그 현 아래에 있는 촌 정부와 향 정부가 학교와 도로 등 공공 기반시설을 건설하기 위해 빌린 돈은 각각 부채의 15%와 30%였고, 지방 공직자들이 자신의 공적을 위해 착수한 전시성 프로젝트로 인한 비용은 전체 부채의 8%였다. 그리고 필요 이상으로 많은 공직자들에 대한 임금 지불과 행정운영에 쓰인 비용이 전체 부채의 20%였다. 2001년의 한 연구에 따르면, 향 정부들이 은행으로부터 빌린 돈의 약 절반이 향 정부 공직자들의 임금으로 쓰였다.

중국의 농촌지역 전문가인 천시원(陳喜文)에 따르면, 향과 촌 정부들은 세 가지 경로를 통해 돈을 빌렸다. 지역 농업합작기금회(農業合作基金會), 지역 기업, 국유은행 및 농촌신용사가 그것이다. 그리고 이를 보다 상세히 분석해보면 국유은행과 농촌신용사들이 향과 촌 정부가 받은 대출의 42%인 1,360억 위안을 제공함으로써 가장 큰 자금 공급원이었다. 이렇게 대출된 자금의 절반 이상(53%)은 만기일이 지난 상태였고, 만기일을 넘긴 대출금의 절반은 만기일이 3년이나 지난 상태였다.

중국의 많은 전문가들은 농촌지역 정부들이 어쩔 수 없이 공공 서비스를 축소한 것 외에도, 지방정부의 재정 악화가 농촌지역의 정치 부패 및 국가와 농부들 간 갈등의 직접적인 원인이라고 본다. 예를 들어 촌 정부 지도층들이 빚에 찌든 촌에서 근무하는 것에 점점 염증을 느낌에 따라 촌 정부와 당 조직이 계속 약화되고 있다. 향 정부의 경우는 높은 부채와 임금체불로 인해 향 정부 공직자들의 사기가 침체되어 있다.

2001년 초를 예로 들면, 지린성 향 정부 공직자들에게 미지불된 임금은 4,600만 위안이었고, 이는 지린성에서 미지불된 임금의 약 절반이었다. 이와 비슷한 상황은 안후이성에서도 보고된 바 있다. 농촌지역의 재정 위기는 갈등의 주요 원인이기도 하다. 높은 부채에 시달리는 향에서는 당 간부와 인민들이 큰 갈등을 빚고 있다. 그 결과 지방정부 공직자들은 정부 정책을 실행하고 세입을 징수할 때 종종 강력한 저항에 부딪힌다.

중국공산당의 동원 능력 약화

국가의 통치 역량을 측정할 때 중요한 변수는 그 나라 주요 정당들의 동원 능력이다. 정당은 다양한 사회적, 정치적 이해관계를 통합하여 화합을 이끄는 기관으로서, 정부의 정당성과 정책에 대한 지지를 이끌어내는 데 매우 중요한 역할을 한다. 다수의 지지를 확보하는 데 있어서 정당의 역할은 민주국가보다는 권위주의적 국가에서 훨씬 더 중요하다. 새뮤얼 헌팅턴(Samuel Huntington)이 관찰한 것처럼, 권위주의적 정부가 우선적으로 취하는 현대적인 형태는 1당 체제다. 그리고 권위주의적 정권이 얼마나 강한지는 지배 정당이 얼마나 강한지에 달려 있다. 그러한 지배 정당이 존속할 수 있는 중요한 열쇠는 정치적 지지를 동원할 수 있는 능력과 정당성을 유지하는 것이다. 권위주의적인 정권은 생존을 위해 탄압을 주요 수단으로 이용한다는 속설과는 달리, 독점적인 지배 정당들은 사회를 통치하는 데 있어 이념적 호소, 재분배 경제정책, 조직에의 침투, 탄압 등을 혼합하여 사용한다.

마오쩌둥 시기에 중국공산당은 다수의 지지를 동원할 수 있는 능력이 있었다. 카리스마 있는 지도자와 중국화된 공산주의 이념, 수십 년간의 전쟁을 통해 시험받은 혁명적인 정당, 국가의 통제를 극대화한 개발전략, 대규모의 무자비한 탄압 등이 합쳐져서 중국공산당은 대의명분을 위해 중국 인민들을 결집시킬 수 있었던 것이다. 마오쩌둥의 급진적인 정책이 크게 실패함으로써 중국공산당의 위신이 약화되기는 했지만, 덩샤오핑의 진보적인 정책들로 인해 중국공산당은 개혁 초기에도 지지를 동원하는 수단을 유지할 수 있었다. 덩샤오핑이 마오쩌둥 사후 착수한 개혁 조치들은 문화대혁명의 여파로 인해 퇴색된 중국공산당의 이미지를 쇄신할 수 있었고 대화합을 이룰 수 있었다. 보다 중요한 것은 중국 사회와 정치에 존재하는 방대한 중국공산당의 조직기반이 아직 시장지향적인 개혁안의 영향을 받기 전이라는 점이었다.

그러나 경제개혁이 시작되고 25년이 지나자 중국공산당의 지지 동원 능력이 눈에 띌 정도로 약화되기 시작했다. 중국공산당이 정치적 지배를 유지하기 위해 선택적 억압과 포섭 전략을 사용하는 것이 보다 능숙해졌음에도 이런 현상이 발생했다. 시장지향적인 개혁안들은 중국공산당 조직의 경제기반을 약화시켰고, 이는 처음에는 시골에서, 나중에는 도시에서 공산당이 쇠퇴하는 결과로 이어졌다. 공산당 자체 내에서는 기강이 해이해지고 제도적 규범이 와해되면서 부정부패가 만연하게 되었고, 공산당 조직에 대한 신뢰가 땅에 떨어졌다. 대중들에 대한 공산당의 호소력 또한 사라졌다. 이는 공산당이 추구한 배타적이고 소수 지도층을 위한 정책, 그리고 그에 따라 대중을 위한 혁명적인 정당이 소수 지도층의 이익을 위한 정당으로 변질된 것이 주된 원인이었다.

실질적인 측면에서 보면, 중국공산당의 동원 능력이 약화되었다는 것은 더 이상 공산당의 정책을 추구하고 스스로를 방어할 수 있는 방대한 사회적 연대를 구축할 수 없다는 뜻이다. 그 대신 정당성 유지 및 권력을 유지하기 위한 탄압 능력 사용을 위해서는 그 어느 때보다 경제적 성과에 의존해야만 한다. 중국공산당의 정치동원 능력이 약화되었음을 가장 잘 보여주는 사례는 1999년에 있었던 유사 영성운동(spiritual movement) 단체인 파룬궁에 대한 탄압이다. 마오쩌둥주의(Maoist) 시기였다면 파룬궁과 같은 전국에 퍼진 단체를 억압하거나 심지어 파괴하는 데에는 경찰력에 의존하지 않고도 노동자와 농민 등 공산당에 충성하는 지지자들을 쉽게 동원할 수 있었을 것이다. 그러나 1999년에 중국공산당이 동원할 수 있었던 유일한 효과적인 수단은 경찰력뿐이었다. 정부가 파룬궁을 비판하는 대대적인 선전을 전개했음에도, 중국공산당은 파룬궁 탄압을 지원하는 사회단체를 단 한 개도 동원할 수 없었다. 결국 중국공산당이 중국 내의 영성운동 단체를 파괴할 수 있었던 것은 대중들의 동원이 아니라 폭력 덕분이었다.

경제개혁과 중국공산당의 조직 약화

돌이켜보면 중국공산당의 조직 약화는 이미 예견된 것이었다. 중국공산당과 같은 레닌주의 정당은 오로지 국가가 지배하는 경제에만 의존하여 정치적 독점을 유지시킨다. 이러한 상황에서 경제는 지배 정당에게 당 조직의 뼈대를 이루는 경제적 기반(국유기업과 집단농장)을 제공한다. 점진적으로 농업 집산화를 폐지하고 다수의 국유기업을 민영화하는 시장개혁을 추구한 것이 중국공산당을 경제발전의 희생양으로 만들었을지도 모른다. 가족농 체제[정식 명칭은 가정연산승포책임제(家庭聯産承包責任制)로, 가족 단위 경작체제를 말하는 것 - 옮긴이], 자본의 개인 소유, 개인의 노동 이동성(labor mobility)을 근간으로 하는 새로운 경제 기반구조는 중국공산당 조직에 불리하게 작용했다. 중국의 경제개혁에서 가장 먼저 시행된 시장개혁이 공산당의 조직을 약화시킨다는 징후는 농촌지역에서부터 나타났다.

경제개혁은 두 가지 요인으로 인해 농촌지역에서 공산당의 지배력을 약화시켰다. 첫째, 인민공사 해체와 가족농 체제로의 전환은 중국공산당의 권한을 직접적으로 축소시켰다. 이는 공산당의 기층조직이 농촌지역 거주자들의 사회 및 경제활동에 관련하는 부분이 많이 상실되었기 때문이었다. 경제와 관련해서는 공산당 지역 공직자가 아닌 농부들이 대부분의 의사결정을 한다. 경쟁적인 시장의 힘 또한 농촌지역의 공산당원들 대다수가 공산당의 정치적 요구사항이 아닌, 그 지역 농부들의 요구사항을 해결하는 데 자신들의 에너지를 쏟도록 했다.

중국공산당의 농촌지역 간부들이 위신을 세울 수 있는 이유는 경제기회(economic opportunity)를 창출하고 지역의 생활수준을 향상시키는 간부들의 능력 때문이지, 결코 공산당을 대표한다는 간부들의 정치적 지위 때문이 아니다. 지방정부가 제공하는 공공 서비스 또한 지속적으로 축소되었다. 개혁 이전에는 공공의료, 농촌지역 기반시설 건설 등의 공공 서비스를 제공하는 데 있어서 공산당이 주도적인 역할을 했다. 그러나 개혁 이후에는 대부분의 농촌지역 정부들이 이러한 공공 서비스 제공을 중단하거나, 지역민들로 하여금 그에 대한 비용을 지불토록 했다.

둘째, 농촌에서 도시로 이주한 사람들에게 노동시장을 점진적으로 개방함으로써, 보다 젊고 교육 수준이 높으며 사업가 기질이 있는 농부들이 더 나은 직업을 찾아 도시로 이주하도록 했다. 이에 따라 농촌지역에서 잠재적으로 당원이 될 사람의 수가 감소하고 소양도

떨어지게 되었다. 이러한 새로운 기회들은 많은 농촌지역 공산당원들까지도 도시로 이주하도록 했다. 1990년대 후반에 쓰촨성의 가난한 현 500곳의 당 공직자들을 대상으로 한 설문조사를 보면, 응답자의 40%가 다른 곳으로 이주하고 싶지만 어쩔 수 없이 그 지역에 살고 있다고 대답했다. 또한 1998년 기준으로 쓰촨성의 가난한 4개 전구(專區)에 있는 중앙공산당원 30만 명 중 절반이 초등학교 이하의 교육을 받은 것으로 나타났다.

이런 결과로 인해 중국공산당의 조직은 농촌지역에서 급격히 쇠퇴하고 있다. 2000년 중국공산당 쓰촨성 조직부의 보고서를 보면, 농촌지역의 공산당 기층조직원들이 당 건설을 등한시하고, 정치활동을 조직하거나 새로운 당원 영입을 거의 하지 않는 것으로 나타났다. 1998년에 산시성(山西省)의 한 전구에서 실시된 설문조사에서는 해당 전구에 소속된 촌(村) 700곳에서 지난 3년간 단 1명도 새로 영입한 당원이 없었던 것으로 나타났다. 2000년에 같은 전구의 620개 촌을 대상으로 실시된 또 다른 설문조사에서도 그 전 3년간 1명이라도 당원을 영입한 곳은 단 한 곳도 없었다.

중국공산당의 촌 조직은 가장 중요한 기층초직이지만, 이 역시 급격히 쇠퇴하고 있다. 1994~2000년 사이 중국공산당이 기능이 약화 또는 마비되었다고 분류하여 재정비를 한 농촌지역 공산당 조직은 35만 6,000개였고, 이는 중국공산당 촌 조직의 절반이었다. 중국공산당 저장성 조직부의 보고서를 보면, 저장성의 촌 조직 56%가 3급(비효율적이고 기능이 마비된 상태)인 것으로 나타났다. 농촌지역의 현직 공산당원들 또한 점점 공산당에 환멸을 느끼고 사기가 저하된 것으로 보인다. 쓰촨성의 당원들을 대상으로 시행한 한 설문조사에서 이들 중 26%가 당을 지지하거나 신뢰하지 않으며, 공산당에서 탈퇴하고 싶다고 응답했다.

중국공산당은 도시지역에서도 시장개혁의 영향으로 고전하고 있다. 1990년대 중반부터 시작된 국유기업들의 거대한 파산 사태로 수만 개의 공장이 문을 닫았고, 국유기업 내 공산당 조직이 와해되었다. 랴오닝성은 1990년대에 이러한 파산 사태의 여파를 가장 크게 받았던 곳들 중 하나며, 랴오닝성에서 폐쇄, 또는 반폐쇄된 공장 근로자 68만 명 중 8만 명이 공산당원었다. 해고 또는 일시적 해고된 근로자들 중 5만 명 가까이가 공산당원이었다. 해고된 당원들 대부분은 이전의 공산당 조직 소속자격을 상실했고, 단 8%만이 이전 공산당 조직 소속자격을 유지할 수 있는 활동허가증을 신청했다. 2000년에 있었던 공산당 내 자체 평가에서, 중국공산당 산시성(山西省) 조직부는 '문을 닫은 국유기업 내의 당 조직은 거의 붕괴된 것이나 다름없다. 조직 활동이나 새로운 당원 영입을 하지 않기 때문이다. 심지어 당비조차 거둘 수 없다' 고 평가했다.

이와 동시에 중국공산당이 민간 조직에 침투하는 것도 방해를 받고 있다. 2000년에 중국공산당은 150만 개 사영기업 중 86%에 단 한 1명의 조직원도 두지 못했고, 전체 사영기업 1%에만 당 조직을 세울 수 있었다. 법률과 회계 관련 기업 등 중국에서 설립된 새로운 전문 서비스 기업과 전문가 협회들 또한 새로운 당원을 영입하려는 공산당의 시도를 반가워하지 않았다. 외국인투자기업에 당 조직을 건설하려는 노력 또한 별로 다를 것이 없었다.

공산당에 친화적이지 못한 시장의 현실로 인해 중국 지도부는 중국공산당 조직이 사영기업에까지 있어야 하는지에 대해 의문을 갖게 되었다. 2000년에 600명의 공직자들을 대상으로 한 설문조사를 보면, 응답자의 거의 40%가 사영기업에 당 조직이 있을 필요가 없다고 대답했다. 민간 조직에 침투하려는 시도가 실패하는 것은 장기적으로 봤을 때 공산당 입장에서는 문제가 된다. 국유기업 종사자가 감소하는 반면, 외국인투자기업과 중국 내 사영기업들이 구직자들을 채용하는 주요 원천이기 때문이다. 2002년에 사영기업, 외국인투자기업, 집단기업(집단소유제기업) 종사자 수는 국유기업 종사자 수와 거의 대등했다.

내부 부패

중국공산당은 만연한 부정부패와 이념적 신념의 붕괴로 인해 내부적으로는 약화되고 있다. 엄격한 내부 규율을 가진 획일적인 레닌주의 정당과는 거리가 먼 중국공산당은 정실주의와 제도화된 무능력 때문에 조직의 규율과 규범이 와해되고 있다. 앞의 제4장에서 설명했듯이, 개혁 기간 동안에는 비교적 직위가 낮은 당 공직자들에게 권한이 집중되어 있었다. 이를 통해 이들은 당 내에서 정실주의를 실행할 수 있는 능력을 갖게 되었고, 중국공산당의 집단 이익보다는 개인적인 욕구를 채우는 데 열중했다. 널리 퍼진 매관매직 행위가 정실주의가 나타나는 전형적인 경우다.

당 공직자들을 대상으로 한 여러 설문조사를 보면, 공산당 내 임명과 승진은 공직자의 장점이나 자질보다는 상관과의 개인적 관계가 더 크게 작용하는 것으로 나타났다. 직할시급 당 학교에서 교육을 받는 공직자들을 대상으로 한 설문조사에서, 응답자의 2/3가 자신들의 승진이 전적으로 상관의 호불호에 달려 있다고 응답했다. 단 5%만이 개인적인 노력이 승진에 도움이 될 수 있다고 응답했다.

1997년에 중국 북동부의 하얼빈시(哈爾濱市) 공직자 1,159명을 대상으로 한 설문조사에서, 응답자의 52%가 간부로 선출될 수 있는 주요 요인이 '개인적인 연줄'이라고 대답했다. 1998년 안후이성 공직자 1,230명을 대상으로 한 설문조사에서도 비슷한 결과를 보였다. 재임자들이 좌천되는 이유가 무엇인지에 대한 질문에서, 응답자의 59%가 '윗선과의 연줄이 없어서'라고 대답했고, 41%는 '선물이나 향응을 제공하지 않아서'라고 대답했다.

이러한 정실주의는 필연적으로 당내에서 큰 불만을 야기한다. 1997년에 쓰촨성의 당원 1만 3,821명을 대상으로 한 설문조사에서, 응답자의 40%가 중국공산당의 간부 선출 방식이 '민주주의가 결여되어 있고 당원들의 지지를 받지 못한다'고 불만을 토로했다. 그리고 18%는 이것이 '뛰어난 재능을 가진 사람을 선출할 수 없는 방식'이라고 대답했다.

중국공산당은 또한 부적격자 및 무능하거나 부패한 당원을 당에서 축출하여 당내 쇄신을 꾀하는 데 있어서도 만성적인 무능력함을 보여주고 있다. 중국공산당 중앙조직부 부부장에 따르면, 공산당의 자체 표본조사에서 약 5%의 당원(약 300만 명)이 부적격자였지만 이 중에 당에서 축출된 사람은 소수였다. 중국공산당 조직부가 밝힌 또 다른 수치를 보면, 1989~2000년 사이 부적격 당원 47만 3,000명, 매년 평균 4만 명 가까이가 당에서 축출되었다. 따라서 부적격 당원 중 약 1%만이 당에서 강제로 축출되었던 것이다. 흥미로운 것은 부적격 당원들이 보통 출세에 눈이 멀거나 기회주의자들이라는 점이다. 부적격 당원 대부분은 35세 이하이고, 대학(또는 대학 동등 학력) 졸업자들이다. 또한 정부와 국유기업에서 공식적인 직함을 갖고 있으며, 그러면서도 당의 활동에 참여하지 않거나 당비를 납부하지 않는다.

그러나 공산당은 현재 이러한 요소들을 제거하는 능력이 과거보다 더 떨어진 것으로 보인다. 예를 들어 1950년에 축출과 강제 사직을 통해 당을 '떠난' 당원은 전체 당원의 4%였으나, 1999년에는 당원의 단 0.05%만이 당을 떠났다. 무능력한 공산당 관료를 해임하는 구조 또한 제대로 기능하지 못하고 있다. 공식적인 자료를 보면 무능력자가 해임되는 경우는 거의 없다.

하얼빈시에서 1995~1997년 사이에 좌천 또는 해임되거나 강제로 사직한 사람은 전체 간부들 중 1.43%뿐이었다. 1994~1997년 사이 지린성에서는 단 199명의 공직자[현(縣)급 이상]만 좌천되거나 해임되었는데, 이는 지린성 전체 공직자의 2%였다. 중국공산당 조직부 부장인 쩡칭훙(曾慶紅)은 1995~2000년 사이 무능력 때문에 조치(좌천 또는 해임)를 받은 간부는 청(廳)/국(局)급에서는 366명, 처(處)급에서는 약 1만 명이었다고 밝혔다. 이 수치는 해당 부처 전체 공직자의 1% 미만이었다.

중국공산당 조직의 쇠퇴는 당내 광범위한 냉소주의로 이어졌다. 1997년 쓰촨성에서 1만 2,500명의 당원들을 대상으로 한 설문조사에서, 응답자의 55%가 간부들을 좌천 또는 해임하는 시스템을 개선할 능력이 정부에 없거나 부족하다고 대답했다. 같은 해에 창사시(長沙市) 공직자 1,100명을 대상으로 한 설문조사에서도 비슷한 결과가 나왔다. 응답자의 31%는 승진과 해임 시스템에 대해 별로 신뢰하지 않는다고 대답했다. 14%는 권한을 가진 공직자들 중 많은 수가 무능력하고, 이들이 다른 인물로 교체된다 해도 별로 나아질 것이 없을 것이라 응답했다. 그리고 58%는 간부 시스템을 개혁한다고 수선을 떨었던 것은 단지 말로만 그쳤다고 응답했다.

당 공직자들의 승진과 좌천 시스템이 제대로 기능하지 못하는 것보다 훨씬 더 황당한 것은, 당내 부패한 공직자들을 제대로 처벌하지 않는 것이다. 제4장에서 보았듯이, 부정부패가 적발된 공직자의 대다수(90% 이상)가 형사기소 유예 처분을 받았다. 사실 아무런 제대로 받지 않은 지배 정당이 자체적으로 당을 정화하기란 불가능하다.

중국공산당에 대한 대중들의 환상 탈피

지배 정당의 정책이 소수 엘리트들만의 이익을 위한 것이라면, 그리고 그 정당이 부패하고 공공의 이익에 무관심하다고 대중들이 생각한다면, 그 어떤 지배 정당도 대중들의 지지를 받지 못한다. 사실 중국공산당의 전략(당에 충성하는 자들에 대한 막대한 보상, 새로운 사회 엘리트층의 포섭, 경제성장의 혜택에서 많은 이들(주로 노동자와 농민)을 배제)은 대중들로 하여금 공산당에 대한 환상에서 깨어나도록 했다. 이런 전략은 공산당의 이미지를 퇴색시킬 수밖에 없었다.

1997~1998년 사이 베이징시에서 농촌지역 출신 노동자 818명을 대상으로 한 설문조사를 보면, 응답자들의 중국공산당에 대한 이미

지는 소수 지배층을 위한 정당이라는 것이 지배적이었다. 단 5%만이 자신의 출신지역 간부들이 '지역민들을 위해 일하며 권한을 이용해 사적이 이익을 챙기지 않는다' 고 대답했다. 반면 60%는 그 간부들이 '권한을 이용하여 사적인 이익을 챙기며, 지역민의 이익을 위해 일 하지 않는다' 고 대답했다. 85%는 출신지역 공직자와 당 서기가 부패 해 있다고 대답했다. 2000년에 허난성 정저우시(鄭州市) 거주자 약 1 만 5,000명을 대상으로 한 또 다른 설문조사에서는 응답자의 39%가 간부들이 부패하고 정직하지 못하다고 대답했고, 7%는 지역 간부들 이 제멋대로이고 다른 사람에게 모욕을 준다고 불평했다.

공산당의 자체 연구에서도 당내 엘리트들이 점점 대중들과 접촉 하지 않는 것으로 드러났다. 1999년에 쓰촨성 당원 1만 1,586명을 대 상으로 한 설문조사를 보면, '일상 업무와 생활에서 가장 많이 접촉 하는 사람들이 누구인가' 라는 항목에서 단 16%만이 '평범한 사람 들' 이라고 대답했고, 36%는 '상관과 가까운 동료' 라고 대답했다.

또한 일부 엘리트들은 당의 이미지가 악화되고 있음을 인식하고 있다. 1998년에 중국 북동부 지린성의 공산당 공직자 673명에 대한 설문조사를 보면, 35%가 당과 정부 공직자들의 지위, 역할, 권위가 악화되었다고 생각하고 있었다. 중국공산당에 대한 대중들의 환상이 깨졌다는 가장 설득력 있는 증거는 무엇보다 중국 정부와 사회 간의 갈등 고조일 것이다. 이에 대한 것은 바로 뒤에서 자세하게 다룰 것 이다.

중국공산당이 정치적 활력을 잃은 데에는 여러 요인이 있지만, 그 중에서도 가장 중요한 요인은 경쟁의 부재다. 경쟁하는 다른 정당이 있었다면 중국공산당은 당의 사명을 재정립하고 대중들이 인정하는 사람들을 당원으로 영입하며, 끊임없는 도전을 통해 경쟁력을 유지할 수 있었을 것이다. 중국공산당의 동원 능력이 약화된 근본 원인을 이해하기 위해서는 기업독점의 행태에 비유하는 것이 좋을 것이다. 독점적인 기업들 중 이윤을 많이 내는 독점을 자발적으로 포기하는 기업은 거의 없다. 오히려 다른 경쟁사가 출현하는 것을 막는 데 모든 에너지를 쏟는다. 중국공산당과 같은 정치독점 정당에도 같은 논리가 적용된다.

그리고 독점기업들이 결국에는 비효율성이라는 병폐에 무릎을 꿇듯이, 중국공산당과 같은 정치독점 정당들도 경쟁관계인 다른 정당으로부터 받는 경쟁적인 압박이 없는 상태에서는 필연적으로 광범위한 병폐를 겪게 마련이다. 냉소주의, 정실주의, 조직의 기능장애, (대중의 요구에 대한) 무반응성 등이 이런 병폐에 속한다. 정치적 환경이 급작스럽게 변할 경우, 1당 지배체제 정권은 새로 출현한 정당과의 경쟁에서 이길 수 없다. 구소련 국가와 개발도상국들(멕시코, 대만 등)에서 정치독점 정당들이 몰락했던 사례를 보면, 정치동원 능력의 쇠퇴는 중국공산당의 장기적인 생존 가능성을 위협한다는 사실을 알 수 있다.

국가와 사회 간의 갈등 고조

국가역량과 지배 정당의 호소력이 약화되면 필연적인 결과로 국가와 사회 간에 갈등이 고조된다. 종합적인 자료와 언론보도가 모두 집단시위, 폭동, 그 외 국가 당국에 대항하는 여러 형태의 저항 사례가 증가하고 있음을 나타내고 있다. 이러한 사례들은 특히 1990년대 들어 크게 증가했다. 중국공안부 산하 연구기관이 발표한 자료에 따르면, 이러한 사례들은 1993년에 8,700건이던 것이 1999년에는 3만 2,000건으로 7년 사이에 거의 4배나 증가했다. 또한 집단시위 규모와 폭력성도 증가했다. 1999년에 1,000명 이상이 참여한 시위는 모두 125건이었고, 중국 정부는 1만 명 이상이 참여한 시위도 매우 흔해졌음을 인정했다. 농촌지역 많은 곳에서는 농부들이 무리를 지어 공직자와 정부 건물을 공격했다는 보고도 있다. 2000년에는 처음으로 농촌지역에서의 집단시위 건수가 보고된 모든 집단시위 건수의 절반을 넘어섰다.

중국 언론들은 간혹 이러한 갈등을 다루는 경우가 있는데, 언론이 다루는 사례들 중 많은 수가 격렬하고 폭력적이다. 위젠룽(於建嶸)이 1990년대 후반에 후난성의 한 현에서 연구한 결과에서 볼 수 있듯이, 농촌지역에서의 집단시위들 중 일부는 매우 잘 조직된 것이었다. 2000년 1월에 발간된 잡지인 〈반웨탄(半月談)〉에서는 농촌지역의 소요사태를 심도 있게 다루면서 아래에서처럼 1990년대 후반에 후난성에서 발생한 일련의 폭동을 생생하게 묘사하고 있다. 재미있는 것은 이곳이 바로 1920년대에 마오쩌둥이 농민봉기를 일으켰던 곳이라는 사실이다.

"1999년 새해 무렵, 46명의 후난성 닝셴현(寧鄉縣)에 있는 다오린향(道林鄕)의 농민지도자들이 모여서 향 정부청사 앞에 1만 명의 사람들을 결집하여

'농민의 부담 축소와 부정부패 추방' 을 요구하기로 결정했다. 1999년 1월 8일에 당국은 대규모 공안력을 동원하여 향 정부청사 단지로 향하는 고속도로를 봉쇄했다. 그러나 향 전역에서 지역민들이 계속 모여들었고, 한 집결지에는 5,000명이 넘는 인원이 모이기도 했다. 소규모 시위대가 공안의 저지선을 뚫자, 공안들은 최루탄을 발사했다. 공안의 이런 대응이 후난성에서 가장 폭력적인 집단폭동 사태들 중 하나를 야기했다. …… 1996년에 상자향(上架鄉)의 농부 약 1,000명이 롄위안시(漣源市) 정부청사를 포위하고 세금 축소를 요구했다. 몇몇 농부들은 롄위안시 당 서기 자택을 습격하기도 했다. 1998년에는 상자향 농부들이 강제로 지역 학교를 접수하여 교사를 채용하고 학교 앞에서 경비를 서는 등, 지방정부에 공개적으로 저항했다. 같은 해 상자향 근처의 또 다른 향에서는 폭동을 일으킨 농부들이 정부청사 앞에 있는 정부청사 간판을 없애고, 당 서기를 폭행하고 발가벗겼다. 사태를 중재하기 위해 시에서 간부들이 파견되었으나, 이들 또한 억류되었다. …… 1998년 11월 7일 야밤에 공안, 세무원, 향 공직자 등 30명 이상으로 구성된 체포조가 타오위안현(桃園縣) 화탄향(花壇鄉)의 광인옌촌(村)을 기습했다. 이들의 목적은 조세저항 운동을 이끌었던 지도자를 체포하는 것이었다. 그러나 체포조는 성난 농부들에게 포위되어 마을을 빠져나갈 수 없었다. 폭력적인 대치상황에서 15명의 공안원과 간부가 부상을 입었고, 10명은 발가벗겨졌다. 체포조가 농민지도자를 풀어준 후에야 농부들은 배고픔과 피곤에 지친 공안원과 간부들을 놔줬다. 이와 비슷한 폭력 사태는 허베이성, 허난성, 쓰촨성 등 농업을 기반으로 하는 거대한 성들 모두에서 보고된 바 있다."

경제체제 전환은 필연적으로 사회 갈등을 고조시킨다. 이는 시장의 힘이 도입되어 사회경제적으로 혼란이 발생하기 때문이다. 예를 들어 도시지역에서의 실업률 증가는 늘어나는 사회 불만을 더욱 심화시킨다. 그러나 사회 불만과 밀접한 관련이 있는 사회 및 경제적 요인들 이면에는 일련의 정치적 요인들이 있다. 이 정치적 요인들로 인해 경제체제 전환기 동안 사회 갈등이 야기되고 심화된다.

이러한 요인들에는 1) 특정한 정부 정책, 특히 세금, 가족계획, 교육, 사회안전망(social safety net, 근로자의 고용 및 실업에 대한 대책 - 옮긴이), 국유기업 구조조정에 대한 정부 정책, 2) 사회적 갈등과 불만을 해결할 효율적인 제도적 메커니즘 결핍, 3) 정치적 책임감 붕괴 등이 포함된다. 사회경제적 혼란, 해로운 정책, 정치구조의 결함 등이 결합되면 사회 갈등은 정치적 저항으로 이어진다. 이는 단순히 경제적 박탈감 때문이 아니라 정치적으로 불평등하다는 인식이 증가하기 때문이다.

농촌지역의 붕괴와 불만

앞에서 이미 논의했듯이, 공산당의 제도적 쇠락은 도시보다는 농촌지역에서 더 심화되어 있다. 이러한 정치적 쇠락은 농촌지역의 경제적 쇠퇴와 더불어 농촌지역에서의 갈등이 고조되는 주요 원인이다. 언론보도와 당국의 발표를 보면, 1990년대에 이러한 갈등은 이미 위험한 수준에 이르렀다. 중국공안부는 놀라운 발표를 했는데, 몇몇 농촌지역에서는 공안원이 동원되지 않으면 가족계획 집행과 세금 징수가 불가능할 정도라는 것이다.

당국이 농촌지역의 모든 시위 중에서 '체제안정성을 위협하는 사건'으로 분류한 것들 중 70%가 '간부들과 대중들의 갈등'이 원인이었다. 표면적으로는 경제적 요인, 특히 소득 증가의 정체가 농촌지역에서의 통치력 쇠퇴 원인인 것으로 보인다. 그러나 내막을 자세히 들여다보면 세 가지 정치적 요인(농민들에 대한 높은 세금, 행정제도의 쇠락, 상업적 목적을 위한 지방 당국의 토지 몰수)이 농촌지역의 불만을 심화시켰을 가능성이 있다.

농민들의 행복 수준을 알 수 있는 농촌 소득은 개혁 기간 동안 심한 변동을 겪었다. 개혁 초기(1978~1985년)에는 농촌지역의 1인당 소득이 매우 크게 상승하여, 연평균 순수증가율이 15.2%였다. 그러나 그 후인 1986~1991년에는 1인당 소득 증가율이 정체되기 시작하여, 연평균 2.8% 상승하는 데 그쳤다. 1990년대 초반에는 이것이 어느 정도 회복되어, 1992~1996년에는 연평균 5.7%의 증가율을 보였다. 그러나 1990년대 후반에는 농촌 소득 증가가 다시 정체되었다. 공식적인 자료에 따르면 1996년 농촌지역 전체 거주자의 순소득은 9%가 증가했고, 1997년에는 4.6%, 1998년에는 4.3%, 1999년에는 3.8%, 2000년에는 2.1%가 증가했다.

그러나 농사를 통한 1인당 순소득은 1998~2000년 사이 오히려 하락했다. 농촌지역에서 농사를 통한 1인당 소득은 1998년에는 1997년과 비교하여 30.25위안, 1999년에는 57.42위안, 2000년에는 43.94위안이 하락했다. 3년간 하락한 소득 총액은 131위안이었고, 이는 2000년의 순소득이 1997년에 비해 6.3% 하락했다는 뜻이다. 농촌지역 거주자의 80% 가까이가 대부분의 소득원이 농산물 생산으로 인한 것이기 때문에, 농촌 거주자 대다수의 순소득은 하락한 것이었다.

농사로 얻는 소득이 감소한 데에는 몇 가지 원인이 있다. 주요 농산물(특히 곡물)의 과잉 공급, 농사비용의 증가, 낮은 노동 생산성, 높은 세금, 농촌지역 재정의 미발달 등이 그런 원인들이다. 예를 들어 종자, 비료, 연료 등의 비용은 증가한 반면 농산물의 가격은 지속적으로 하락했다. 1997~1998년을 예로 들면, 농산물 가격은 22%가 하락했는데, 이로 인한 소득 감소는 3,000~4,000억 위안일 것으로 추정되었다. 낮은 농산물 가격과 높은 농사비용, 높은 세금이 합쳐진 결과, 농사는 이윤을 내지 못하게 되었다.

1999년에 세 가지 주요 곡물(쌀, 밀, 옥수수)의 평균 생산비용은 판매액의 43%에 이르렀고, 관련 세금과 추징금이 판매액의 16%를 차지한다. 따라서 제반 비용과 세금을 제하고 나면 농부에게 남는 것은 곡물을 판매한 금액의 40%뿐이다. 토지 임대비용 또한 농사에서 이윤을 내지 못하는 원인이다. 후베이성 젠리현(監利縣) 치판향(棋盤鄕)의 사례가 대표적이다. 향의 당 서기에 따르면, 1999년 기준으로 치판향의 농부 가운데 80%가 농사에서 이윤을 내지 못하는 것으로 나타났다. 중국국무원 발전연구중심의 한 농업연구가는 농업 부문에 대한 지원금이 없다면 곡물 생산은 심각한 위기를 맞을 것이라고 경고했다.

농촌 소득의 증가가 침체되었다고 해서, 이것만으로 대중들의 불만이 야기되었다고 설명하기는 불충분하다. 농민과 국가 간의 갈등이 야기된 가장 중요한 원인은 중국에서 가장 혜택을 못 받는 계층인 농민들이 강제로 내야 하는 가혹한 세금과 부담금이다. 흔히 '농민들의 짐'으로 알려진 이러한 세금과 부담금은 공식적으로는 농민 순소득의 5%를 넘지 않도록 되어 있다. 그러나 실제적인 세금과 부담금은 중앙정부가 정한 상한선인 5%를 훨씬 넘어선다. 지방 당국이 여러 가지 불법적인 부담금을 부과하기 때문이다.

이러한 불법적인 부담금에 대한 공식적인 통계가 없기 때문에 실제로 농민들이 얼마나 부담하는지 알기에는 어려움이 있다. 그다지 신뢰할 만한 수준이 아닌 추정치로는 1990년대에 중국농업부가 300개 촌(村)을 조사하여 얻은 자료가 있다. 이에 따르면 세금과 부담금이 1990년대 10년간 24% 증가했고, 그 금액은 1인당 순소득의 6.46%에 이르는 것으로 나타났다. 국가세무총국이 진행한 한 연구에 따르면, 1996년에 부과된 세금과 추징금은 농촌지역 GDP의 10%인 것으로 나타났다. 여기에 추가로 불법적인 부담금과 추징금이 더해진다면 그해 농부들이 내야 했던 실제 세금은 대략적으로 농촌지역 GDP(비농업활동으로 인한 현금 수입은 제외)의 20%에 이를 수 있다.

신뢰할 만한 추정치로는 중국농업부가 1996년에 100개 현을 대상으로 실시한 조사결과가 있다. 이에 따르면 농부 한 명이 내는 세금과 부담금은 공식적인 제한선인 순소득의 5%를 3배나 넘는 15%인 것으로 나타났다.

게다가 이런 세금과 부담금은 농민이나 지역 입장에서는 역진세(逆進稅)적인 측면이 강하다. 이러한 세금과 부담금이 머릿수대로 일률적으로 부과되어 실질적으로 인두세나 마찬가지기 때문이다. 따라서 농부가 가난할수록, 그리고 지역이 덜 발전될수록 그만큼 소득에서 부담해야 할 비율이 높게 된다.

1996년 기준으로 연간 소득이 400~500위안인 가난한 농부들은 소득의 거의 17%를 세금과 부담금으로 내야 했다. 연간 소득이 1,500~1,700위안인 사람은 소득의 6.7%를, 연간 소득이 2,500~3,000위안인 사람은 소득의 4.9%를, 연간 소득이 4,500~5,000위안인 사람은 소득의 2.8%를 세금과 부담금으로 냈다. 지역적인 측면에서 보면, 동부 해안지역 부유한 곳의 농부들은 연소득의 3.94%를, 중부 농업지역의 농부들은 연소득의 8.01%를, 가난에 찌든 서부지역 농부들은 5.64%를 세금과 부담금으로 냈다.

농촌지역에서의 제도적 변화와 경제개혁은 몇 가지 이유에서 세금과 부담금을 환영받지 못하는 존재로 만들었다. 집단적인 농업생산이 가족농 체제로 전환되면서, 경제생활과 사회생활에서 자율권을 얻은 농부들과 지방정부 간의 경제적 연결고리가 단절되었다. 일상적인 측면에서 봤을 때, 농부들의 경제활동에 지방정부가 실질적으로 눈에 보이는 아무런 역할도 하지 못하게 된 것이다. 정치적인 측면에서 봤을 때는 공산당원이 되어 정치적인 지위가 올라가는 것이 불투명해졌고, 농촌지역 거주자들이 정치적인 목적을 위해 공산당에 의지하지 않게 되었다. 달리 말하면 정부와 공산당이 가족농 체제에 거의 아무런 연관성을 갖지 못하게 되었다는 것이다. 이로 인해 세금과 부담금, 특히 지역사회 밖에서 진행되는 프로젝트에 세금을 내는 것이 정당성을 잃게 되었다.

농민들을 더 화나게 만든 것은 자신들이 많은 세금을 내고 있지만, 공공의료, 교육, 농업기반시설 등 정부의 공공 서비스는 제대로 공급되지 않는 점이었다. 높은 세금과 역진세적인 성격, 가혹한 물리력을 동원한 세금 징수, 공공 서비스 공급의 부족 등이 합쳐져서 많은 농촌 인구가 국가에 등을 돌리게 되었다. 2001년 후반에 농촌지역민 2,000명을 대상으로 한 설문조사에서 응답자의 65%가 지역 사회가 불안정한 가장 큰 요인으로 '과도한 세금 부담'을 꼽았다.

이러한 정부에 대한 반감은 광범위한 조세 저항으로 이어졌다. 2001년에 신장에서 실시된 조사를 보면, 조사 대상 촌의 40%에 거주하는 농민들 사이에서 조세 저항이 널리 퍼져 있었다. 많은 지역에서는 농부들이 저항의 표시로 토지를 그냥 방치했다. 조세 저항 문제가 심각한 후베이성의 한 향에서는 세금, 높은 농사비용, 낮은 곡물가격 때문에 농사를 지을 여력이 없는 농부들에 의해 방치된 경작지가 25%나 되었다. 2000년 후베이성의 또 다른 향에서는 농부들이 향의 농경지 2/3를 방치하고 있다고 그곳 당 서기가 전했다.

그 결과 세금과 부담금을 징수하는 것이 점점 어려워지게 되었다. 대부분의 지역에서 지방 공직자들의 우선적인 업무는 세금을 징수하는 것이 되었고, 업무 시간의 60~70%를 세금과 부담금 징수에 할애하게 되었다. 국가통계국이 2001년에 신장에 있는 6개 현을 대상으로 한 설문조사에서는 간부들의 70%가 부담금 추징을 가장 힘든 업무라고 생각하고 있었다.

재정의 상당 부분을 세금과 부담금에 의존하는 지방 당국들은 조세 저항에 대응하여 다양한 징수 수단을 채택했다. 많은 지역에서 폭력배들을 고용하여 이들에게 세금 징수를 맡겼다. 이로 인해 불법적인 감금, 고문, 그리고 세금을 내지 못하는 농부들의 죽음까지 발생했다. 광시성에서는 공직자들이 세금 납부를 거부하는 농부들로부터 세금을 걷기 위해 중학교 교사들을 강제로 동원했다. 교사들이 농부들 사이에서 큰 존경을 받았기 때문에 이들은 세금을 징수할 수 있었고, 이 방법은 조세 저항이 강한 여러 지역에서 이용되었다.

지방 당국과 농민들 간의 지속적이고 높은 갈등은 농촌지역에서의 정치적 쇠락을 가속화시켰다. 그리고 이는 농촌지역에서의 거버넌스를 약화시켰고 사회 불만의 또 다른 원인이 되었다. 정치적 쇠락의 가장 극단적인 형태는 마피아 국가며, 농촌지역에서의 정치적 쇠락은 지방 마피아 국가의 출현으로 이어졌다.

중국사회과학원 연구원인 위젠룽은 '통제권 상실(스쿵(失控))'이라는 제목으로 후난성의 40개 촌을 연구했다. 그는 이 연구에서 향 정부 공직자들이 의도적으로 범죄조직이 촌 정부에 침투하도록 조장한다고 밝혔다. 그리고 이런 범죄자들을 이용하여 다른 범죄조직들과의 균형을 유지하거나 농부들을 협박하여 세금 징수를 원활히 한다는 것이다. 향의 공직자들 중에는 스스로가 범죄자가 되어 범죄조직을 만드는 경우도 있었다. 범죄조직이 통제권을 장악했다고 여겨지는 40개 촌 중에서 촌민위원회 주임들 중 절반이 범죄조직에 연관되어 있었고, 주임으로 선출되는 데 범죄조직의 도움을 받은 것으로 나타났다.

농부들의 저항은 다른 측면에서도 촌 정부의 실질적인 몰락을 가져왔다. 안후이성의 다음 두 가지 사례가 그런 상황을 잘 보여주고 있다. 안후이성 우거우진(五溝鎭)의 당 서기는 1990년대 후반 자신의 관할지역에 대해 이렇게 묘사하고 있다.

"우거우진은 가족계획 정책을 어긴 것과 우거우진 상위 정부에 진정인을 보낸 것으로 유명했다. 이곳 농부들은 농사 세금 납부를 거부했다. 지역 공직자와 공안원들이 세금을 징수하려 하자 농민들은 이들을 포위했고, 강제적으로 자아비판서를 쓴 후에야 풀려났다. 1998년에 안후이성 계획생육위원회(計劃生育委員會)에서 3개 조사팀이 파견되었는데, 이들은 마을 사람들의 공격을 받고 도망쳤다. 불량배들이 미쳐 날뛰었다. 우거우진 당 서기와 진장(鎭長)은 반복적으로 폭행을 당했지만, 폭행자들은 한 번도 처벌받지 않았다. 1998년에 진(鎭) 정부 선거가 있었지만, 상위 당국에서 보낸 후보자 6명은 모두 낙선했다. 시와 현 정부 지도부가 13개 작업조를 이끌고 질서를 회복하려 했지만 모두 실패했다. 우거우진은 완전히 통제불능이었던 것이다. 정부가 할 수 있는 것은 아무것도 없었고, 당도 영도력을 발휘할 수 없었다."

시사잡지 〈반웨탄〉에는 안후이성 링취안현(臨泉縣) 리우자이촌(劉寨村)에서 있었던 또 다른 혼란스러웠던 상황을 다음과 같이 생생하게 전하고 있다.

"1990년대 중반에 촌민들과 향 정부 간부들 간의 갈등이 너무 고조되어 3년간 향과 촌 정부 관리들이 마을에 들어갈 수 없을 정도였다. 그 결과 세금을 한 푼도 걷지 못했고, 가족계획 정책 또한 실행되지 못했다. …… 촌민들은 공직자로 나서거나 정부와 협력하는 사람이 있으면 누구든 그의 수확물을 망가뜨리고 가축들을 독살했다. 당국이 마을에 6개 작업조를 파견했지만, 모두 촌 정부를 구성하는 데 실패했다. 이 마을에는 5년간 당의 기층조직이 없었고, 촌민위원회나 지도자도 없었다."

농촌지역에서의 증가하는 소요사태를 우려한 중국 정부는 몇 가지 개선을 시도했다. 그중 가장 중요했던 것은 부담금을 줄여 이를 세금으로 대체하는 것(페이가이수이(費改稅))이었다. 그러나 이 개혁안의 초기 실행 결과는 긍정적인 것과 부정적인 것이 혼재되어 나타났다. 후베이성 장산현(京山縣)에서 시험적으로 실시된 결과 농민의 부담이 40% 감소했다. 그러나 페이가이수이 개혁안 하나에만 집착하면 농민들이 부담을 가중시키는 가장 중요한 요인을 놓치게 된다. 그것은 바로 과잉이 된 공직사회다.

향 정부 규모를 획기적으로 줄이지 않은 상태에서의 페이가이수이 개혁안은 미봉책에 지나지 않을 것이다. 장산현의 한 향 정부를 예로 들면, 페이가이수이 개혁이 실행된 후 농업활동으로 거둔 총 세수(稅收)는 1년에 470만 위안이었다. 그런데 향 정부에는 730명의 공직자가 있고, 이들의 임금은 연간 460만 위안이었다. 이는 이곳 향 정부가 가장 기본적인 행정기능을 수행하고 공공 서비스를 제공하려면 농부들로부터 추가로 세입을 거둬야 한다는 의미가 된다. 페이가이수이 개혁을 연구한 레이 옙(Ray Yep, 葉健民)은 부담금을 줄여 이를 세금으로 전환하는 것 하나만으로는 농촌지역의 갈등을 줄일 수 없다고 결론지었다.

그러나 2003년에 중국 정부는 농촌지역 정부 규모를 축소하기 위한 그 어떤 정치개혁안 없이 페이가이수이 개혁을 전국적으로 확대하기로 결정했다. 이런 상황에서 설사 페이가이수이 개혁이 온전히 실행되어 성공을 거둔다 해도, 농민들의 부담을 더는 데는 미미한 영향을 미칠 것이다. 페이가이수이 개혁의 결과로 40억 위안, 즉 농민에게 부과되는 부담금의 약 1/3이 감소할 것으로 추정된다. 이는 농민들에게 합법적으로 부과되는 세금과 부담금의 20%다. 1인당으로 계산하면, 1년에 농촌지역 거주자 한 사람이 50위안을 덜 내게 되는 것이며, 이는 농촌지역 1인당 순소득의 약 2% 정도다.

높아지는 실업률

도시지역 거주자들은 농촌지역 거주자들에 비해 훨씬 많은 특혜를 누린다. 개혁 기간 동안 도시인들의 생활수준은 급격히 향상되었다. 21세기 초에 실행된 여론조사 데이터를 보면, 중국의 도시인들 상당수가 비교적 자신의 생활에 만족하고 있으며, 중국이 안정되어 있다고 생각하는 것으로 나타났다. 그러나 여론조사의 이면에는 보다 복잡한 상황이 있다.

베이징의 유명한 시장조사 전문기업인 호라이즌 리서치(Horizon Research, 零點調查公司)가 시행한 추적조사(tracking poll, 추이비교 여론조사라고도 하며 동일한 표본을 가지고 여러 번 같은 내용의 여론조사를 하는 방식 - 옮긴이)에 따르면, 1990년대 후반 이후 자신의 생활에 만족한다는 도시인들은 꾸준히 감소하고 있는 반면, 불만족스럽다는 사람은 증가하고 있다. 1997년 말에 10개 도시에서 호라이즌 리서치가 실행한 여론조사에서 응답자의 80%가 만족을, 19%가 불만족을 표시했다. 1998년 11월에 11개 도시 거주자 5,673명을 대상으로 한 여론조사에서는 70%가 만족을, 27%가 불만족을 표시했다. 2000년에 3,502명을 대상으로 한 여론조사에서는 55%가 자신의 생활이 만족스럽다고 답했고, 약 27%가 불만족스럽다고 답했다. 2001년에 4,728

명을 대상으로 한 여론조사에서는 63%가 만족을, 33.6%가 불만족을 표시했다.

국가계획위원회 산하의 한 연구소가 2001년 9월에 실행한 또 다른 여론조사에서도 자신의 생활에 불만족을 느끼는 도시인들이 늘어나는 경향을 보였다. 이 여론조사 보고서는 '중국의 사회와 경제 발전에 대해 도시인들이 계속 만족할 것이라는 보장이 없다'고 결론짓고 있다. 구체적으로 말해서, 이 여론조사 보고서는 중국의 사회 상황이 안정되어 있다고 여기는 도시인들의 비율이 감소하고 있다고 언급하고 있다. 2000년에 실행된 이 여론조사에서 중국의 사회 상황이 안정되어 있다고 대답한 응답자는 63%였고, 2001년의 여론조사에서는 그 비율이 56%로 떨어졌다. 반면에 사회가 불안정하다고 응답한 비율은 10%에서 13%로 상승했다.

실업, 부정부패, 국유기업의 악화, 환경 악화, 불평등 고조 등이 1990년대 말에 도시인들의 불만을 높이는 요인이었던 것으로 보인다. 호라이즌 리서치가 1997~2001년 사이 도시인들을 대상으로 해마다 실시한 여론조사에서 실업 문제는 가장 중요한 문제 순위에서 3년간 1위를, 2년간 2위를 기록했다. 부정부패가 1위를 차지한 것은 1년이었고, 2년간은 3위를 기록했다. 곤경에 처한 국유기업 문제는 1년간 1위와 3위를 기록했다.

국가경제체제개혁위원회가 1998년에 53개 도시 거주자 2,430명을 대상으로 실시한 여론조사에서는 인플레이션, 부정부패, 실업이 응답자들이 가장 우려하는 사회 3대 주요 문제인 것으로 나타났다. 국가계획위원회가 2001년 9월에 1,999명을 대상으로 실시한 여론조사

결과를 보면, 도시인들은 부정부패, 실업, 불평등 고조를 지역사회의 안정을 위협하는 3대 주요 문제로 꼽았다. 농촌지역에서는 3대 주요 문제가 과도한 세금 및 부담금, 부정부패, 불평등 고조였다.

중국국무원 산하 연구그룹이 2001년에 55개 도시 거주자 2,359명을 대상으로 실시한 여론조사를 보면 도시지역에서의 대중들의 심리를 엿볼 수 있다. 이를 보면 도시인들의 불만 요인이 구체적으로 무엇인지 알 수 있는데, 사회경제적 좌절감이 대부분의 불만 요인이었다. 응답자의 60% 이상이 실업, 감당할 수 없는 의료비용, 경제기회 감소, 범죄 증가에 불만을 표시했다. 이 중에서 실업에 대한 불만이 가장 높았다.

주요 사회계층 중에서 근로자들의 75%가 불만족을 표시하여 가장 만족을 느끼지 못하는 것으로 나타났다. 근로자들의 상당수(36%)가 자신들이 직업을 잃은 원인을 사회 정의 및 사회적 연줄이 부족하기 때문이라고 대답했다는 점은 주목할 만하다. 또한 응답자의 80% 가까이는 자신의 소득에 만족하지 못했다. 만족할 만한 소득을 벌지 못하는 이유들 중에서 가장 많이 언급된 것은 '운이 없어서' 였고, '사회적 연줄 및 사회 정의 부족' 이 그 뒤를 이었다. 응답자의 54%는 부자가 되는 제일 좋은 방법이 연줄, 권력, 불법적인 수단을 이용하는 것이라고 답했다.

공직자들의 부정부패 또한 대중들의 분노를 자극하는 것으로 나타났다. 상당히 많은 응답자들이 정부 공직자와 국유기업 경리(책임자)들이 자신들의 권력과 부정한 방법을 통해 재산을 축적하는 것에 강한 반대를 표시했다. 그리고 응답자의 55%는 정부의 부정부패 퇴치 노력을 그다지 신뢰하지 않는다고 답했고, 54%는 정부 공직자의 절반 이상이 부패해 있다고 생각하고 있었다. 또한 80% 가까이가 주식시장 규제기관과 같은 정부의 규제 및 감시 기관의 실적에 불만족을 표시했다.

대중들의 불만 수준이 높아지면 정치적 안정을 위협할 수 있다. 자신들의 생활에 불만을 느끼는 도시인들의 비율이 상대적으로 낮다해도, 그 수로 봤을 때는 매우 많을 수 있다. 중국의 권위 있는 연구자 3명은 설문조사 결과를 바탕으로, 약 22~45%의 도시 거주자들(1억~2억 명)이 자신들의 환경에 불만을 갖고 있다고 추정했다. 이들 중 3,200만~3,600만 명은 '매우 불만'인 사람들이었다.

중국 정부가 국유기업에 대한 고통스런 구조조정을 1995년까지 연기했고, 구조조정이 시작되면서 도시에서의 실업이 증가하여 도시인들의 불만이 고조될 것은 누구나 예상했던 것이었다. 그럼에도 국유기업의 파산으로 해고된 많은 수의 근로자와 실업자, 열악한 사회안전망, 생활수준의 급격한 하락, 낮은 재취업률 때문에 중국에서 실업은 정치적 위기가 뒤따르는 것이었다.

1996~2000년 사이 정부의 공식적인 통계를 보면, 이 기간에 혼합소유제기업(collectively owned enterprise, 여러 유형의 기업들이 공동 출자하여 운영하는 기업 형태 - 옮긴이)들이 1,648만 명의 직원을 해고한 반면, 도시지역 국유기업들은 3,159만 명을 해고했다. 이러한 대규모 해고 사태는 도시지역에서의 실업률을 치솟게 했다. 중국사회과학원은 2002년의 실제 실업률이 7%일 것으로 추정했다. 이는 공식적인 발표의 2배에 해당하는 것이다(실업률에 관한 공식적인 데이터에는 국

유기업 해고 근로자와 구조조정 대상 근로자는 포함되지 않는다). 실업은 특히 제조업 분야 근로자들에게 타격이 컸다. 제조업 분야 근로자들이 전체 해고자의 83%를 차지했다. 해고된 근로자들 중 많은 수가 중년이면서 기술과 교육 수준이 낮은 사람들이었다.

1990년대 중반 이전에는 많은 수당과 안정적인 직장이라는 이유로 국유기업 종사자들은 비교적 특권층으로 인식되었다. 그러나 실업으로 인해 이들의 사회적 지위는 급작스럽게 떨어졌고, 도시지역 많은 사람들도 이를 인식하게 되었다. 중국사회과학원 산하의 한 연구기관이 60개 도시에서 2,000명 이상을 대상으로 매년 실시한 여론조사를 보면, 1997년부터 응답자들은 개혁으로 인한 혜택을 가장 적게 받은 계층으로 국유기업 종사자들을 꼽기 시작했다. 그리고 중국에서 가장 낮은 사회적 지위를 가진 농부와 도시지역 이주 노동자들이 그 뒤를 이었다. 1998년과 1999년에 실시된 여론조사에서도 같은 결과를 보였다.

보다 중요한 것은 해고된 근로자들의 생활수준이 해고된 즉시 급격하게 떨어진다는 점이다. 2000년에 해고된 근로자 가정의 1인당 소득은 도시지역 1인당 소득의 55%였다. 몇몇 지역에서는 그 비율이 훨씬 더 낮았다. 중국 북동부의 러스트벨트(rustbelt, 산업시설이 가동되지 않아 공장이 폐허가 된 사양산업 지대 - 옮긴이)인 창춘시의 해고된 근로자 가정의 1인당 소득은 해고되기 이전의 26%에 지나지 않았다.

정부는 해고된 근로자들에게 극히 제한적인 지원만을 할 뿐이다. 1998년을 예로 들면 해고된 근로자의 절반만이 정부로부터 정기적으로 최소한의 실업수당을 받았다. 설사 실업수당을 받았다고 생활하기에는 역부족이었다. 어떻게 생활을 하는지 묻는 질문에 톈진시의 해고 근로자 중 2.3%만이 정부 지원에 의존한다고 대답했다. 창춘시에서는 단 5%만이 자신들의 경제적 어려움을 해결하는 데 정부에 의존한다고 대답했다. 1990년대 후반 랴오닝성에서는 실업수당이 해고된 근로자의 소득에서 차지하는 비율이 7%에 지나지 않았다. 생활을 위해 대부분의 해고 근로자들은 소비를 줄이고, 저축을 거의 하지 않으며, 친척과 친구들로부터 돈을 빌리는 것으로 나타났다.

해고 근로자들을 다시 채용하려는 정부의 노력은 크게 실패했다. 대부분의 해고 근로자들은 정부가 운영하는 재취업 프로그램이 효과가 없다고 생각했다. 톈진시에서는 해고 근로자의 단 13%만이 정부의 재취업 프로그램을 통해 일자리를 찾을 수 있었다. 전국적으로 재취업률은 꾸준히 감소했다. 1998년에 재취업률은 35%로 떨어졌고, 2000년에는 26%로, 2001년 중반까지는 11%로 급락했다.

불충분한 사회안전망과 낮은 재취업률은 해고 근로자들의 빈곤율을 높이는 원인이 되었다. 2003년에 산업근로자들의 집단시위 200건 이상을 연구한 바에 따르면, 이러한 시위의 약 80%가 국유기업의 구조조정, 임금체불, 실업수당과 건강보험료 미지급, 기업의 부도로 인한 실직 때문이었다.

톈진시에서는 최저생활 이하의 도시 가정들 중 54%가 해고 근로자의 가정이었다. 그리고 이들 중 80% 가까이가 최저생활을 유지하는 데 어려움을 겪고 있었다. 1998년에 랴오닝성에서 해고 근로자가 있는 가정 6,660세대를 대상으로 한 설문조사에서는 최저생활 이하의 가정 중 1/3이 해고 근로자가 2명이 있는 가정이었다.

또한 이미 예상되었듯이, 해고 근로자들 사이에는 불만이 고조되고 있었고 집단시위에 참여하는 경향이 있는 것으로 나타났다. 자신의 생활에 불만을 가진 해고 근로자는 1999년에 70%였고 2000년에는 50%였다. 1998년 후반에 창춘시의 해고 근로자 1,127명을 대상으로 한 설문조사가 있었다. 어떤 경우에 항의시위를 벌이겠느냐는 질문에 응답자의 1/3이 '심각한 부정부패'가 있을 경우 이를 항의하기 위해 거리로 나설 것이라고 답하고, 또 다른 1/3은 먹을 것과 옷이 부족해지면 거리로 나가 항의시위를 벌이겠다고 답했다. 18%는 병에 걸렸지만 치료비를 감당할 수 없을 경우 집단시위를 벌이겠다고 답했다. 응답자의 3/4은 집단시위를 벌이는 근로자들을 지지하긴 하지만, 그들과 함께 시위에 참여하겠다는 응답자는 14%에 그쳤다.

그러나 근로자들이 시위를 벌이는 경우는 급격히 증가하고 있다. 예를 들어 공식적으로 보고된 노동분쟁은 1997년에서 2001년 사이에 매년 30%씩 증가했다. 이런 시위는 특히 북동부 러스트벨트 지역에서 자주 발생한다. 예를 들어 2002년 3월에 중국 북동부 랴오양시(遼陽市)에서는 20개 이상의 공장에서 해고된 근로자 2만 명 이상이 1주일간 시위를 벌였다.

제도적 붕괴

폐쇄적인 정치체제에서 분출구가 없는 사회적 불만은 더욱 증폭되는 경향이 있다. 비록 마오쩌둥 정권 이후에 몇 가지 정치적 개혁(촌민위원회 선거, 입법부 강화, 사법개혁 등)이 시행되었고 이것이 올바른 방향이긴 했지만, 이 개혁안들은 국가-사회 간 갈등을 해결하는 것은 고사하고 더 이상 커지지 않도록 유지하기에도 너무나 제한적이었고 불충분했다. 현재 중국의 제도 하에서 개인이 사회적 불만을 시정할 수 있는 통로는 네 가지가 있다. 즉, 1) 여러 정부기관에 있는 신팡국(信訪局, 신팡은 편지 및 방문이라는 뜻으로 탄원을 하는 것이며, 여러 기관에 이를 담당하는 신팡국이 있다 - 옮긴이), 2) 행정소송, 3) 전인대와 지방인대 제도, 4) 언론이 그것이다. 그러나 이런 제도들 중 사회적 불만을 제대로 해결하는 것은 아무것도 없다.

중국 언론들이 과거보다는 지방정부 공직자들의 부정부패와 권력남용을 적극적으로 폭로하고 있지만, 중국 언론은 아직도 중국공산당의 통제를 받고 있다. 또한 평범한 시민들이 자신의 불만을 토로하거나 다른 사람들의 도움을 얻을 수 있는 기능을 하기에도 역부족이다. 〈난팡저우모(南方周末)〉, 〈중궈칭니앤바오(中國青年報)〉, 〈난팡두스바오(南方都市報)〉 등이 폭로하는 기사가 가끔씩 대중들의 격렬한 반응을 이끌어내고 중앙정부로 하여금 시정조치를 취하도록 하는 경우가 있다.

그러나 그런 경우는 매우 드물다. 물론 기자와 편집자들은 억울함을 당한 개인 및 단체를 보호하는 것과 지방 공직자들의 보복 위험성 사이에서 아슬아슬한 줄타기를 해야만 한다. 〈난팡두스바오〉의 사례가 대표적이다. 〈난팡두스바오〉는 2003년에 광저우시에서 대학졸업생이 부랑자로 오해받아 잘못 구금된 뒤 구타로 사망한 사건을 폭로하고, 광저우시에서 사스(SARS)가 발생했다는 기사를 냈다. 이후 이 잡지의 편집책임자 2명이 지방 당국에 의해 기소되었고 뇌물수수 혐의로 유죄판결을 받았다.

사회 불만을 해소하는 데 있어서 전인대와 지방인대의 역할도 제한적이다. 전인대와 지방인대의 인민대표자들은 중국공산당에 의해 선출되며, 독립성과 권한이 결핍되어 있다. 억울함을 당한 시민들의 입장을 대변하는 것도 효과를 보지 못하는 경우가 종종 있다. 중국의 법원들 또한 국가-사회 간의 갈등을 해결하는 능력을 보여주지 못하고 있다. 지방 당국으로부터 억울함을 당한 시민들이 기댈 수 있는 유일한 법률제도는 행정소송이다. 행정소송을 통해 일반 시민과 경제실체(economic entity)들은 불법적인 행정 행위에 대해 지방정부를 상대로 소송을 제기할 수 있다. 1989년에 처리되어 발효된 행정소송법은 중국의 사법개혁에서 중요한 돌파구가 될 것으로 여겨졌지만, 행정소송 제도는 아직까지 국가-사회 간의 갈등을 줄이는 데 이렇다 할 효과를 보이지 못하고 있다.

중국 법원에서 다루는 행정소송 심판은 연평균 1만 건에 불과하며, 원고의 20%(2만 명의 개인, 또는 기업)만이 이러한 행정소송을 통해 법적인 구제를 받는다. 따라서 대부분의 경우 일반 시민들은 법원에 의지하여 자신의 억울함을 풀 수 없다. 2004년에 중앙정부에 탄원을 하기 위해 베이징으로 갔던 농촌지역 거주자 632명을 대상으로 한 설문조사를 보면, 이들 중 401명이 법원에서 지방정부에 대해 소송을 제기했다. 이 401명 중 172명은 법원이 소장 접수를 거부했다고 대답했으며, 220명은 법원이 자신들에게 불리한 판결을 내렸다고 답했다. 그리고 9명은 소송에서 이겼어도 법원이 판결대로 집행하지 못했다고 말했다. 이처럼 국가-사회 간의 갈등을 심판하는 사법제도의 능력이 제한적이라는 것은 많은 인구와 넓은 국토를 가진 나라와 전혀 어울리지 않는다.

　신팡 제도는 일반 시민들이 자신들의 억울함을 풀기 위해 정부 당국에 탄원할 수 있는 가장 중요한 방법이지만, 이 제도 또한 완전히 와해되었다. 공식적인 자료를 보면, 2003년에 여러 기관의 신팡국이 편지와 방문을 통해 접수한 민원은 1,000만 건이 넘었다. 그러나 탄원자들 중 신팡을 통해 좋은 결과를 본 사람은 거의 없었다. 2004년에 위젠룽이 이끄는 중국사회과학원 연구팀이 실시한 연구를 보면, 신팡을 통해 자신의 억울함을 해결한 사람은 1,000명당 2명이었다. 중앙정부가 지방정부보다는 이미지가 좋기 때문에, 탄원자들은 처음에는 중앙정부가 개입하여 자신의 억울함을 풀 수 있을 것이라는 높은 기대를 갖는다. 그러나 중앙정부 관료들의 무관심과 무반응을 겪으면서 탄원자들의 희망은 곧 사라진다. 국가신팡국, 전인대 상무위원회, 최고인민법원, 중국공산당 중앙기율(紀律)검사위원회, 중국공안부, 국가자원부, 그 외 다른 기관(탄원자들은 평균 6개 정부 기관을 방문한다)들을 방문한 후에, 대부분의 탄원자들은 중앙정부가 자신들의 방문을 달가워하지 않는다고 결론 내린다.

　중앙정부의 개입을 이끌어내려는 시도가 실패한 탄원자들 중 많은 수는 심각한 결과를 맞는다. 위젠룽의 연구팀이 인터뷰한 632명의 탄원자들 중 55%가 지방 당국으로부터 가택 수색과 귀중품 압류 등의 보복을 당했다고 말했다. 50%는 지방 공직자들에게 폭행을 당했으며, 불법적인 감금을 당했다는 사람도 50%였다. 또 72%는 억울한 범죄 누명을 썼다고 답했고, 54%는 공직자들이 조직폭력배를 이용하여 자신들에게 보복했다고 답했다.

중국공산당이 갈등해결을 위한 제도적 통로를 확장하지 못하고 정치체제도 개방하지 않음으로써, 스스로의 이익을 지키지 못하는 사람들은 어쩔 수 없이 위험도가 높은 선택을 할 수밖에 없는 환경이 만들어지게 되었다. 즉 이들은 집단시위를 통해 자신들의 불만을 표현하고 그에 대한 보상을 찾는 것이다.

그러나 사회적인 항의와 시위의 증가가 전반적인 정치적 안정에 즉각적이고 직접적인 영향을 끼쳤다고 판단하기는 어렵다. 특히 중국공산당의 생존 가능성에 끼치는 영향은 더욱 그렇다. 일부 집단시위가 과거에 비해 보다 조직적이기는 하지만, 대부분의 시위는 여전히 고립된 채 발생하고 그 조직성 또한 조잡한 수준이다. 파룬궁 수련생들을 제외하고는 그 어떤 시위그룹도 자신들의 시위를 국경을 초월하는 사회운동으로 조직하지 못했고, 며칠 이상 지속된 시위도 없었다. 또한 시위를 하는 원인도 임금체불, 불법적인 토지 수용, 높은 세금, 지방 공직자들의 권한 남용 등 특정한 것에 한정되어 있다. 개인적인 억울함을 푸는 것 이상을 요구한 시위는 거의 없었고, 중국공산당을 타도하자는 시위도 마찬가지였다.

여론조사를 보면 지방정부들은 민심을 잃은 것처럼 보이지만, 중앙정부는 여전히 일반 시민들의 눈에는 높은 수준의 권위를 유지하고 있다. 이는 곧 사회적인 항의와 시위가 제 아무리 많고 자주 발생하더라도, 그리고 그것이 제아무리 폭력적인 시위가 될지라도 중국공산당을 전복시키려는 잘 조직되고 지역을 초월한 대규모 운동으로 발전할 가능성이 비교적 낮다는 뜻이다. 설문조사를 보면 중국공산당을 안심시킬 수 있는 결과도 있다. 즉 대체적으로 일반 시민 대다수는 폭력적인 반정권 활동에 참여할 가능성이 적다는 것이다.

2000년과 2001년에 실시된 2차례 추적조사에서, 응답자 대다수는 자신들의 문제를 정부, 뉴스매체, 법원이 해결하도록 하겠다고 대답했다. 약 30%는 자신의 문제에 대해 개인적으로만 불만을 표출하겠다고 답했고, 극소수(농촌지역에서는 꽤 많은 수였다)만이 시위, 또는 폭력에 의지해 해결하겠다고 답했다. 2001년의 조사에서는 약 6%가 집단시위에 참여하겠다고 답했고, 1%는 파업에 참여하겠다고 답했다. 앞서 2000년 조사에서는 시위와 폭력에 의존하려는 사람이 더 많아서, 도시지역 응답자의 약 12%, 농촌지역 응답자의 20%가 집단적 항의와 시위를 선택했다. 약 3%는 파업에 참여하겠다고 답했다. 눈에 띄는 것은 도시지역 응답자의 4%, 농촌지역 응답자의 6%가 개인적으로 복수하겠다고 답한 점이다.

악화되는 거버넌스와 그 영향을 대수롭지 않게 여기는 것은 잘못이다. 악화되는 거버넌스를 무시한 채 내버려두면 악순환을 낳게 된다. 중국의 경우 거대한 거버넌스 결핍의 누적은(그리고 체계적 위험)은 중국의 신권위주의적 발전 전략이 지속되는 것을 위협한다. 이 방면에 관한 연구에서 분석한 것을 보면, 거버넌스 결핍의 누적은 중국 공산당이 채택한 체제전환 전략과 정책에서 필연적으로 생기게 되는 결과물임을 알 수 있다.

공산당이 실질적이고 의미 있는 민주화 개혁을 반대함으로써 책임감이 사라지고 공산당 내 규범이 악화되었다. 또한 사회 각 분야에서 정치에 참여하는 것도 배제되었다. 지배 엘리트층은 대중들에 대한 책임을 지지 않고, 사회의 이익을 증가시키기보다는 자신의 정치 경력을 쌓기 위한 정책들을 추구하고 있다. 점진적인 개혁 전략으로 인해 많은 사람들이 지대를 챙겼고, 공산당이 가진 경제 분야 내에서의 방대한 정실주의 체계는 그대로 유지되었다. 지대와 정실주의를 보호하는 데 드는 비용은 결국 자원이 전환되는 형식으로 대중들이 떠안게 된다. 즉 보다 많은 공공재 공급을 위해 사용될 수 있는 자원이 당에 충성하는 소수에게 돌아가는 것이다. 부정부패와 결탁이 만연한 분권화된 약탈적 국가의 출현은 지방에서의 거버넌스를 훨씬 더 악화시켰다.

누적된 거버넌스 결핍은 잠재적인 개혁주의자들을 딜레마에 빠지게 했다. 실정(失政)으로 약화된 정권에게는 체제가 부패하는 것을 멈출 수 있는 과감한 개혁을 실행할 정치적 자본과 신념이 부족한 것이 보통이다. 이런 정권에서는 모험이 아닌 나태함과 꾸물거림이 만연하는 경향이 있다. 거버넌스 결핍이 엄청나게 누적된 정치체제를 개방하는 것은 진보적인 개혁주의자들에게도 극복할 수 없는 과제를 안겨준다. 거버넌스 악화로 이익을 챙기는 정권의 내부자들은 정치 개혁에 격렬히 저항할 것이다. 반면에 구소련의 고르바초프가 시행한 글라스노스트(glasnost, 고르바초프가 실행한 정보공개 정책 - 옮긴이) 처럼 대규모 정치동원은 정권의 급속한 붕괴를 촉발할 것이다. 이러한 정권은 진정한 정치개혁에서 살아남기에는 너무나 미약하기 때문이다.

에필로그
정치개혁 없는 경제성장은 사상누각

이 책은 중국의 정치체제가 가진 전반적인 약점과 특히 중국이 공산주의에서 체제를 전환하는 과정에서 치르는 눈에 보이지 않는 비용에 초점을 맞춤으로써, 발전지향적 권위주의가 가진 한계점을 보여주려 했다. 중국의 놀라운 경제성장과 발전에도 불구하고, 일련의 자멸적인 요소들이 중국의 필수적인 정치제도(국가와 공산당)를 약화시키고 있다. 중국의 폐쇄적인 정치체제는 급속한 경제현대화에 비해 크게 뒤처졌으며, 점차 시대에 뒤떨어지고 있다. 지금 시점에서 중국의 정치체제가 중국의 복잡하고 다양한 사회 이익을 대변하거나 국가와 사회 간의 갈등을 중재하기란 불가능하다.

정치적으로 책임을 지는 메커니즘의 붕괴는 지배 엘리트들의 만연한 부정부패와 결탁으로 이어졌고, 정권의 미래에 불안을 느낀 정권의 내부자들은 아무런 제약도 받지 않고 약탈을 자행하게 되었다. 이러한 제도적 타락으로 인한 거버넌스 악화는 국가의 역량을 약화시켰고, 사회적 갈등을 고조시켰으며, 1970년대 후반부터 이룩한 발전이 지속될 수 있을지에 대해 의구심을 갖게 했다. 심지어 중국의 점진적인 개혁 정책마저도 진정한 시장경제 발전이 아닌 중국공산당의 정치적 생존에 집중되었다. 중국공산당의 정치적 독점을 보장하기 위해 지대보호 정책을 통해 지출되는 눈에 보이지 않는 비용은 실질적으로 엄청나며, 점점 증가하고 있다.

이 책은 또한 중국의 신권위주의적 발전전략에 소요되는 사회적, 정치적 비용이 축소되어 알려졌음을 비판적으로 검증하면서, 세 가지 견해에 대해 의문을 제기했다. 이 세 가지 견해가 유효한지에 대해서는 회의적인 시각이 늘고 있지만, 그 나름대로 매력이 있는 견해들이다.

첫 번째 견해는 경제발전이 정치 자유화를 결정하는 주요요소라는 것이다. 경제성장과 경제현대화가 자유주의 정권이 출현하기에 유리한 상황을 만드는 것은 사실이지만, 중국이 25년간에 걸쳐 급속한 경제성장을 이루었음에도 정치개방 움직임이 느려 터진 것은 민주화를 결정하는 요소가 지배 엘리트들의 선택에 달려 있음을 암시한다. 오히려 단기적인 경제성장은 민주화에 부정적인 영향을 끼칠 수 있다. 경제성장이 지배 엘리트들로 하여금 정치 자유화를 추구하지 않을 모든 동기를 제공하기 때문이다.

두 번째 견해는 점진적인 개혁 전략이 이른바 빅뱅 접근법(급진적인 전략)보다 효과가 더 좋다는 것이다. 물론 급진적인 접근법이 러시아와 구소련에 속했던 몇몇 국가에서 비참하게 실패한 것은 사실이지만, 중국의 점진적인 전략이 이룬 성과는 지나치게 과장되어 있다. 보다 중요한 것은 제3장에서 보았듯이, 지대소멸과 경로의존적(path-dependent)인 부분적 개혁으로 인한 비효율성 때문에 점진적인 전략이 지속가능한 전략이 아니라는 점이다.

세 번째 견해는 신권위주의 발전지향적 국가가 효율성이 좋다는 것이다. 동아시아의 몇몇 신권위주의 발전지향적 국가들의 성공 사례가 있긴 하지만, 독재국가가 가진 정치적 논리와 제도적 결정요인(정실주의, 정치적 독점, 국가 대리인들에 대한 비효율적인 모니터링 및 감시)은 발전지향적 국가보다는 약탈적 국가를 탄생시킬 확률이 높다.

또한 이 책에서는 경제체제 전환과 정권 이양 과정을 결정하는 데 있어서 전반적으로 정치가 갖는 중요성, 그리고 특히 정치권력 장악이 갖는 중요성을 강조했다. 정치개혁 및 경제개혁에 관한 중국 지도층의 정책 이면에는 정치적 고려사항들이 있다. 이것을 분석해보면, 중국 지도층의 전략에서 가장 중요한 것은 그것이 중국 지도층의 정치적 생명을 강화하는지, 또는 위험에 빠뜨리는지의 여부다. 중국 지도층이 선택한 전략의 결과로 이들의 정치적 생명이 연장되기 때문에, 중국의 지도층들은 정치체제와 경제체제에 단기적으로 활력을 불어넣는 부분적인 개혁을 허락하는 유연적인 태도를 보일 수 있는 것이다.

그러나 이러한 전술적 유연성과 조정에는 엄격한 제한이 있다. 또한 중국 지도층의 이런 유연성과 조정 때문에 권력을 영구화하려는 공산당의 의지와 보다 자율적이고 원칙에 기반을 둔 경제 및 정치적 질서는 기본적으로 양립할 수 없다는 사실을 망각해서도 안 된다. 중국공산당처럼 혁명 정당으로 출발하여 무력으로 정권을 차지한 정당들은 자발적인 개혁을 통해 종말을 맞으려 하지 않는다.

그러나 권력을 영구화하겠다는 발전지향적 독재국가의 최우선 목표는 궁극적으로 자멸적인 요소로 인해 위험에 빠진다. 즉 낮은 정치적 책임감, 대중의 요구에 대한 무반응, 결탁, 부정부패 등이 이런 자멸적인 요소에 속하며, 이는 거의 모든 독재국가에서 발견된다. 대부분의 경우 독재정권의 집단적 이익은 그 정권의 대리인들의 개인적 이익과 크게 어긋난다. 사리사욕에 눈이 먼 대리인들은 자신들의 이익을 극대화하기 위해 노력하는데, 특히 풍요로워질 수 있는 기회가 많이 생기는 체제전환기에는 더욱 그렇다.

이처럼 사리사욕을 채우는 대리인들 때문에 발생하는 경제적, 정치적 비용은 (대리인들로 인해 낮은 지지율, 낮은 권위, 제도적 부패를 겪게 되는) 독재정권과 (악화된 거버넌스 및 경제 성과의 형태로) 사회가 부담할 수밖에 없다. 따라서 발전지향적인 독재국가는 활력을 오랫동안 유지할 수 없다. 발전지향적 독재정권에 내재된 자멸적인 요소는 독재정권 내에서 체제적인 위험을 점차 가중시키고 정권을 계속 약화시킬 수 있다. 이 때문에 소수를 제외하고는 대부분의 발전지향적 독재국가들이 결국 몰락하는 것이다.

여러분 중에는 중국의 놀라운 경제 성과를 생각할 때, 이 책에서 다루는 주요 논지에 깔린 비관적인 논리에 의문을 제기하는 사람도 있을 것이다. 만약 중국의 정치체제가 그 정도로 올바로 기능하지 못한다면, 어떻게 1970년대 후반 이후로 그토록 급격한 경제성장을 유지하는 것일까? 낮은 거버넌스와 높은 경제성장률이라는 역설은 몇 가지 설명이 가능하다. 첫째, 체제전환이 정체되면서 생긴 병폐는 1990년대에 들어서야 보다 심각해졌고 가시적이 되었다. 이때는 중국공산당 내에서 신권위주의 발전지향적 전략이 우세해진 이후였고, 자유주의 세력들이 톈안먼 사태로 공산당 내와 사회에서 힘을 잃은 후였다. 거버넌스 악화가 경제 성과에 뒤늦게 영향을 미친다는 점(예를 들어 인적 자본과 공공의료에 대한 낮은 투자로 인한 부정적인 결과는 대개 1세대, 또는 2세대가 지난 이후에야 가시적으로 보인다)에서, 체제전환이 정체되어 생기는 병폐는 향후 몇 년이 지나야 거시경제 성과에 실질적인 영향을 미친다.

둘째, 단기적으로 봤을 때 경제성장률은 높은 저축률, 그로 인한 높은 투자율, 농업에서 공업으로의 대규모의 인력 이동에 의해 올라갈 수 있다. 이 중에서 최근 몇 년 간 중국의 경제가 급속히 성장한 이면에는 저축률과 투자율이라는 두 가지 주요 요인이 있다. 1990년대 후반 이후로 전국적인 저축률이 40%이고 연간 400억~500억 달러(GDP의 3~4%)의 외국인 직접투자 자금이 들어오는 중국의 경우, 높은 투자율로 인해 경제체제가 비교적 비효율적이라고 해도 경제성장률을 올릴 수 있다.

셋째, 경제성장률 자체에만 초점을 맞추는 것은 경제성장에 드는 눈에 보이지 않는 비용과 경제성장의 낮은 질을 간과하기 쉽다. 따라서 경제성장의 질을 따지는 것이 중요하다. 달리 말하면, 경제성장률은 사회복지의 향상 정도를 제대로 반영하지 못하거나 크게 잘못 나타낼 수 있다. 예를 들어 불평등의 증가, 인적 자본에 대한 낮은 투자, 환경 파괴, 공직자들의 부정부패를 대가로 높은 경제성장을 이루었다면, 이런 성장은 질 낮은 성장이라고 봐야 한다. 중국 정부의 대출 지시로 인해 엄청나게 누적된 금융기관들의 부실채권 또한 질 낮은 성장, 또는 인위적으로 높아진 성장률을 나타내는 것이다. 이런 낭비되는 투자금도 경제 생산으로 계산되기 때문이다.

마지막으로, 질 낮은 거버넌스가 경제 성과에 미치는 영향은 이미 가시적인지도 모른다. 마틴 울프(Martin Wolf)가 주장한 것처럼, 중국은 다른 나라들과 비교했을 때 너무 느리게 성장하고 있다. 중국의 크기, 개혁 시작 시점에서의 낮은 경제 수준, 높은 저축률과 투자율 등을 고려했을 때, 중국은 1978~2003년 사이에 기록한 연 평균 6.1%의 성장률보다 훨씬 더 높은 성장을 이뤘어야 했다.

중국이 가진 경제적 잠재력만큼 경제가 성장하지 못한 가장 그럴듯한 이유는 아마도 정치체제가 가진 약점 때문일 것이다. 물론 제도적 약점을 낮은 경제 성과의 이유로 규정하는 것은 낙관적인 측면도 있고 비관적인 측면도 있다. 중국이 이러한 약점이 있는 제도를 개혁하는 데 성공한다면, 중국의 경제 성과는 오를 것이 틀림없다. 그러나 만약 실패한다면, 중국의 경제성장률은 정체되거나 심지어 하락할 것이다. 특히 거시경제 상황이 불리해질 경우 더욱 그렇다. 사실 중국은 1998~2000년 사이에 낮은 성장률을 경험한 바 있다. 토머스 로스키의 연구를 보면 중국의 공식적인 데이터와는 달리, 이 기간 동안 중국의 경제는 거의 성장하지 못했다.

체제전환의 정체에서 벗어나기

이 책에서 다루는 연구는 다음과 같은 또 다른 중요한 질문을 던진다. 중국과 같은 국가가 어떻게 해야 체제전환이 정체된 상태를 벗어날 수 있을까? 체제전환의 정체로 인해 지배 엘리트들이 결국에는 근본적인 선택을 할 수밖에 없는 환경이 만들어진다는 점에서, 체제전환의 정체에서 벗어나는 데에는 세 가지 시나리오가 있다. 대체로 이러한 선택들은 문화대혁명이 끝나고 그랬던 것처럼, 정치 지도자들이 불만족스럽고 지속 불가능한 현 상황에서 직면해야 하는 그런 선택과 유사하다.

첫째, 정체된 체제전환이 가진 자멸적인 요소들을 고려해볼 때, 신권위주의적 정권은 경제적, 정치적 활력을 곧 잃게 될 것이다. 경제성과 악화와 사회 갈등 고조로 인해 중국의 지도층은 악화되는 지금의 상황을 그대로 유지할지, 아니면 위험을 감수하고 급진적인 개혁을 단행하여 정치적 책임감을 회복하고 분권화된 약탈을 완화시킬지 사이에서 선택을 할 수밖에 없을 것이다. 지도층이 개혁을 선택한다면 정체된 체제전환에서 이익을 보는 무리들의 저항을 극복하기 위해 중국 지도층은 아마도 새로운 지지 세력을 동원할 것이다. 그러나 구소련의 경험에서 볼 수 있듯이, 사회세력을 동원하여 신뢰가 떨어진 정권으로 하여금 변화하도록 압박을 가하는 것은 의도하지 않게 반정권 혁명을 촉발할 수 있다.

이러한 혼란스러운 개혁, 또는 '토크빌의 역설(de Tocqueville paradox)'은 잠재적인 개혁주의자들에게 큰 위험을 안겨준다. 이전에 소외되었던 세력들이 일단 동원되면 개혁주의자들은 자신들의 목표와 이들의 목표에 대한 통제권을 상실하게 될 것이다. 따라서 개혁주의자들이 새로운 개혁 과정을 완전히 통제할 수 있어야만 큰 사회적 격변 없이 체제전환의 정체에서 벗어날 수 있다.

둘째, 새로운 개혁을 통해 체제전환의 정체에서 벗어날 수 있는 대안들 중 하나는 정권의 붕괴다. 지대소멸과 분권화된 약탈은 국가를 제도적으로 계속 악화시키고, 이는 정권의 성과, 특히 경제성장 악화로 이어진다. 지배 엘리트들은 정치적 지지 하락과 사회 혼란이 일어날 가능성에 직면하면, 특히 정권의 생존이 위험해진 위기 시에는 자신들이 가진 가능한 탈출옵션을 이용할 것이다. 이런 상황에서는 뱅크런과 같은 정치적 혼란이 생길 것이다. 즉 더 이상 정권을 지킬 의지나 동기가 없는 정권의 내부자들이 겁을 먹고 탈출구로 몰려드는 것이다. 그러나 정권이 붕괴한다고 해서, 그것이 자유주의적인 정치질서로 이어진다는 보장은 없다. 이는 소련 붕괴 이후의 러시아와 수하르토 정권 붕괴 이후의 인도네시아가 겪었던 상황을 보면 잘 알 수 있다.

셋째, 중국처럼 국토가 넓고 다양한 나라는 나라 전체에 적용되는 단일한 개혁을 실행하는 데 어려움을 겪는 경우가 많다. 그러나 진보적인 지방의 지배 엘리트와 사회세력이 함께 주도하여 각 지역에 맞는 개혁을 실행할 수는 있다. 지방정부로의 권한 이양이 약탈의 분권화로 이어지기는 했지만, 권한 이양으로 인한 두 가지 현상은 잠재적으로 개혁에 보다 유리한 상황을 만들어낼 수 있다. 1) 권한 이양으로 인해 지방의 지배 엘리트들은 보다 큰 정치적 책임감을 갖게 될 것이다. 2) 보다 중요한 것은 중국의 상황에서 권한 이양은 자본, 노동, 시장에 관한 지역을 초월한 경쟁을 자극한다는 점이다. 이러한 두 가지 요인이 지역 지배 엘리트와 시민단체들이 연합하여, 정체된 체제전환으로 인해 발생한 지방정부 차원의 병폐를 다룰 수 있는 새로운 제도적 개혁을 실험하도록 자극할 수 있다.

1990년대에 향 정부 차원의 선거, 촌민위원회 선거 개선 등의 혁신적인 거버넌스 개혁 시도는 '미들업(middle-up, 기존의 하향식과 상향식 방식을 개선하기 위한 중간 관리층이 주도적인 역할을 하는 방식 - 옮긴이)' 방식이었다는 점은 주목할 만하다. 이는 진보적인 지방 공직자들이 지역의 문제를 해결하기 위해 위험을 감수하는 것이었다. 미들업 방식의 노선을 채택하는 지역이 많아지면 최소한 정체된 체제전환으로 야기된 사회적, 정치적 병폐의 일부는 지방정부 차원에서 개선이 가능할 것이다. 그리고 결국에는 개혁을 통해 체제전환의 정체에서 벗어나는 지역과 계속 정체되고 악화되는 지역이 구분되면서, 중국 전역에 거버넌스의 확산을 가져올 것이다.

국제사회의 역할

중국이 앞으로도 체제전환이 정체된 채 머무를 수 있다는 가능성을 배제해서는 안 된다. 발전지향적인 권위주의 정권은 소수 엘리트층이 연합하여 지배하는 체제를 계속 유지하기 위해 앞으로도 억압,

포섭, 적응 전략을 혼용할 것이다. 거버넌스 및 경제 성과 악화는 치명적인 위기를 초래할 수밖에 없다. 그러나 적응, 임기응변, 행운, 대중들의 무관심이 결합되면 심지어 중국 정부의 실정(失政)으로 인해 중국 경제에 곤란이 닥친다 해도 지배층은 여전히 권력을 장악하고 있을지도 모른다.

시장경제로의 체제전환과 개방된 사회로의 이행이 정체된 것은 정책에 심각한 영향을 미친다. 체제전환 과정이 정체된 것은 중국을 온전한 글로벌 강국으로 만들겠다는 중국 지도층들의 야심찬 목표를 위협한다. 결함이 있는 경제제도와 정치제도가 합쳐지면 시장 왜곡, 자원의 비효율적 사용, 체계적인 부정부패를 낳는다. 중국이 체제전환을 시작한 후 25년간 이룬 급속한 경제발전은 계속 유지될 수 없을 것이다. 중국은 글로벌 경제 대국이 되는 대신, 오랫동안 경제 침체기를 겪을지도 모른다.

또한 배타적이고 부패하며 비효율적인 권위주의적 정권에 대한 정치적 불만과 낮은 경제 성과로 야기되는 사회적 불만으로 인해, 자국 내 불안정이 증가할 것이다. 중국공산당에 반대하는 믿을 만한 대안이 될 수 있는 반대세력 형성이 어렵다는 점을 감안할 때, 거대한 중국공산당이 연합세력에 의해 권력에서 물러날 것이라 기대하기는 힘들다. 중국공산당을 깊이 균열시킬 요인 또한 없기 때문에 중국공산당이 붕괴할 가능성도 낮다. 따라서 믿을 만한 대안의 부재 및 낮은 정권의 자멸 가능성은 앞으로도 계속 국가역량과 중국공산당의 정당성이 약화되고, 무법 상태, 부정부패, 사회혼란이 증가할 것임을 암시한다. 이러한 상황은 궁극적으로 정권 붕괴, 또는 국가 몰락의 위험성을 가중시킬 것이다.

중국의 체제전환이 오랫동안 정체되는 것은 국제사회에게도 일련의 도전과제를 던져주지만, 이를 심각하게 생각하는 사람은 거의 없다. 1990년대 이후로 중국의 급속한 경제성장으로 인해 중국의 역량과 미래에 대한 서구의 평가는 변화되어왔다. 서구의 기업들은 중국이 과거에 이룬 놀라운 발전을 기반으로 중국의 미래 성장을 예측하기 때문에, 이들은 중국을 사상 유례가 없는 기회의 땅이며 전략적인 시장이라고 여긴다. 중국이 비즈니스를 하기에는 어려운 곳임에도, 서구의 기업들은 중국의 정치 및 경제 환경 속에서 위험을 안고 사업을 하며 살아가는 방법을 배웠다.

그러나 만약 서구의 기업들이 이 책에서 다룬 연구가 사실인지 증명할 경우, 이들이 가진 높은 기대감은 실망으로 바뀔 것이다. 중국이 세계에서 가장 큰 경제 규모를 가진 국가들 중 하나일 수는 있지만, 서구 기업들이 예측하는 중국의 높은 성장률과 부의 창출은 실현되지 않을 것이다. 이 책에서 이끌어낸 결론들은 최소한 이런 기업들로 하여금 자신들의 중국에 대한 전략을 재평가하고, 자신들이 투자한 것에 대한 위험 프리미엄(risk premium, 위험 대가라고도 한다 - 옮긴이)을 조정하도록 만들 것이다.

지정학적인 차원에서는 기존의 국제질서, 특히 미국 주도하의 국제질서를 위협할 수도 있는 중국의 부상에 대한 전망이 1990년대 이후 서구의 중국 정책에 관한 논의의 주된 주제였다. 안보 분석가들은 중국의 잠재적인 군사력과 목적에만 주목했다. 중국에 관한 논의가 두 가지 모순되는 정책(흔히 '견제론' 과 '포용론' 으로 부른다)을 이끌어냈지만, 이 두 가지 접근법의 기저에 깔린 전제는 비슷하다. 견제론 옹호자와 포용론 옹호자들은 모두 중국의 단점보다는 장점을 예측한 데 초점을 맞추어 서로 다른 정책을 주장하는 것이다. 즉 두 정책 모두 중국이 미래에는 지금보다 강해지리라 전제하는 것이다. 물론 중국의 단점이 간혹 서구의 관심을 끈 경우도 있었다. 그러나 중국 경제가 호황이던 1990년대에는 중국이 가진 문제를 매우 비관적으로 보는 분석은 거의 없었다.

그러나 이 책이 시사하는 것처럼, 근본적인 정치개혁 없이는 중국의 부상은 허무한 종말을 맞을 것이고, 그렇게 되면 견제론 옹호자와 포용론 옹호자들은 모두 실망하게 될 것이다. 맞수(peer-competitor)가 될 능력을 지닌 중국의 잠재적인 위협에만 집착한 현실주의자들은 중국이 지금보다 훨씬 더 약해져서 국제사회에서 두각을 나타내지 못하도록 해야 한다고 생각한다. 이런 생각은 현실에서 조지 부시(Geroge W. Bush) 행정부가 일본과 인도를 잠재적인 반중국 안보동맹에 참여시켰던 것처럼, 중국의 증가하는 영향력에 대응하기 위한 힘의 균형 전략으로 나타났다. 그러나 이런 노력은 불필요했음이 드러날 것이다. 미국이 중국의 늘어나는 군사적 위협에 대응한다는 명분으로 군사비로 쏟은 수백 억 달러도 쓸데없는 짓일 것은 말할 것도 없다. 중국이 맞수가 아님이 증명되면 미국 정부의 전략가들은 다른 곳에서 새로운 위협세력을 찾아야 할 것이다.

그러나 포용론을 주장하는 자유주의자들 또한 경제발전이 민주화를 가져올 것이라는 자신들의 기대와, 이와 맞지 않는 중국의 냉혹한 현실을 서로 끼워 맞추는 데 힘든 시간을 보내게 될 것이다. 중국은 자유주의자들의 예상과 어긋나는 상황을 지속적으로 겪었기 때문이다. 진정한 개방 사회로 향하는 진전 속도가 너무나 느린 중국을 보면서, 서구의 자유주의자들은 중국의 미래에 대한 자신들의 낙관적인 전망을 유지하기가 점점 어려워짐을 알게 될 것이다.

국제사회는 중국을 바라보는 시각을 바꾸고, 최소한 이론적으로라도 중국이 잠재력을 온전히 발휘하지 못하고 장기적인 침체에 떨어질 미래에 대비해야 한다. 이러한 중국의 미래에 대한 재평가는 중국의 끊임없는 변화를 분석하고 중국이 가져다줄 도전을 극복할 수 있는 틀을 제공해줄 것이다. 국제사회는 중국을 21세기 초강대국으로 보는 대신, 제 능력을 발휘하지 못하는 거인으로 여기고 싶을지도 모른다. 권위주의적인 과거를 근본적으로 청산할 역사적인 기회를 놓쳐 그 대가를 치르고 있는 거대국가로 말이다.

부분적인 개혁에 발목이 잡힌 중국은 몇 가지 중요한 관점에서 불능 국가(incapacitated state)와 비슷하다고 볼 수 있다. 파탄 국가(failed state)와 달리 불능 국가는 자주권과 영토, 중앙정부의 권위를 갖고 있으며, 지배층들은 정치권력 독점을 통해 아무런 도전도 받지 않는다. 그러나 불능 국가에서는 정부의 종합적인 통치 능력이 매우 약하다. 또한 설사 정부가 자신의 의지를 실행하고 통치할 수 있는 제한적인 능력을 유지할 수 있다 해도, 대부분은 상징적인 차원에서 중앙집권적인 정치권력이 있음을 나타내는 수준일 뿐이다. 따라서 불능 국가는 국제사회가 매우 중요하게 여기는 광범위한 문제들(환경보호, 핵무기확산 방지, 마약퇴치, 에이즈 확산 통제, 빈곤퇴치 등)에 관해서는 그 약속을 지키지 못하거나 통치 기능을 효과적으로 수행할 수 없다.

나중에 가서 국제사회는 불능 국가로 인해 유발된 위협들을 해결하는 것이 보다 어려움을 알게 될 것이다. 외국에 대한 정책을 다룬 전통적인 접근법들에는 불능 국가를 다루는 데 효과적인 처방이 거의 없기 때문이다. 중국의 크기, 국제 안보 및 경제에서의 역할을 고려할 때, 중국에 의해 유발된 도전과제들은 (설사 우리에게 의지가 있다 해도) 국제사회가 그것을 해결하기 위해 도울 수 있는 능력을 훌쩍 뛰어넘을 것이다. 중국의 내부 문제와 단점으로 인해 생기는 파급효과는 많은 나라의 이익에 영향을 끼칠 뿐만 아니라, 중국의 문제를 국제사회 전체의 문제로 만들 것이다.

중국의 미래를 이처럼 어둡게 보는 사람은 거의 없을 것이다. 그러나 사람들은 약탈적 권위주의가 스스로 자초한 자멸적인 요소들을 무시하고 있다.

부록

지방 마피아 국가 사례 보고

후난성(보고된 사례: 7건)

2002년 쯔신시의 당 정법위원회 주임과 또 다른 공직자 2명이 지역 범죄조직을 비호한 혐의로 기소되었다. 같은 해 롄위안시에서는 공안국장, 지역 법원장, 검찰국장, 당 정법위원회 주임 등이 포함된 39명의 공직자들이 범죄조직을 비호한 혐의로 기소되었다. 같은 해 헝둥현에서는 헝둥현 현장과 인민대표대회 부주석을 포함한 25명의 공직자들이 같은 혐의로 기소되었다. 같은 해 둥안현에서는 당 정법위원회 주임, 공안국 부국장을 포함한 공직자 16명이 같은 혐의로 기소되었다. 창더시에서는 정확한 숫자를 알 수 없는 공직자들이 자동차 밀수를 공모한 혐의로 기소되었다. 2001년 수이닝현에서는 공안국장, 인민대표대회 의장, 검찰국장이 포함된 7명의 공직자들이 범죄조직을 비호한 혐의로 체포되었다. 2002년 차오양시에서는 공안국 부국장과 다른 사법집행 공직자를 포함한 43명의 공직자가 범죄조직을 비호한 혐의로 기소되었다.

광둥성(보고된 사례: 7건)

2002년 푸닝시에서는 당 서기를 포함한 17명의 공직자들이 매관매직 혐의로 기소되었다. 1998년 장장시에서는 장장시 당위 서기를 포함한 다수의 공직자가 밀수 혐의에 대해 유죄판결을 받았다. 2002년에 윈푸시에서는 공안국 부국장을 포함한 23명의 공직자가 자동차를 밀수한 혐의로 기소되었다. 2001년 루펑시에서는 검사를 포함한 4명의 공직자가 위조지폐 제조 혐의로 기소되었다. 같은 해 선전시에서는 부시장, 토지국 부국장을 포함한 고위공직자 5명이 집단뇌물수수 혐의로 기소되었다. 2002년에 칭위안시에서는 공안국장과 당 정법위원회 주임을 포함한 고위공직자 3명이 밀수 혐의로 기소되었다. 같은 해 롄저우시에서는 공안국장, 당 정법위원회 서기를 포함한 공직자 5명이 밀수혐의로 기소되었다.

푸젠성 (보고된 사례: 6건)

2002년 민허현에서는 토지건설국 국장을 포함한 공직자 6명이 범죄조직을 비호한 혐의로 기소되었다. 같은 해 순창현에서는 당 부서기, 공안국 부국장을 포함한 공직자 6명이 같은 혐의로 기소되었다.

2001년 장저우시에서는 사법집행기관 간부를 포함한 정확한 숫자가 알려지지 않은 공직자가 같은 혐의로 기소되었다. 같은 해 우핑현에서는 부현장과 우핑현 인민대표대회 부의장을 포함한 3명의 공직자가 집단 뇌물수수 혐의로 기소되었다. 2001년에 샤먼시에서는 악명 높은 위안화 밀수사건으로 당 정법위원회 서기와 부시장을 포함한 공직자 279명이 체포되어 유죄판결을 받았다. 푸저우시에서는 당 정법위원회 서기, 부시장, 검찰국장, 법원 부원장을 포함한 공직자 17명이 범죄조직 두목인 천카이를 보호해주고 그 대가로 거액의 뇌물을 받았다. 이 사건은 2003년에 밝혀졌다.

광시(廣西)자치구(보고된 사례: 4건)

2002년 광시성 정부 주임, 부주임, 인민대표대회 부의장이 뇌물수수혐의로 기소되었다. 류저우시에서는 당 서기, 공안국장 및 부국장이 불법도박을 비호한 혐의로 기소되었다. 2002년 난단현에서는 당 서기, 현장, 당 부서기를 포함한 공직자 7명이 폭력조직이 운영하는 광산을 비호한 혐의로 유죄판결을 받았다. 1990년대 닝밍현에서는 2명의 당위 서기와 현장이 부정부패 혐의로 체포되었다.

헤이룽장성(보고된 사례: 3건)

헤이룽장성은 마피아 국가로서의 조건을 다 갖췄다. 2004년 헤이룽장성 성장, 부성장, 인민정치협상회의 의장(중국공산당 헤이룽장성 조직부장과 중국공산당 15기 중앙위원회 후보위원 역임), 고급법원장 및 부원장, 검찰청장 등이 집단 뇌물수수 혐의로 해임되거나 기소되었다. 2002년 쑤이화시에서는 당 서기인 마더가 260명 이상에게 매관 매직한 혐의로 유죄판결을 받았다. 쑤이화시 소속 10개 현의 처(處) 급 간부들 중 약 절반이 이 사건에 연루되었다. 2002년에 치타이시에 서는 당 부서기와 정확한 숫자가 알려지지 않은 공직자들이 범죄조 직을 비호한 혐의로 유죄판결을 받았다.

산시성(山西省)(보고된 사례: 3건)

1999년 창즈현의 당 서기가 432명에게 매관매직을 한 혐의로 기소 되었다. 2001년 가오핑현에서는 부현장, 공안국장을 포함한 공직자 7명이 범죄조직을 비호한 혐의로 기소되었다. 또한 2002년 판츠현에 서는 당 서기와 현장이 광산을 소유한 범죄자를 비호한 혐의로 기소 되었다.

지린성(보고된 사례: 3건)

2003년 징위현 당 서기가 160명에게 매관매직을 한 혐의로 기소되 었다. 허룽시에서는 정확한 숫자가 알려지지 않은 공직자들이 범죄 조직을 비호한 혐의로 기소되었다. 이름이 알려지지 않은 한 도시에 서는 30명의 공직자가 그 지역의 악명 높은 범죄자 량쉬둥이 이끄는 범죄조직을 비호한 혐의로 기소되었다.

쓰촨성(보고된 사례: 3건)

1994년 장양현에서 현장, 2명의 부현장, 당 부서기를 포함한 11명 의 공직자가 집단 뇌물수수 혐의로 기소되었다. 같은 해 피현에서는

농업국장을 포함한 4명의 공직자들이 범죄조직을 비호한 혐의로 기
소되었다. 2002년 런서우현에서는 공안국장 등 2명이 범죄조직을 비
호한 혐의로 기소되었다.

산시성(陝西省)(보고된 사례: 3건)

2002년 푸핑현에서 공안국장 및 그의 보좌관 2명을 포함한 6명의
공직자가 범죄조직을 비호한 혐의로 기소되었다. 1990년대 중반에
는 양현에서 당 서기, 현장, 당 부서기를 포함한 5명의 공직자들이 매
관매직을 한 혐의로 기소되었다. 2001년 황린현에서는 공안국장을
포함한 4명의 사법집행 공직자들이 범죄조직을 비호한 혐의로 기소
되었다.

장시성(보고된 사례: 2건)

2002년 첸산현에서 2명의 당 서기(2명이 연달아서 연루), 공안국 부
국장, 당 조직부장이 다른 공직자 23명과 함께 범죄조직을 비호한 혐
의로 기소되었다. 2001년 거양현에서는 정확한 숫자가 알려지지 않
은 공직자들이 범죄조직을 비호한 혐의로 기소되었다.

후베이성(보고된 사례: 2건)

2002년 톈먼시에서 당 서기, 상무부시장, 시 정부 총서기가 뇌물수
수와 횡령 혐의로 기소되었다. 같은 해 시수이시에서는 4명의 공직
자가 범죄조직을 비호한 혐의로 기소되었다.

산둥성(보고된 사례: 2건)

1996년 타이안시에서 당 서기, 부서기, 시 정부 총서기, 공안국장이 집단 뇌물수수 혐의로 기소되었다. 같은 해 르자오시에서는 당 서기와 공안국장이 집단 뇌물수수와 다른 범죄 혐의로 기소되었다.

저장성(보고된 사례: 2건)

2001년 원링시에서 시장, 당 정법위원회 주임을 포함한 6명의 공직자가 지역 신용조합에서 3억 위안을 사취한 범죄조직을 비호한 혐의로 기소되었다. 같은 해 뤼안시에서는 당 서기와 시장이 30명이 넘는 다른 공직자들과 함께 범죄조직 비호, 뇌물수수, 매관매직 혐의로 기소되었다.

안후이성(보고된 사례: 1건)

2000년 푸옌시에서 당 서기, 시장, 공안국장을 포함한 160여 명의 공직자들이 집단 뇌물수수 혐의로 기소되었다.

허난성(보고된 사례: 1건)

2002년 루스현에서 당 서기가 80명에게 매관매직을 한 혐의로 기소되었다.

랴오닝성(보고된 사례: 1건)

2001년 선양시에서 시장, 법원장, 검찰국장, 상무부시장을 포함한 거의 모든 고위 공직자들이 범죄조직을 비호한 혐의로 기소되었다.